공공도서관, 공공정책과 정치 프로세스

경제적, 정치적 제약의 시대에 지역사회에 봉사하고 지역사회를 변화시킨다

Public Libraries, Public Policies, and Political Processes
By Paul T. Jaeger; Ursula Gorham; John Carlo Bertot and Lindsay C. Sarin

공공도서관, 공공정책과 정치 프로세스
: Public Libraries, Public Policies, and Political Processes

저자 | PaulT.Jaeger, Ursula Gorham, John Carlo Bertot and Lindsay C. Sarin
역자 | 이재선
펴낸곳 | 한국도서관협회
초판 발행 | 2025년 3월 28일
등록 | 제2-723호(1979. 8. 18.)
주소 | 서울특별시 서초구 반포대로 201
전화 | 02-535-4868
팩스 | 02-535-5616
홈페이지 | http://www.kla.kr
인쇄 | ㈜서울멀티넷
ISBN | 978-89-7678-400-1 93020

정가 26,000원

공공도서관, 공공정책과 정치 프로세스

경제적, 정치적 제약의 시대에 지역사회에 봉사하고 지역사회를 변화시킨다

Public Libraries, Public Policies, and Political Processes

Serving and Transforming Communities in Times
of Economic and Political Constraint

저자
Paul T. Jaeger, Ursula Gorham, John Carlo Bertot, and Lindsay C. Sarin

번역
이 재 선

목 차

그림 목차

표 목차

저자 서문

2005년 글렌 홀트(Glen Holt)는 〈Public Library Quarterly〉에 사설을 기고하여, 공공도서관의 품질과 역량이 지방 차원에서 중요한 인프라로 여겨지지 않거나 연방 차원에서 국가적 관심사로 인식되지 않는 이유에 대해 성찰할 것을 강력히 촉구했다. 이 사설에서는 이러한 질문에 대한 답을 남기지는 않았지만, 그가 확인한 상황의 대부분을 설명할 수 있는 한 가지 요인이 있다. 대체로 이러한 질문에 대한 답변은 상당 부분 공공도서관에 영향을 미치는 정책 및 정치 프로세스와 도서관계가 정책 및 정치와 관련하여 취한 선택에서 찾을 수 있다.

공공도서관에 대한 자금 조달 및 기타 지원금은 주로 지역 및 주 정부의 정책과 정치적 환경에 따라 달라지지만, 도서관이 사회 기관으로서 운영되는 매개변수는 국가적 정책과 정치에 의해 크게 좌우된다. 공공도서관에 영향을 주는 정치적, 정책적 결정은 의사 결정자와 일반 대중의 도서관에 대한 인식만이 아니라 공공도서관이 도서관을 둘러싸고 있는 외부 세계에 도서관 자체를 표현하기 위해 선택하는 방식과 밀접하게 연관되어 있다. 그러나 공공도서관은 정치 및 정책 과정에서 좋은 성과를 거두지 못하는 경향이 있다. 이는 일부는 도서관이 통제할 수 없는 요인 때문이지만, 일부는 도서관이 스스로 만들어낸 결과이기도 하다.

이 책은 저자들의 독창적인 연구와 도서관학, 거버넌스, 공공 정책, 교육 및 기타 관련 분야의 전반에 걸친 자료(resouces)를 바탕으로 미국 공공도서관의 정책과 정치 속에서의 복잡한 위치를 분석한다. 전통적으로 이러한 분야는 도서관 학계에서 제대로 연구되지 않았으며 도서관의 사명과 옹호 활동에서도 충분히 고려되지 않았다. 공공도서관이 현재 수행하는 방대한 지역사회의 요구를 계속해서 충족하며, 공공재로서 공적 자금을 지원받는 기관으로 존속되려면, 공공도서관 사서, 전문 조직, 학자들의 정책과 정치에 대한 태도와 개입 수준이 변화해야 한다.

이론적으로 공공도서관은 대중의 인식과 정치적 지원의 측면에서 그 어느 때보다 강력한 위치에 있어야 할 것처럼 보인다. 공공도서관은 디지털 문해력 교육을 제공하고 기술 및 인터넷에 대한 접근을 보장함으로써 지역사회 구성원들이 전자 정부(시민과 정부 간 디지털 커뮤니케이션), 온라인 교육, 구직 활동 등 일상생활에 중심이 되는 다양한 온라인 활동에 참여할 수 있도록 돕는다. 대부분의 지역사회에서 공공도서관은 무료 공공 인터넷 접속을 지원하는 유일한 곳이다. 공공도서관은 지난 10년 동안 전국적으로 재난으로 피해를 본 지역사회에서 긴급 대응과 복구의 핵심 역할을 해왔다. 또한, 지역사회 조직, 비영리 단체, 기타 지방 정부 기관과 협력하여 기존에는 불가능했던 새로운 서비스를 창출하고 있다. 예를 들어, 식료품 접근성이 낮은 '푸드 데저트(food desert)' 지역에 사는 사람들이 도서관을 통해 신선한 식료품을 주문하고 수령할 수 있도록 돕는 프로그램이 운영되고 있다. 이제 공공도서관의 많은 자원들은 웹사이트나 모바일 지원 서비스를 통해 언제 어디서나 접근할 수 있어, 도서관을 직접 방문하지 않아도 다양한 서비스를 이용할 수 있다.

이러한 것들은 지난 15년간 공공도서관이 꾸준히 수행해온 역할에서 이루어진 주요 혁신의 사례들에 불과하다. 사서직은 오랫동안 "가장 급격한 변화를 겪는 직업 중 하나"로 여겨져왔지만(Shera, 1963, p. 313), 변화 속에서도 지역사회에 대한 헌신에는 결코 흔들림이 없었다. 실제로 지난 15~20년 동안에는 이용자 중심의 혁신, 때로는 이용자가 주도하는 혁신이 극적으로 변화했다. 공공도서관은 여전히 진정한 공공 공간으로서 지역사회 모임이 열리는 장소이며, 어린이들이 이야기 시간을 통해 독서와 학습의 즐거움을 발견하는 곳이다. 또한, 공공도서관에서는 종이책과 전자책, 참고 자료, 잡지, 동영상, 음악, 데이터베이스뿐만 아니라 악기, 텃밭 채소 재배를 위한 씨앗, 심지어 어린이 생일 파티용 케이크 팬까지 무료로 대여할 수 있다.

공공도서관은 사회복지 서비스가 필요한 사람들, 구직자, 신규 이민자 등 다른 곳에서 도움을 받기 어려운 수많은 사람에게 생명선의 역할을 한다. 지난 5년간의 경기 침체는 공공도서관이 지역사회에 얼마나 중요한 가치를 지니고 있는지를 분명히 보여주었다. 특히 공공도서관은 구직 활동을 지원하고, 디지털 문해력 기술을 가르치며, 정부와의 소통을 돕고, 기술과 다양한 자원에 접급하는 방법을 제공함으로써 지역사회를 뒷받침해왔다. 정부가 예산과 역량이 위축되면서 공공도서관이 축소된 자원과 공공 서비스의 공백을 메우기 위해 뛰어들었다. 정부가 축소되었지만 경제적으로 어려운 시기에 자원의 필요성은 더욱 커졌다.

2013년 1월에 발표된 '퓨 인터넷과 미국인의 삶 프로젝트(Pew Internet and American Life Project)'의 전국 설문조사 결과는 미국인들이 공공도서관에 대해 얼마나 깊은 애착을 가졌는지를 보여준다. 16세 이상의 미국인 중 놀랍게도 91%가 공공도서관이 지역사회에서 중요하다고 생각하며, 76%는 공공도서관이 가족에게 중요하다고 답했다(Zickuhr, Rainie, Purcell, 2013). 설문조사 응답자의 59%는 지난 한 해 동안 직접 또는 온라인으로 공공도서관을 방문한 적이 있다고 답했다. 또한, 설문조사 결과에 따르면, 공공도서관이 지역사회의 구성원과 정치인, 정책 입안자에게 지역사회에 기여하는 공공도서관의 역할을 알리는 데 큰 문제가 있음을 보여주었다. 응답자의 22%만이 공공도서관이 제공하는 서비스의 대부분 또는 전부를 잘 알고 있다고 답했다.

공공도서관이 압도적인 대중의 지지를 받고 지역사회의 요구에 성공적으로 부응하는 공공도서관은 정치와 정책 결정의 장에서 별다른 도움이 되지 않는 것처럼 보인다. 지역사회에서 지출을 줄여야 할 때, 도서관은 일반적으로 긴축 계획의 일환으로 비용을 절약할 수 있는 적절한 대상으로 자주 거론된다. 대부분 도서관은 지난 몇 년간 상당히 큰 규모의 영구적인 예산 삭감을 겪어왔다. 심지어 도서관을 완전히 폐쇄하자는 의견이 많으며, 구글(Google)은 이미 도서관을 시대에 뒤떨어진 기관으로 만들었다는 주장도 제기된다. 연방 정부 차원에서도 공공도서관에 상당한 부담을 부과하는 동시에 도서관이 이용자에게 제공할 수 있는 정보의 범위를 제한하는 다양한 법률을 제정해왔다. 모든 정부 수준에서 공공재를 가능한 한 민영화하려는 거버넌스 철학이 강화되고 있으며, 쉽게 민영화하기 어려운 공공재조차도 분명한 경제적 기여를 입증해야 한다. 이는 전반적으로 공공도서관에 도움이 될 만한 정치적 및 정책 결정의 환경이 아니다.

그러나 이러한 환경이 저절로 조성된 것은 아니다. 정책과 정치가 도서관에 미치는 막대한 영향력을 고려할 때 공공도서관은 정책과 정치에 관한 관심이 부족해 스스로에게 도움을 베풀지 못했다.

도서관 전문가와 도서관 이용자 이외의 사람들에게 공공도서관의 공헌을 설명하는 노력이 부족했던 것도 도움이 되지 않았다. "과중한 업무에 시달리는 전문직이 긴급한 세부 사안에 몰두하다 보면 더 큰 문제가 존재한다는 사실을 잊기 쉽다"는 것은 사실이지만(Wakeman, 1962, p. 348), 그보다 더 큰 문제는 문제에 직면했든 안 했든 정책과 정치가 전문직에게 깊은 영향을 미친다는 데 있다.

공적 자금이 지원되는 기관은 일반 사회 구성원에게 기관이 하는 일을 이해시키고 가치를 인정받을 필요가 있다. 소방서에 전화해야 할 이유가 없었던 사람들도 일반적으로 소방서의 존재를 고마워하고, 소방서가 제공하는 서비스가 무엇인지 이해하며, 소방서에 자금이 지원되기를 원한다. 공공도서관의 경우, 도서관 이용자가 아닌 많은 지역사회 구성원은 도서관이 제공하는 서비스와 자료의 범위에 대해 전혀 모른다. 도서관이 어떤 일을 하는지 모르는 사람들은 도서관이 세금을 지원받아 운영하도록 강력한 로비를 할 가능성이 적다. 도서관을 이용하지 않고 도서관이 도서 제공(쇠퇴하는 서비스) 외에 어떤 일을 하는지 모르는 정치인과 정책 입안자들은 특히 광범위하고 목소리 높은 대중의 지지가 없는 상황에서 도서관에 자금을 지원하려는 경향이 강하지 않을 것이다.

따라서 공공도서관은 지역사회에 그 어느 때보다 더 중요한 역할을 수행하고 있음에도 불구하고, 지역사회의 많은 사람들과 권력을 가진 사람들이 왜 도서관이 계속 존재해야 하는지에 대해 확신하지 못하는 난처한 상황에 직면해 있다. 다행히도 지역, 주, 연방 차원의 정책과 정치 영역에서 더 적극적으로 참여하고, 지역사회 구성원과 정책 입안자가 이해할 수 있는 방식으로 공공도서관의 가치를 설명하는 실질적인 옹호 전략을 강조한다면, 도서관에 대한 인식을 변화시키고 법적 대우를 개선할 수 있다.

직업인으로서 우리들은 많은 사람들에게 큰 의미를 갖는 이러한 기관에 대한 지원을 효과적으로 쟁취하기 위해서는 이러한 과정에 의미 있게 참여해야 한다는 사실을 깨달아야 한다. 우리가 헌신과 양식을 갖고 행동하지 않는다면, 지원금은 계속해서 줄어들고 관련성과 가치에 대한 의문은 더욱 불길하게 될 것이다. 도서관이 지역사회에 도서관의 가치를 알리고, 그러한 결정을 내리는 사람들에게 더 나은 정책과 정치적 결과를 전달하기 위해 도서관이 할 수 있는 일, 혹은 더 잘할 수 있는 일은 많다. 정책과 정치의 세계에서 공공도서관의 새로운 역할을 만들어내는 것은 쉽지 않은 일이지만 매우 필요한 일이다. 이것은 공공도서관, 사서 개개인, 도서관 지지자들이 공공도서관이 계속해서 서비스를 제공하고 문을 열어두도록 유지하는 데 필수적인 부분으로 헌신적으로 임해야 하는 과정이다.

이 책은 현재 상황의 복잡성을 설명하고 공공도서관의 더 나은 미래를 효과적으로 만들기 위한 전략을 제시하는 것을 목적으로 한다. 이 책은 공공도서관, 도서관 옹호 활동 및 도서관을 형성하는 정책 결정과 정치 프로세스의 교차점에 대한 데이터 중심의 고찰이다. 이러한 문제를 통합적으로 탐구하고 행동하는 것이야말로 공공도서관이 공개적으로 적대적인 정치, 정책 결정 및 경제 환경에 맞서 지역사회의 요구를 지속적으로 충족할 수 있는 유일한 방법이다.

이 책은 공공도서관이 처한 정치 및 정책적 측면에서 우리가 어디에 있는지, 어떻게 여기까지 왔는지, 그리고 더 나은 상황으로 개선하기 위해 무엇을 할 수 있는지 데이터를 가지고 추적함으로써 현재 공공도서관이 직면한 상황을 덜 낙담하도록 만들고 싶어 쓰게 되었다. 이 책에 담긴 아이디어와 제안은 성찰, 토론, 그리고 무엇보다도 중요한 실천을 촉진하기 위한 것이다. 실무자, 관리자, 교육자, 학자 등으로 구성된 직업인으로서 우리들 모두는 공공도서관이 지극히 중요하다는 것을 잘 알고 있다. 우리는 도서관을 이용하는 사람들, 도서관에 대한 재정 지원을 결정하는 사람들, 도서관 관련 정책을 수립하는 사람들이 공공도서관이 여전히 공공재의 진수임을 이해할 수 있도록 우리 자신의 이해를 효과적인 이야기로 전환하는 방법을 배워야 한다.

감사의 글

이 책은 다년간의 연구, 논문, 회의에서의 발표, 강의에서의 토론, 도서관 방문, 우호적인 대화, 정원에서의 조용한 사색 등을 통해 얻은 폭넓은 생각과 아이디어를 종합한 것이다. 우리는 현재의 정책 결정이나 정치적 이념과 관계없이 공공도서관의 성장과 번영에 기여하기를 원하는 전문가, 학자, 학생들과 이러한 아이디어를 공유할 기회를 가진 것에 감사한다.

우리는 우리의 가장 중요한 에디터인 Martin Dillon, Robert Hayunga, 그리고 이 프로젝트를 강력하게 지지한 Scarecrow Press의 직원들께 감사드린다. Martin의 열의와 지도 덕분에 이 책을 쓰는 과정에서 비교적 힘들지 않은 경험을 했으며 매우 감명을 받았다.

우리가 이 책을 쓰는 동안 지원해 주신 메릴랜드대학교 정보정책·액세스센터(Information Policy and Access Center)의 직원들 모두에게 감사드린다. June Ahn, Frank Bonnevier, Sarah Dammeyer, Jeff DiScala, Kristofer Dubbels, Rebecca Follman, Leahkim Gannett, Gary Goldberg, Karen Kettnich, Jessica Koepfler, Christie Kodama, Michael Kurtz, Jean Lee, Emily Likins-Hohman, Sheri Massey, Abigail McDermott, Alexis Moses, Johnna Percell, Kaitlin Peterson, Ricky Punzalan, Brian Real, Sophie Reverdy, Molly Schwartz, Katie Shilton, Beth St. Jean, Mega Subramaniam, Natalie Taylor, Kim Thompson, Amanda Waugh, Ann Weeks, Kim White, and Erin Zerhusen, 이들은 함께 일하기 즐거운 사람들의 그룹일 뿐만 아니라, 이 프로젝트가 구체화되면서 많은 사람이 인내심 있게 경청하고 아이디어에 대한 피드백을 기꺼이 제공해주었다.

우리는 우리의 저술에 대해 지원해주고 때때로 아이디어에 대해 기꺼이 피드백을 준 가족과 각각의 배우자와 아이들, 부모님 그리고 애완동물까지 모두에게 감사한다. 완성된 원고에 관한 제안과 편집을 제공해주신 퇴직한 교육자이며 오랫동안 고생하신 폴의 어머님인 캐롤 애거(Carol Jaeger)님께 특별히 감사를 드린다.

또한 이 책의 독자 여러분께 감사의 뜻을 표한다. 시간을 할애하여 우리의 책을 읽어주셔서 감사드린다. 이 책에 담긴 아이디어와 데이터가 공공도서관, 정책, 정치, 옹호 활동의 교차점에 대한 귀중한 통찰력을 제공하여, 여러분이 도서관에서 일하고, 도서관을 지원하고, 도서관을 위해 로비 활동을 하고, 도서관을 연구하는 데 도움이 되기를 바란다.

그리고 지역사회에 꼭 필요한 공공도서관과 도서관을 효과적으로 운영하기 위해 헌신하는 공공도서관 사서 여러분들께서 오래오래 활약하시기를 바란다.

약어 및 두문자어 일람표

ALA	American Library Association (미국도서관협회)
APL	Austin Public Library (오스틴공공도서관)
ATF	Bureau of Alcohol, Tobacco, and Firearms (주류 · 담배 · 화기 · 폭발물단속국)
BLS	Bureau of Labor Statistics (노동통계국)
BTOP	Broadband Technology Opportunities Program (광대역기술기회프로그램)
CIPA	Children's Internet Protection Act (아동인터넷보호법)
CIS	Community-Focused Information Services (커뮤니티 중심 정보 서비스)
CTC	community technology center (커뮤니티 중심 정보 서비스)
DMCA	Digital Millennium Copyright Act (디지털 밀레니엄 저작권법)
DOPA	Deleting Online Predators Act (온라인포식자삭제법)
E-rate	Education rate (교육 비율)
ESL	English as a second language (제2언어로서의 영어)
FBI	Federal Bureau of Investigation (연방수사국)
FCC	Federal Communications Commission (연방통신위원회)
FDLC	Federal Depository Library Council (연방기탁도서관협의회)
FDLP	Federal Depository Library Program (연방기탁도서관프로그램)
FEMA	Federal Emergency Management Agency (연방비상관리청)
FERA	Federal Emergency Relief Administration (연방긴급구호국)
FFL	Family Friendly Libraries (가족 친화적 도서관)
GPO	Government Printing Office (정부간행물인쇄국)
HPL	Hartford Public Library (하트퍼드 공공도서관)
IMLS	Institute of Museum and Library Services (도서관박물관서비스기구)
IRS	Internal Revenue Service (국세청)
LAP	Library Awareness Program (도서관 인식 프로그램)
LGBTQ	lesbian, gay, bisexual, transgender, and questioning (레즈비언, 게이, 양성애자, 트랜스젠더, 성적 정체성을 가진 사람들)

LIS	library and information science (문헌정보학)
LSA	Library Services Act (도서관서비스법)
LSCA	Library Services and Construction Act (도서관서비스및건설법)
LSTA	Library Services and Technology Act (도서관서비스및기술법)
MLS	Master of Library Science (문헌정보학 석사 학위)
NAP	New Americans Project (뉴 아메리칸 프로젝트)
NCLIS	National Commission for Library and Information Statistics (국가도서관통계위원회)
NTIA	National Telecommunications and Information Administration (국가통신및정보관리국)
OCLC	Online Computer Library Center (온라인컴퓨터도서관센터)
PLA	Public Library Association (공공도서관협회)
QBPL	Queens Borough Public Library (퀸즈버러공공도서관)
ROI	Return on Investment (투자수익률)
SOPA	Stop Online Piracy Act (온라인불법복제방지법)
TAP	The American Place (코네티컷주의 하트퍼드 공공도서관이 운영하는 이민자 프로그램)
USA PATRIOT Act	Uniting and Strengthening America by Providing Appropriate Tools Required to Intercept and Obstruct Terrorism Act (테러 행위를 차단 · 저지하는 데 필요한 적절한 수단을 제공하여 미국을 단결 · 강화하는 법. 일명, 애국자법)
USCIS	United States Citizenship and Immigration Service (미국시민권이민국)
WIC	Women, Infants, and Children Program (여성 · 영유아 · 아동 프로그램)
WPA	Works Progress Administration (공공사업진흥국)

제 1 장

정치, 정책, 공공도서관

최근의 세계 경제 침체기에 미국의 공공도서관은 이용률이 급증을 경험했다. 동시에, 도서관은 단순히 장서를 보관하는 장소에서 지역사회의 센터로 변모하는 변화를 겪고 있다. 도서관은 이제 사회복지 서비스 신청, 구직 활동, 학교 과제 완성, 시민 참여 활동, 친구 및 가족과의 소통, 오락 옵션 찾기에 필요한 지원, 리소스 및 기술을 제공하고 있다. 공공도서관은 인터넷에 접근할 수 없거나, 접근이 제한적이거나, 온라인 콘텐츠를 탐색하는 데 도움이 필요한 사람들에게 인터넷 접근을 보장하는 주요 기관이 되었다. 디지털 문해력 교육, 전자 정부 제공, 비상 대응 및 지역사회에 서비스를 제공하기 위한 다양한 새로운 인터넷 지원 기능에서도 핵심적인 역할을 한다. 그러나 더 중요한 것은 공공도서관이 21세기의 학습, 경제 발전, 디지털 문해력과 포용적인 커뮤니티를 구축하는 다양한 활동에 참여한다는 점이다. 가장 최근에 도서관은 메이커스페이스, 청중이 참여하고 적응하고 새로운 자료를 만들도록 유도하는 격려하는 인문학 기반 프로그래밍, 지역사회의 기술 애호가를 위한 리소스와 공간 제공 등을 통해 혁신을 위한 공간이 되고 있다.

이러한 새로운 역할은 유아의 문해력 증진부터 교양 받은 민주적 참여 지원까지 공공도서관이 오랫동안 확립해온 역할에 더해지는 것이다. 공공도서관은 인쇄물, 기술, 지역사회 모임 공간 및 기타 지식 공유 수단을 통해 사회 구조와 대중 개개인을 연결하는 사회의 연결 층으로 이해할 수 있다(Pawley, 2009). 또한, 도서관은 다른 지역사회 단체와 혁신적인 파트너십을 구축하여 식료품 사막에서 식료품 배달부터 종합 이민센터 역할에 이르기까지 도서관이 그렇게 하지 않으면 이용할 수 없는 서비스를 지역사회에 제공하기 시작했다. 현대 공공도서관은 지역사회 센터이자 지역사회를 위한 서비스 센터로 진화했다.

그러나 도서관이 정보에 대한 접근성을 보장하고 디지털 포용적 지역사회를 만드는 데 필수적인 역할을 점점 더 많이 맡으면서 도서관의 지원은 지역과 주, 연방 차원에서 대폭 삭감되었다. 긴축 정책을 중심으로 한 정치적 분위기에서 도서관은 공적 자금의 현명하지 못한 지출의 대상이 되었다. 일부 지역에서는 도서관과 도서관 서비스를 민영화하려는 움직임이 있다. 일부 논평가들은 구글(Google)이 도서관의 필요성을 없앴다고 주장한다. 그리고 포브스(Forbes) 매거진은 도서관학 석사(MLS)에 최악의 석사학위라는 꼬리표를 계속해서 붙였다. 1980년대 레이건 행정부 이후에 신자유주의 경제 원칙과 신보수주의 정치 이념의 광범위한 수용으로 경제, 정치, 정책 결정권자 사이에서 도서관의 가치에 대한 전반적인 폄하가 가속화되었다. 이러한 세력은 정책 결정 및 정치적 맥락에서 공공기관이 대중에게 제공하는 공공 서비스의 경제적 기여도를 입증하도록 요구함으로써 공공재와 공공 서비스에 부여되는 가치를 훼손하는 데 서로 협력한다.

같은 시기에 공공도서관 운영에 직접적인 영향을 미치는 법률과 정책의 수가 대폭 증가했다. 도서관이 제공하는 서비스와 리소스를 통해 대중의 요구를 충족시키는 도서관의 능력은 저작권, 개인정보 보호, 사이버 보안, 통신 인프라에 대한 접근, 검열 등을 규제하는 주 법률 및 연방 법률과 밀접한 관계가 있다. 특히 도서관이 디지털 영역에서 복잡한 법적 틀은 도서관이 지역사회에 서비스할 때 도서관에 여러 가지 과제를 유발한다. 이러한 복잡성은 자주 이러한 법률과 정책에 내재한 혼합된 메시지로 더욱 심화한다. 예를 들어, 최근 연방통신위원회(FCC)의 보고서는 공공도서관을 전국의 디지털 문해력 교육의 주요 공급원으로 칭찬하면서 동시에 현재 도서관에 배정된 연방 기금의 상당 부분을 기업 보조금으로 재할당할 것을 제안했다. 그 결과, 아마도 가장 포괄적인 지역 기관인 공공도서관이 재정적으로 고갈되고, 법률과 정책에 따라 자체 서비스가 제한되며, 정치적 희생양이 되면서 지역사회와 개인에게 전례 없는 수준의 지원을 제공하게 되었다. 이러한 직관에 반하는 상황은 정치학, 공공 정책 및 도서관학의 학술 연구 분야로서 심각하게 간과하여왔다.

이 책은 도서관, 지역사회, 공공 정책, 민주주의의 건전성에 매우 중요한 이러한 문제에 관여하기 위해 미국 공공도서관을 둘러싼 정치와 정책 상황 모두를 분석한다. '정치'라는 용어를 사용할 때, 그 의미는 공공도서관에서 정치적 담론의 영향과 정치적 과정에서 주장된 입장이 공공도서관에 미치는 영향에 초점을 맞추려는 의도를 가진다. 문제는 도서관이 특정 정치인이나 정당을 적극적으로 지지하도록 장려하는 것이 아니다. 반면에, '정책'은 개인, 조직 및 정부 자체가 실행할 결정과 행동, 선택지를 통해 공공의 문제를 해결하기 위한 정부의 지침을 만드는 과정을 말한다. 정책은 정부 수준에 따라 입법,

행정명령, 정부 기관의 각서(agency memos), 규칙 제정, 서명한 성명서 및 정부가 처분할 수 있는 다양한 조치를 통해 만들 수 있다.

1. 정치 세계에서의 공공도서관

7세기에 그리스 시인 아르킬로코스(Archilocus)는 "여우는 많은 것을 알지만, 고슴도치는 하나의 큰 것을 안다"고 썼다. 1953년에 사회 철학자 이사야 벌린(Isaiah Berlin)은 이 개념을 확장하여 사상가를 일반적으로 두 가지 범주로 나눌 수 있는 방법을 설명했다. 여우는 "종종 서로 무관하고 심지어 모순되는 많은 목적을 추구하는" 존재이고, 고슴도치는 "모든 것을 하나의 중심적인 비전과 연관시킨다"(Berlin, 1953, p. 3). 간단히 말해서, 지적인 고슴도치는 통합(synthesis)을 추구하고, 지적인 여우는 평가(evaluation)를 추구한다(Hlebowitsh, 2010). 이 용어는 본질적으로 부정적인 의미를 지닌다고 볼 수 있지만, 벌린은 신중하게 적용하면 마찬가지로 유효한 접근법이라고 생각했다. 그는 아리스토텔레스, 셰익스피어, 푸시킨, 발자크를 여우로, 플라톤, 도스토옙스키, 니체를 고슴도치로 분류했다.

여우는 지적인 수집가로 변화에 적응하고, 문제에 대한 다양한 접근 방식을 취하고, 여러 가지 가능성 있는 결과를 예상하고, 불확실성과 복잡성을 잘 처리하고, 자기반성을 실천하고, 다학제적인 방법으로 문제를 조사한다. 반면에 고슴도치는 지적인 포식자로 그들이 지지하는 하나 또는 두 가지 매우 큰 아이디어로 세상의 작동을 구성하고, 새로운 정보를 자신이 선호하는 이념에 맞게 자신 있게 구부린다. 여우는 큰 소리로 생각하고 유연하게 행동하는 반면, 고슴도치는 큰 소리로 말하고 완고하게 행동한다. 이 용어는 자연 속의 두 동물의 차이에서 유래되었다. 여우는 습관, 식단 및 거주 공간에 놀라울 정도로 적응력이 강한 반면, 고슴도치는 정해진 행동 패턴을 고수한다. 자연 세계에서 여우는 번성했고 고슴도치 개체 수는 빠르게 감소하고 있다. 이러한 은유는 개인 사상가에게만 적용되는 것이 아니라 조직 및 정부의 철학에도 적용되며, 정책은 곧잘 정책 목표에 대해 여우와 같은 혹은 고슴도치와 같은 태도를 반영하고 있다(Michel, 2009; Provizer, 2008). 벌린은 정치 과정과 정치 지도자와 정책 입안자에게 미치는 이러한 아이디어의 의미에 극도로 관심이 있었다(Hanley, 2004).

미국의 현재 정치 환경에서 공공도서관은 고슴도치가 지배하는 정치 세계에 놓인 여우이다. 정치와 정책에 관한 현대의 담론은 가장 큰 목소리와 가장 날카로운 공격적인 의견이 지배한다. 공공도서관이 현재의 정치 및 정책 결정 과정에서 처한 불리한 입장은 도서관이 가장 큰 목소리를 내는 것도 아니고, 가장 공격적인 입장을 가진 것도 아니라는 단순한 사실에서 비롯된다. 이 책 전체에서 살펴보겠지만, 공공도서관은 사회에서 도서관의 자금, 활동과 역할을 형성하는 정치 및 정책 결정 영역의 결정에 크게 영향을 받는다. 지난 20년간 이러한 결정의 결과로 도서관은 활동 및 자금 제공원에 대한 제한이 늘어나는 가운데 추가적인 책임을 다해야 했다. 이러한 결정은 모든 정부 수준에서 이루어졌지만, 주로 국가적 토론과 연방 이니셔티브에 의해 주도되었다. 그러나 도서관에 관한 담론에서는 공공도서관이 이용자에게 제공할 수 있는 서비스와 도서관이 지역사회에서 수행할 수 있는 역할에 큰 영향을 미치는 복잡한 상호 관계에 관여하는 것을 꺼리는 경향이 있다. 도서관계는 "정보 사업을 전문으로 하는 직업인 도서관 직업은 그 존재 자체가 달려 있는 분야에서의 역할에 관한 연구가 매우 부족하다"(Jenkins, 1990, p. 45).

안타깝게도 도서관이 이러한 정치 문제나 정책 문제에 적극적으로 참여하지 않는 것은 정치인, 자금 지원자, 대중에게 도서관의 기여와 입장을 명확히 전달하는 능력을 저해하는 동시에 도서관의 목표와 기능을 보다 더 잘 지원하기 위한 옹호 활동, 관리 및 연구 전략의 개발을 저해한다. 이러한 문제에 광범위한 국가적 수준에서 적절하게 관여하지 못하는 데에는 여러 가지 뿌리 깊은 이유가 있다. 전통적으로 공공도서관은 자금의 대부분이 지방 및 주의 기관에서 제공되고, 운영의 결정이 대부분 시의회 및 도서관위원회와 같은 지방 수준의 조직에 묶여 있기 때문에 자신을 주로 지방의 기관으로 간주해왔다. 이러한 관계는 1876년 현대 공공도서관 운동이 시작된 이래로 도서관 운영의 핵심적인 부분이었다(Wiegand, 2011).

공공도서관은 또한 오랫동안 중립적 입장이라고 할 수 있는 공정한 정보 중재자로 남으려는 입장을 취해왔으며. 이는 '중립적 입장'이라는 별다른 도움이 되지 않는 특성을 지니고 있다. 이러한 입장은 대중의 눈에 공정성을 유지하기 위한 의도적인 방법이었지만, 공공도서관의 기능에 영향을 미치는 정치적 논쟁에서 방관자로 남아야 한다는 의미로 해석되는 경우가 너무 많았기 때문에 결국에는 자멸적인 결과를 가져왔다. "도서관과 대중의 정보 접근을 위해 로비하지 않으면 돈과 지원은 없을 것이다"(Abbott-Hoduski, 2003, p. 2). 그러나 방관자 입장을 취하는 것이 항상 선택에 의한 것은 아니며, 도서관은 많은 곳에서 지방 정부의 결정에 대해 스스로를 옹호할 수 있는 능력에 한계가 있었다.

공공도서관에 직접적인 영향을 미치는 정책과 정치에 대한 복잡한 국가적 토론에 참여하는 데 있어서 또 다른 핵심 과제는 그러한 토론이 그러한 용어로 표현되지 않는 경우가 많다는 것이다. 정보, 커뮤니케이션, 기술이 얽힌 현재 환경에서 많은 제안된 법률과 정치적 토론은 정보 접근, 기술 접근 및 정보 교육 제공자로서 도서관에 엄청난 결과를 가져온다. 그러나 도서관에 매우 중요한 문제에 대한 이러한 토론 중 상당수는 실제로 도서관을 언급하지 않는다. 대신 도서관에 미치는 영향은 경제적 토론, 기술적 결정 및 정보정책의 일부이다. 특히 후자는 정보정책 즉, 정보, 커뮤니케이션, 기술과 관련된 정책 결정이 일반적으로 정치적 또는 미디어의 관심을 끌지 못한다는 점에서 복잡성이 더 크다. 다른 유형의 정책과 달리 실질적인 구성 요소가 부족하다. 무역이나 교육, 금융, 환경, 군대 및 기타 눈에 띄는 정책 영역의 영향은 촉각적으로 경험하거나 적어도 관찰할 수 있지만 정보는 추상적 개념이다. 그러나 정보정책 결정은 정보의 생성, 접근, 사용, 관리, 교환, 보안, 디스플레이, 수집 및 기타 이용 형태를 형성하며 공공도서관에 수많은 영향을 미친다.

정책과 정치에서 도서관계의 입지는 많은 도서관계 종사자가 단순히 도서관을 넘어서는 문제에 관여하기를 원하지 않는다는 사실 때문에 더욱 약화되었다. 이 주제는 도서관 담론에서 반복적으로 언급되었다. 이 장르의 전형적인 예는 1980년 Ervin J. Gaines가 쓴 독설적인 기사로, 도서관이 책에 대한 접근성을 제공하는 것 외에 지역사회에 봉사하기 위해 무엇이든 해야 한다는 개념을 공격하고 "사회사업"과 "아웃리치의 유행"을 향한 움직임을 조롱했다(pp. 50-51). 도서관계의 다른 사람들은 정책과 정치에 관여하는 것을 반대하기보다는 관여하는 것을 두려워했다. "우리는 우리 자신이 정말로 깊이 간직한 신념을 가지고 있다는 사실, 우리가 하는 말에는 실제로 의미와 결과를 가지고 있다는 것, 그리고 우리가 직업적 가치관에 따라 행동할 때 누군가가 실제로 알아차린다는 사실을 알게 되어 깜짝 놀라는 직업인 것 같다"(Buschman, Rosenzweig, & Harger, 1994, p. 576).

공공도서관과 도서관 전문가들은 정치 및 정책 결정 과정에 직접 관여하지 않는 경향이 있기 때문에, 토론에 참여하는 공공도서관의 목소리는 로비 활동이 제한적인 소수의 소규모 전문 단체의 목소리이다. 미국도서관협회(ALA)와 다른 단체의 의도는 도서관의 관점을 정부에 대변하는 것이지만, 이들은 산업계와 다른 전문 단체에 비해 인력과 재정적으로도 열악하다. 정보와 관련된 정책 결정이 한쪽에는 주요 기술 기업들을 두고, 다른 한쪽에는 도서관 전문 단체를 배치한다면, 실질적인 이점은 도서관 단체에 있지 않을 것이다.

간단히 말하면, 이러한 정책 및 정치적 토론에서 제한된 발언권을 갖는 것은 공공도서관이 장기적으로 사명을 완수하고 지역사회의 요구를 충족시키는 데 도움이 되지 않는다. "사서와 도서관 지지자들은 발전하는 미래를 따라잡는 것은 말할 것도 없고, 우리가 필요한 자금을 제공하고 살아남을 수 있는 공격적인 자세로 정치적 지지 활동을 바꾸지 않고 있다"(Turner, 1997, p. 5). 이 시점에서 피할 수 없는 사실은 공공도서관이 모든 수준의 정부에서 정치적 담론과 정책 결정에 크게 영향을 받는 기관이라는 것이다. 의사결정은 예산, 접근의 자유, 지적 재산권, 경영 관점을 형성하며, 도서관이 지역사회에 성공적으로 서비스할 수 있는 범위를 결정하는 다른 많은 핵심 요소를 포함하고 있다.

세계적 불황을 배경으로 지난 몇 년은 공공도서관, 정책 결정, 정치 과정 간의 상호 관계에 대한 축소판 역할을 했다. 정치인들은 긴축과 비용 절감을 강조하는 플랫폼에서 선거 캠페인을 벌이고 공공의 이익을 위해 도서관 및 기타 기관의 예산을 공격적으로 삭감한다. 그동안 경제를 악화시킨 이전의 정책 결정으로 말미암아 점점 더 많은 사람이 일자리 찾기, 사회복지 서비스 신청, 정부 기관과의 상호 작용, 도서관에서 제공하는 기술 액세스 및 지원을 통한 새로운 디지털 기술 학습, 더 이상 비용의 여유가 없는 엔터테인먼트 선택지의 이용 등을 위해 공공도서관을 찾게 되었다(Bertot, Jaeger, & Greene, 2013; Sigler et al., 2011; Taylor et al., in press). 2009년 ALA 회장은 "공공도서관은 미국의 경제 위기에 가장 먼저 대응한 기관"이라고 확신을 가지고 말했지만(Rettig, 2009, n.p.), 이러한 공적 지원 역할은 추가 자금 없이 도서관에 더 많은 책임을 전가하는 결과로 이어졌다.

도서관의 서비스에 대한 수요가 증가했음에도 불구하고, 도서관은 지출을 줄이거나 소외계층의 사회적 유동성을 제한하려는 정치인들에 의해 큰 정부의 상징으로 정치 토론의 장에 등장하는 경우가 늘어나고 있다(Bertot, Jaeger, & Sarin, 2012). 폭스(Fox) 뉴스 시카고의 사설이 "인터넷과 전자책이 있는데 도서관에 수백만 달러가 정말 필요한가?"라고 물은 데서 알 수 있듯이 공공도서관은 많은 사람들로부터 예산 삭감의 대상이 되고 있다(Davlantes, 2010, n.p.). 비슷한 정서가 플로리다 신문 사설에서도 발견되었는데 인터넷과 특히 구글이 공공도서관을 불필요하게 만들었고, "도서관 서고에서 진지한 연구가 이루어지지 않는다"고 주장했다(Elmore, 2008, n.p.). 이러한 견해는 자연적으로 나타난 것이 아니라 "50년에 걸친 보수적인 틀의 결과이며, 오직 '세금 부담'이라는 두 마디 속에 있다." (LaRue, 2011, n.p.)

도서관 활동과 지역사회에 대한 기여가 금전적 가치로 쉽게 환산될 수 없다는 사실은 도서관을 예산 삭감하기 쉬운 대상으로 만들고, 이 사실은 2008년에 시작된 장기 경기 침체 내내 너무나 분명하게 드러났다. 정부는 전국 도서관에 전면적인 삭감, 인력 감축, 자료 예산 삭감, 시설 투자와 운영시간 단축, 수수료와 벌금 인상, 모두 또는 부분적으로 민간 자금 조달을 요청해왔다(LaRue, 2009). 주요 시스템은, 보스턴과 시카고, 디트로이트, 로스앤젤레스, 마이애미-데이드(Miami-Dade), 필라델피아, 시애틀, 토론

토를 포함하여 각각 인력 감축, 서비스 감소, 심지어 어떤 경우에는 분관 폐쇄까지 겹쳤다. 시카고에서 도서관 직원을 대표하는 노조는 더 많은 일자리를 보존하기 위해 임금을 10% 삭감하고 120개의 파트타임 일자리를 없애는 안을 수용하기로 투표로 결정했다.(Pensa, 2009). 2012년 한 해에만 마이애미-데이드 시스템은 예산의 30%와 약 200명의 직원을 잃었고, 디트로이트 시스템은 4개 지점을 폐쇄했으며, 시애틀 시스템 전체는 1주일간 문을 닫았는데, 이 기간에 직원들은 급여를 받지 못했다(Kelley, 2012). 몇 가지 밝은 소식이 있다. 로스앤젤레스에서 지역 주민들은 시 지도자들이 부과한 엄청난 삭감을 제한하기 위해 궐기했고, 그 결과 1년 동안 직원 수는 1,156명에서 828명으로 줄었고 모든 도서관이 일주일에 이틀씩 문을 닫았다(Kelley, 2011, 2012). 그러나 다른 많은 지역 주민은 삭감에 맞서는 데 그다지 성공적이지 못했다. 주민 대부분이 도서관 자금 지원을 지지하고 도서관 자금 지원을 위한 투표안에 찬성하지만, 불행히도 그들은 종종 지지를 표명할 기회를 얻지 못했다(Dempsey, 2009, 2010).

중소 규모 시스템, 특히 한 도서관의 시스템에 부과된 삭감은 실제 금액으로는 그렇게 크지 않을 수 있지만, 그러한 삭감의 영향은 종종 비례해서 볼 때 더욱 크다. 예를 들어, 샬럿-메클렌버그(Charlotte-Mecklenburg) 시스템은 극단적인 삭감을 거듭 겪었다(Bethea, 2011). 2006년, 당시 영부인이었던 로라 부시 여사가 혁신적인 홍보와 지역사회 프로그램을 기리기 위해 이 도서관 시스템을 방문한 적이 있다. 2011년까지 직원의 3분의 1을 잃었고, 분관을 폐쇄하고, 프로그램 대부분을 축소했으며, 남아 있는 도서관의 근무 시간을 절반으로 줄였다. 캘리포니아주 콜튼(Colton)에서 시 관리자는 2009년 어느 날 두 도서관 분관에 들어가 그곳에서 일하는 모든 직원에게 해고를 통보하고, 도서관은 무기한 폐쇄될 것이라고 했다(Goldberg, 2009).

오리건주 잭슨 카운티(Jackson County)에서는 15개 도서관 모두 7개월 동안 문을 닫았고, 미국 역사상 가장 큰 규모의 도서관 폐쇄로 100명의 도서관 직원이 해고되었다(Battistella, 2010). 2012년까지 모든 규모의 도서관과 시스템 대부분은 "격렬하게 물살을 헤치고 나갔으며", 도서관들은 전년보다 전체 직원 수가 평균 2.7명 줄었다고 보고했다(Kelley, 2012, n.p.). 이러한 장기적인 경기 침체가 계속되면서 공공도서관은 지원 측면에서 특히 취약해졌다. 대부분의 도서관은 자금의 상당 부분을 지방 재산세 수입에 의존하고 있는데, 주택 시장이 붕괴되어 이러한 상당한 예산이 감소했다. 동시에 모든 수준의 정부가 수입 감소에 대응하여 전체 지출을 줄이려고 하면서 경제적 측면에서 가치를 정의하는 데 계속 어려움을 겪고 있는 공공도서관은 추가 지출 감소의 특히 매력적인 대상이 되었다.

경제 문제를 넘어선 정치적 담론의 변화로 10년 전 사서들이 상상했던 것보다 훨씬 더 공공도서관에 불리한 선거 환경이 조성되고 있다. 마찬가지로 정보와 관련된 연방 정책이 폭발적으로 증가하면서 연방 정책이 과거 어느 때보다 공공도서관과 더 큰 관련성을 갖게 되었지만, 공공도서관은 그러한 정책 토론에서 거의 고려되지 않았다. 지난 15년 정도 연방 정부의 정책은 다른 많은 의무 중에서 공공도서관에 다음과 같은 것을 부과했다.

- '테러 행위를 차단 · 저지하는 데 필요한 적절한 수단을 제공하여 미국을 단결 · 강화하는 법'인 미국애국자법(USA PATRIOT Act)과 정부 기관이 도서관의 물리적 및 전자 기록을 광범위하게 수집하고 도서관에서 이용자의 다양한 행동을 관찰하는 권리.
- 국토안보법(Homeland Security Act)은 정부 기관이 공개하는 이용 가능한 정부 정보를 제한하고 도서관 장서에서 정보를 삭제하는 권한을 부여한다.
- 아동인터넷보호법(CIPA)은 특정 종류의 자금을 지원받기 위해 모든 도서관 컴퓨터의 인터넷 접속을 필터링하는 것을 의무로 하고, 이에 따라 이용자가 접근할 수 있는 정보를 줄인다.
- E-rate(Education rate) 자금 프로그램에서 도서관은 도서관 기술에 대한 지원을 받으려면 도서관이 복잡한 신청 절차를 완료해야 한다.
- 디지털밀레니엄저작권법(DMCA)은 도서관이 자체 서비스와 도서관 간 대출을 통해 전자 리소스를 제공하는 데 심각한 문제를 일으킨다.
- 전자 정부법(E-government Act)은 최종적으로 많은 정부 기관이 온라인 서비스 이용에 대한 훈련 및 지원을 공공도서관에 맡기도록 장려한다.
- 연방통신위원회(FCC)의 2010 광대역 계획은 E-rate를 통한 도서관 자금 지원을 줄이고, 그 자금을 민간 부문의 광대역 접속 부문의 성장을 촉진하기 위해 사용할 것을 제안한다.

공공도서관의 경우, 이러한 정책의 영향과 정치의 영향은 많은 경우 밀접하게 연관되어 있다.

예를 들어, 디지털 포용성과 모바일 기술의 광범위한 사용을 촉진하는 일련의 정부 프로그램에도 불구하고, 많은 인구가 사회경제적 지위, 교육, 지리, 언어, 문해력, 장애로 말미암아 인터넷 접근과 디지털 문해력 기술 교육에서 격차를 경험한다(Jaeger, Bertot, Thompson, Katz, & DeCoster, 2012).

미국광대역계획(National Broadband Plan)을 비롯하여, 도서관 · 박물관서비스기구(IMLS)에서 개발한 '2011 디지털 포용적 커뮤니티를 위한 제안된 프레임워크(Proposed Framework for Digitally Inclusive Communities 2011)', 다기관 DigitalLiteracy.gov 사이트 및 기타 많은 정부 정책과 성명서는 모두 디지털 포용 사회를 이루기 위해 다양한 방식으로 공공도서관 기술과 훈련에 의존하고 있다. 그러한 의존성은 공공도서관이 하드웨어, 인터넷 연결, 숙련된 직원, 평생 학습 및 기술 개발을 지원하기 위해 온라인과 인쇄물로 제공되는 중요한 자료를 통해 이러한 노력을 지원할 수 있는 독보적인 역량을 갖추고 있기에 발생한다(Jaeger & Bertot, 2011; Jaeger, Bertot, Thompson, Katz, & DeCoster, 2012). 사실, 학교 도서관에 대한 자금 지원이 감소함에 따라 학생들이 숙제에 필요한 자료에 대해 또 다른 출구가 필요하게 되고, 그 때문에 해당 지역의 공공도서관 이용이 증가함에 따라 이러한 역할이 커질 가능성이 높다(Resmovits, 2011). 그러나 대체로 이러한 디지털 포용 정책은 도서관이 접근성의 다양한 격차를 줄이기 위해 노력하면서 발생하는 상당한 비용을 적절히 인식하지 못한다. 그러한 예로, 많은 주에서 사회복지 서비스는 전적으로 온라인으로만 제공하고 있으며, 기관에서는 개인이 공공도서관을 방문하여 양식을 열람하고 작성할 수 있도록 맡긴다(Gorham et al., 2013; Jaeger & Bertot, 2011).

최근 도서관에 대한 정책이 급증하거나 도서관에 영향을 주는 정책이 확산하기 이전에는 도서관에 대한 연방 정책의 논의는 주로 다양한 형태의 도서관서비스및건설법(LSCA)에 관련한 비용 조달 문제에 집중되어 있다. 영장 없는 도청, 의무적 필터링, 도서관 간 대출 관련 저작권에 대한 우려가 있는 세상에서 연방 정책을 순전히 경제적 문제로 보는 것은 참으로 매력적으로 보일 수 있다. 안타깝게도 공공도서관은 이제 지역, 주, 연방 차원에서 경제 정책보다 훨씬 더 많은 정책 결정에 큰 영향을 받고 있다. 최근 몇 년간의 정책과 정치의 결합으로 도서관은 공공재로서의 "공공적" 측면과 "이익"의 측면을 모두 방어해야 하는 처지에 놓였다.

존 부시먼(John Buschman, 2003)이 면밀히 조사했듯이, 공공도서관은 레이건 행정부 당시 도입된 정치 철학의 변화로 사회에서 상당한 어려움을 겪었다. 규제 완화, 세금 및 사회적 우선순위 변경, 지출 삭감, 문서로 작성이 가능한 조직의 기여에 대한 강조는 이전에 순전히 공익을 위해 존재한다고 여겨졌던 단체들에 가장 큰 영향을 끼쳤다. 도서관과 함께 학교와 사회 서비스 제공자는 정책 입안자에게 사회적 기여의 가치를 확신시키려고 노력하면서 더 적은 지원으로 더 많은 것을 하려고 애썼다. 이러한 철학은 도서관이 지식과 학습, 문해력과 포용성에 경제적 가치를 부여하는 것을 거의 불가능한 상태에 놓이게 한다(Jaeger, Bertot, Kodama, Katz, & DeCoster, 2011; Jaeger, Bertot, Thompson, Katz, & DeCoster, 2012). 이러한 변화는 도서관 이용자를 소비자로 보는 경향을 부채질하게 되었고, 이에 따라 도서관 기능은 공공의 이익이 아닌 다른 목적을 위해 존재한다는 생각이 더욱 강화되었다(D'Angelo, 2006).

이처럼 도서관에 새로운 한계나 부담을 주는 연방 정책의 물결은 공공의 이익을 위해 존재하는 공공 자금 지원 기관의 개념에 반하는 거버넌스 철학과 정책 결정의 제도화와 맞물려 있다. 정책 결정에서 이러한 정치적 철학의 한 가지 징후는 민영화라는 아이디어의 출현으로, 민간 부문 기업이 동일한 기능을 수행하기 위해 정부 책임에서 벗어나 더 낮은 비용으로 입찰하는 것이다. 이러한 거버넌스 철학을 받아들인 다른 국가뿐만 아니라 미국의 일부 공공도서관은 일찍이 1990년대 중반에 지방 정부에 의해 민영화될 가능성에 직면해왔다 예를 들어, 100만 명이 넘는 주민에게 서비스를 제공하는 캘리포니아의 리버사이드 카운티 공공도서관 시스템(Riverside County public library system)은 1997년에 민영화되었고, 같은 해에 뉴저지주 저지시티(Jersey City) 주민들은 도서관 시스템의 민영화를 막기 위해 시위를 벌였다(Hanley, 1998). ALA는 최근『도서관 민영화 Privatizing Libraries』(Jerrard, Bolt, & Strege, 2012)라는 제목의 책을 출판했는데, 이 책은 ALA가 민영화에 강력히 반대한다는 내용으로 시작한다.

현재 상황은 경제적 혼란, 도서관에 영향을 미치는 연방 정책의 확산, 공공도서관의 사회적 기여를 인정하지 못하는 지배적인 정치 철학으로 특징지어진다. 도서관은 점점 더 회의적인 청중, 특히 도서관의 가치에 대해 본질적으로 회의적인 정치인과 정책 입안자들에게 도서관의 가치를 설득해야 하는 상황이다. 따라서 정치 및 정책 과정에 대한 참여는 "도서관이 미국 문화, 생산성, 문해력 수준, 민주적 가치의 구현에 실질적으로 기여를 믿는 모든 사람의 기본적인 의무가 되었다."(Halsey, 2003, p. 1) 많은 도서관이 운영하면서 발견한 위기 모드에 처해 있다는 점을 고려할 때, 도서관이 미래에 광범위한 영향을 미치는 정치적, 정책적 논쟁에 통일된 목소리를 내지 못했다는 것은 그다지 놀라운 일이 아니다. 그러나 이러한 지속적인 대화에서 역할을 제대로 하지 못한 것은 마찬가지로 광범위한 영향을 미친다.

2. 체계 없는 담론의 폐해

도서관 전문가, 교육자, 연구자들은 앞에서 설명한 법률의 제정으로 이어진 이러한 정치적, 정책적 논의에 그다지 성공적으로 참여하지 못했다. 법률이나 정책에 대한 일반적인 오해로 인해 체계적이지 않거나 역효과를 낳는 대응이 유발되었고, 법률이나 정책에 대한 인식 부족으로 인해 다소 소극적인 대응이라는 결과를 가져왔다. 이러한 두 가지 유형의 경우, 모두 도서관으로의 접근성과 형평성을 보장하는 능력을 제한하는 법률이나 정책이 제정되는 경우가 많았다. 도서관에 가장 큰 영향을 미치는 최근의 법률과 정책은 전형적으로 도서관이 제공할 수 있는 정보를 제한하는 것이며, 특히 아동인터넷보호법(CIPA), 미국애국자법(USA PATRIOT) 및 국토안전보장법(Homeland Security Act)을 들 수 있다.

도서관계에서 정치적, 정책적 담론이 체계적이지 않고 제대로 알려지지 않아 접근성과 형평성이 훼손되는 사례는 미국애국자법의 통과에 대한 반응에서 적절하게 드러났다. 법이 통과된 직후, 전문적인 담론의 대부분은 법에 대한 저항에 초점이 맞추어졌다. 물리적 기록의 전체 파기와 전자 기록, 컴퓨터 사용 정보, 이용자 체크아웃 기록의 삭제를 지지하는 경우도 있었다. 일부는 심지어 사서들이 이 법에 반대하기 위해 기꺼이 감옥에 가야 한다고 주장하기도 했다. 미국애국자법(USA PATRIOT Act)과 국토안보법(Homeland Security Act)은 도서관에 대한 중대한 문제를 제기했고 또 계속해서 제기하고 있다(Gorham-Oscilowski & Jaeger, 2008; Jaeger, Bertot, & McClure, 2003; Jaeger & Burnett, 2005; Jaeger, McClure, Bertot, & Snead, 2004에서 논의됨). 그러나 이 법률의 실제 영향과 도서관계에서의 이 법률에 대한 반응은 충분히 연결되지 않았다. 아마도 이러한 단절의 결과로, 10년 전 이 법률의 조항에 대해 초기의 격렬하고 부정적인 반응은 지금은 이에 대한 논의가 전혀 없는 것으로 대체되었다.

또 다른 예는 정부간행물인쇄국(GPO)과 연방기탁도서관프로그램(FDLP)의 운영을 관장하는 미국 법전 제44조 개정을 둘러싼 현재의 정책 논쟁에서 볼 수 있다. 대다수의 정부 정보가 GPO와 FDLP가 아닌 다른 채널을 통해 전자적으로 배포되고 있기 때문에, 그 임무와 운영을 변화시키는 정책 개혁은 불가피하다. Bertot 등 다수의 논문에서 논의되었듯이, 정책 논쟁에서 전자 정부 시대에 이러한 프로그램을 귀중한 기여자로 전환하도록 촉진하기 위한 다양한 접근 방식을 가용할 수 있음에도 불구하고(Bertot, Jaeger, Shuler, Simmons, & Grimes, 2009; Jaeger, Bertot, & Shuler, 2010; Shuler, Jaeger, & Bertot, 2010), 현장에서의 반응은 연방기탁도서관협의회(FDLC) 회의가 교착 상태에 빠지고 활동하지 않는 등 완전히 분열된 것이었다. 이 프로그램에 구상된 잠재적 미래의 제시조차도 전자 정부의 도래에 대응하여 아무런 변화가 필요하지 않다고 주장하는 강력한 부정적인 반응을 불러일으킬 수 있다. 모든 가능성에서 그러한 분열은 FDLP 도서관이나 후원자의 요구를 효과적으로 충족시키지 못하는 정책적 해결책으로 이어질 가능성이 높다.

도서관계에 도움이 되는 정책 및 정치 분석의 양과 범위가 부족한 상황은 입법부와 행정부가 도입한 정책들이 점점 더 대립하고 있는 가운데 특히 상황이 좋지 않은 시기에 발생한다. 두 가지 예로서 저작권과 통신 관련으로 제안된 정책은 최근 몇 년간 점점 더 한쪽으로 치우쳐지고 있다. 특정 집단의 성공적인 압력, 정책 입안자의 기술과 그 영향에 대한 무지, 또는 두 가지의 조합으로 인해 저작권과 통신 모두와 관련된 정책은 모든 이해관계자의 요구를 균형 있게 조정하거나 적어도 고려하는 것보다는 단 하나의 이해관계자 집단의 이익에만 초점을 맞추고 있다.

최근 온라인불법복제방지법(SOPA)을 둘러싼 갈등은 결국 의회 심의에서 철회되었지만, 이러한 추세를 극명하게 보여준다. SOPA는 영화, 텔레비전, 음악 업계와 같은 콘텐츠 제작자의 강력한 지지를 받았으나 대형 인터넷 회사를 포함한 콘텐츠 제공업체의 강력한 반대에 부딪혔다. 제안된 법안은 저작권이나 상표권 침해가 입증되기 전에 콘텐츠 제작자에게 저작권이나 상표권 침해를 조장한 것으로 보이는 모든 웹사이트를 폐쇄할 수 있는 권리를 부여하여 한 이해관계자의 권리를 다른 이해관계자보다 전적으로 우선시함으로써 콘텐츠 제작자에게 이익이 되었을 것이다. 더 균형 잡힌 제안이었다면 그렇게 논란이 되지 않고 의회에서 통과되었을 수도 있지만, 현재의 대립적인 정책 결정의 일반적인 추세와는 보조를 맞추지 못했을 것이다.

정책 결정이 의제 자체 때문에 본질적으로 더 대립적으로 된 것은, 의제 자체로 해서 정당의 당파성이 크게 강화된 때문인지, 아니면 정책 프로세스에 대한 종래의 이해관계자 기반의 접근 방식이 일반적으로 소멸한 탓인지 확인하는 것은 아마도 불가능하다. 이유와 상관없이 공공도서관은 이제 도서관 공동체가 정책과 정치 논쟁에 자신의 관점을 개입시키기를 원한다면 그렇게 할 책임이 도서관에 부과되는 정책 환경에 직면해 있다.

그러나 도서관계가 실제로 이 단계를 밟을지는 여전히 미지수이다. 최근 도서관의 쇠퇴나 도서관 교육의 종언을 예언하는 도서, 기사, 온라인 토론, 블로그 게시물이 급증하고 있다(예: Cox, 2011; Dilevko, 2009; Swigger, 2012). 도서관에 대한 정책 및 정치적 압력이 도서관 종사자, 연구자, 교육자의 정신에 영향을 미치고 있는지 궁금해하는 것도 무리가 아니다. 정책 과 정치적 문제는 너무 커서 완전히 파악하기에는 너무 복잡하고 대처하기에는 너무 포괄하는 것처럼 보일 수 있다. 이에 대한 대응은 노서관의 관련성이 사라질 때까지 조용히 기다리는 것이다. 아무리 상상력의 여지가 없어도 꼭 그럴 필요는 없다. 도서관에 영향을 미치는 정책과 정치에 전념하는 훨씬 더 강력한 학문이 존재한다면, 도서관의 관행을 개선하기 위한 변화, 도서관을 지원할 법과 정책을 옹호하며, 도서관이 운영되는 더 광범위한 정치 및 정책의 맥락에서 도서관의 역할을 이해하도록 문제에 대한 통찰력을 제공함으로써 현장의 역량을 강화할 수 있을 것이다.

그러나 도서관에 대한 학술 연구와 전문적인 문헌을 바탕으로 볼 때, 공공도서관에서 일하거나 공공도서관에 관해 가르치고, 공공도서관을 연구하는 사람들은 일반적으로 도서관, 정책, 정치의 연결고리를 인식하지 못하고 있다고 생각해도 무리가 아닐 것이다(Jaeger, Bertot, & Gorham, 2013). 놀랍게도, 여러분이 지금 읽고 있는 이 책 이전에는 미국의 공공도서관, 공공 정책, 정치적 과정, 도서관 옹호 활동의 교차점을 데이터에 기초하여 조사한 책이 없다. 이 큰 격차는 이처럼 매우 중요한 분야에서 담론이 훨씬 더 많이 부족한 부분의 일부이다. 지난 30년간 기술, 정치 이념, 정책 목표가 크게 변화하고, 그 결과 공공도서관은 전례 없는 정치, 경제, 정책 도전에 맞서 지역사회의 요구를 충족시키기 위해 가장 높은 기대치를 충족시키는 환경이 조성되었기 때문에 이러한 누락은 더욱 놀라운 일이다.

데이비드 샤비프스(David Shavifs)는 1986년 저서 '공공도서관의 정치학(The Politics of Public Librarianship)'에서 정치와 공공도서관의 교차점에 대한 마지막 주요 참여가 37년 전 올리버 가르소(Oliver Garceau)에 의해 공공도서관 조사의 일환으로 작성되었다는 사실을 한탄했다. 가르소의 1949년 저서 이전에 칼톤 브런스 조켈(Carleton Bruns Joeckel, 1935)이 공공도서관과 정부에 대한 최초의 본격적인 조사를 제공했지만, 이 책의 초점은 도서관이 참여할 수 있는 최적의 정부 수준에 맞춰져 있었다. 현재 우리는 에드윈 베커만(Edwin Beckerman)의 '정치와 미국 공공도서관(Politics and the American Public Library, 1996)'이 출판된 시점에서 15년 이상 지났다. 이 책은 공공도서관에 대한 정치적 과정의 영향을 진지하게 검토한 마지막 중요한 저서이다. 과거 20년간 몇 권의 책은 로비 활동의 맥락에서 정치 과정을 다루었다(예: Abbott-Hoduski, 2003; Halsey, 2003; Turner, 1997). 그러나 이러한 책들은 정치적 내용이나 정치적 세력보다는 로비 활동에 초점을 맞추었다. 이 기간에 도서관과 정치를 더 제한적으로 다룬 다른 책들은 거의 없었다. 예를 들어 E. J. 호세(E. J. Josey)의 '정치 프로세스에서의 도서관(Libraries in the Political Process, 1980)'은 전국 36개 지역에 도서관의 자금 지원을 호소하는 내용을 담은 에세이를 모은 것이다. 지난 70년 이상 도서관과 정치에 초점을 맞춘 책 한 권 분량의 텍스트는 극히 적었다.

정책 결정이 공공도서관에 미치는 영향에 대한 직접적인 관여는 규모가 큰 저술에서는 더욱 드물고, 도서관의 내용과 기능을 가장 중대하게 형성하는 정보정책에 초점을 맞춘 저서의 경우, 도서관 문제를 다루는 의지가 전반적으로 부족한 것으로 보인다. 도서관과 정치에 관한 책과 마찬가지로 정보정책에 관한 책은 거의 없으며, 그 가운데 많은 책이 베커만(Beckerman)의 책과 같은 시기의 것이다(예, Burger, 1993; Hernon, McClure, & Relyea, 1996). 예를 들어 Hernon, McClure, Relyea가 편집한 책에는 정보정책이 공공도서관에 미치는 영향에 관한 논문은 단 한 편만이 들어 있다. 드물게 예외적으로, Wellisch, Patrick, Black, Cuardra의 '공공도서관과 연방 정책(The Public Library and Federal Policy. 1974)'에는 실제로 제목에서 시사하고 있는 내용을 조사하였지만, 그 내용은 거의 40년 전의 것이다. 최근 출판된 도서관과 정책에 관한 유일한 두 권의 책은 각각 영국에 초점을 맞추고 있으며, 미국에 관한 내용은 14쪽에 불과한 개요를 제공한다(Cornelius, 2010; Helling, 2012).

도서관과 정치 과정 혹은 정책 입안을 다루는 저널 기사도 마찬가지로 드물어 보인다. 상당수의 기사가 특정 정책 또는 정치 문제를 다루지만, 정책이나 정치 문제를 이러한 문제가 존재하는 더 광범위한 맥락으로 끌어들이는 경우는 드물다. 논문에서 이러한 문제를 다룰 때, 그들은 일반적으로 정치적 차원이나 둘 다보다는 상황의 정책 차원에 초점을 맞추는 것처럼 보인다. 정책 연구는 프로그램과 서비스가 운영되는 정치적 맥락을 더 잘 이해하기 위한 데이터를 제공할 수 있지만(McClure & Jaeger, 2008, p. 263), 상황의 정치적 차원을 직접 조사하는 것과는 다르다. 최근 몇 년간 도서관 저널에서 정책 및 정치 문제에 대한 초점이 제한적인 것은 도서관 연구를 출판하는 매체의 축소와도 관련이 있는데, 많은 저널이 사라지거나 정보 과학 저널로 이름을 변경하기도 하고, 도서관 연구를 주변부로 밀어내거나 남아 있는 저널의 범위에서 완전히 벗어나곤 한다.

이러한 담론의 부재는 대부분의 도서관계가 정치 및 정책 결정의 장에 진입할 기회에 직면했을 때 느끼는 불안감을 증명한다. 아동인터넷보호법(CIPA)에 대한 불운한 법적 도전은 도서관계가 해당 분야에 진입하기로 선택할 때 어떤 일이 벌어질 수 있는지에 대한 경고를 제공한다. ALA는 추상적인 지적 자유의 침해를 이유로 법률 시행을 저지하기 위해 소송을 제기했다. 법원을 통한 일련의 엇갈린 판결 이후, 대법원은 최종적으로 ALA에 불리한 판결을 내렸고, 도서관의 목적과 도서관이 지역사회에 기여하는 공헌에 대한 이해가 전혀 없음을 드러냈다(Gathegi, 2005; Jaeger, Bertot, & McClure, 2004). 지금 돌이켜보면, 이 분야에서 더 강력한 정책과 정치에 관한 담론이 있었다면 사서들이 법률이 작성되는 동안 다른 접근 방식을 옹호할 준비가 더 잘 갖추어졌을 것이고, 그러한 행동이 필요하다고 판단될 경우, 법에 이의를 제기하는 전략을 개발할 수 있었을 것이다.

사서들이 공공도서관 자금에 관한 정책 결정의 영향에 대해 논의할 수 있는 장소는 주로 소셜 미디어, 특히 트위터를 포함한 새로운 출판 형태, 사서가 게시하거나 사서를 위해 게시하는 수많은 블로그, 어느 정도는 도서관 콘퍼런스, 도서관 리스트서브이다. 예를 들어, 앤디 우드워드(Andy Woodworth, http://agnosticmaybe.wordpress.com)와 같은 블로거는 특히 고향인 뉴저지에서 정책 결정이 도서관 자금에 미치는 영향에 대한 대중적이지 않는 논의에 적극적으로 참여한다. 그러나 이러한 토론에 주목하는 것이 중요하다. 이러한 토론은 다음과 같은 성격을 가진다.

① 동료 사서들 사이에서 이루어지며 대부분 외부의 이해관계자들과 소통하지 않는 경우가 많다. 특히 정책 입안자와는 더욱 관계가 없다.

② 정책 입안자의 생각에 아직 전문적이거나 학술적인 성격이 아닌 출판 플랫폼에서 발생하며, 그들의 생각에 학술 기사나 도서보다 중요도가 낮을 수 있다.

③ 도서관계 내에 자주 긴장을 조성한다. 이런 종류의 문제에 대해 공개적으로 말할 용기가 있는 사서들은 도서관계 일부에서는 존경을 받지만, 이런 종류의 문제에 대한 솔직한 토론을 사서의 역할의 일부가 아니라고 하거나 공공장소에서 치부를 드러내는 것으로 보는 많은 사람들로부터는 비난을 받는다.

좀 더 철학적인 차원에서 공공도서관을 형성하는 정책과 정치에 대한 보다 폭넓은 담론은, 도서관 교육자와 연구자가 학문과 교육의 일부로서 일관되고 직접적인 참여와 옹호 활동의 필요성을 더 명확하게 보는 데 도움이 될 것이다. 그러나 이러한 담론은 데이터와 분석을 제공하는 것과 함께 정책 자료를 찾고 참여시키고, 공공도서관에 대한 지원과 책임을 결정하고, 도서관이 사회 전체에서 수행하는 역할을 조명하는 정치적 과정을 이해하기 위한 지원 메커니즘도 만들어야 한다.

현재 공공도서관이 직면한 경제적 상황에 대한 앞에서의 논의로 돌아가면, 장기적인 경기 침체로 인해 지방 및 주 정부 예산이 감소함에 따라 공공도서관 대부분은 비례적으로 줄어든 예산을 받는다. 감소한 자금은 공공재를 소비자 기업으로 취급하는 새로운 거버넌스 관점에 부합한다. 그리고 동일한 경기 침체로 인해 더 많은 사람이 정부 혜택 신청, 온라인 구직 검색 및 무료 엔터테인먼트 찾기 등의 도움을 받기 위해 도서관을 방문하게 되었다. 이러한 정책과 정치의 합류는 공공도서관, 도서관 전문가 및 이용자에게 커다란 결과를 초래하지만, 이러한 정치적 및 정책 결정은 사회 전체에 장기적으로 강력한 결과를 초래하기도 한다.

자금이 감소하면 도서관에서 지원과 교육을 제공할 수 있는 시간, 자원, 서비스, 직원이 줄어들게 되며, 또한 도서관은 대중이 필요로 하고 기대하는 수준의 서비스를 제공할 수 없게 된다. 특정 지역사회 내에서 디지털 문해력 교육과 무료 인터넷 접근이 부족하면 문해력이 낮고 인터넷 접근이 제한된 사람들에게 상당한 영향을 미친다. 또한, 교육, 시민, 사회 서비스, 건강, 고용 및 기타 형태의 정보에 대한 접근성에서 불평등이 확대되고, 많은 사회 구성원이 디지털 시대와 디지털 경제에 참여할 수 있는 기회가 줄어든다. 이러한 정책 및 정치적 결과는 공공도서관의 네 개의 벽 안에서만 느껴지는 것이 아니라 전국적으로 반향을 불러일으킨다. 이러한 정책 및 정치적 결정에 직면하여 현재 환경에서 도서관의 교수진, 학생, 실무자에게 권한을 부여하기 위한 중요한 기반은 이러한 정책 및 정치 문제에 대한 지속적인 풍부한 담론이다.

3. 이 책의 목적과 구성

이 책의 이후의 장에서는 저자가 수행한 20년간의 독창적인 연구와 공공 정책, 정치 담론, 공공도서관의 교차점에 관한 기존 연구를 바탕으로 앞에서 논한 문제를 훨씬 더 자세히 다룰 것이다. 이 책은 공공 정책과 정치 담론에서 공공도서관의 현재 입장의 기원과 의미를 이해하고자 하는 저자의 일련의 논문의 정점이며, 일부 저자는 10년 이상 이 문제를 조사해왔다. 이 책은 다음과 같은 핵심 문제를 다룬다.

- 공공도서관의 지역사회에 대한 기여와 이러한 기여에 대한 정책과 정치의 영향
- 공공 정책에서 공공도서관을 대하는 역사와 공공도서관 자금 지원의 역사
- 공공도서관에 대한 현재의 정책과 정치적 접근 방식을 형성하는 정치적, 경제적 이념의 발전
- 정보 및 도서관 관련 법률과 정책을 포함하여 공공재와 공공 서비스를 둘러싼 현재

의 정책과 정치적 환경

- 현재의 공공 정책과 정치가 공공도서관의 자금 지원과 기능에 미친 영향
- 민영화와 상업화 움직임이 공공도서관의 자금 지원과 기능에 미치는 영향
- 전통적인 중립의 입장에서부터 도서관 종사자들이 정치 활동에 참여하려는 산발적인 시도에 이르기까지 공공도서관의 장기간에 걸친 정치적 활동과 옹호 활동
- 현재 공공 정책을 지배하는 정치적, 경제적 이념에 직면하여 도서관의 가치를 입증하려는 활동

이 책은 이러한 주요 문제에 대한 논의를 바탕으로, 공공도서관과 개인 및 지역사회의 요구를 충족하는 능력을 약화시키지 않고 강화할 수 있는 전문적, 정책 결정 및 정치적 전략에 대한 제안을 제공한다. 이 책의 논의와 분석은 저자가 관련 주제에 대해 수행한 많은 연구에서 얻은 데이터와 실제 사례를 바탕으로 하며, 여기에는 점점 더 다양해지는 서비스 인구에 대한 도서관의 아웃리치와 혁신적인 파트너십을 통한 지역사회의 요구를 충족하려는 노력이 포함된다.

이 책은 모든 관련 이해관계자가 도서관에 대해 직접적인 공공 정책과 정치적 참여를 장려하기 위한 노력으로 다음과 같이 작성되었다.

- 공공 정책과 정치적 담론을 통해 공공도서관을 성공적으로 지원하는 데 필요한 포괄적인 틀과 주제를 확립한다.
- 도서관에 대한 공공 정책 토론에 관련 데이터, 분석 및 표현을 통합하는 지침을 제공한다.
- 도서관이 충족시키는 다양한 개인과 지역사회의 요구에 초점을 맞춘 전문 기관, 정책 입안자, 정치인을 위한 접근 방식을 제안한다.
- 정책 및 정치적 담론에서 도서관이 사용할 수 있는 가치 입증 틀을 제공한다.
- 미국 공공도서관 관련 공공 정책 문제를 미국 내 다른 유형의 도서관과 영국과 같은 유사한 정책 문제에 직면한 다른 국가의 도서관과 연결한다.

최근 몇 년 동안 정치, 정책, 도서관의 교차점의 중요성과 복잡성이 커지면서 정책, 정치, 도서관의 상호 관계에 관한 책의 필요성은 오래전에 제기되었다. 이 책에서는 과거와 현재의 정책과 정치적 문제를 비롯하여 현재 우리가 어디에 있는지, 어떻게 지금의 상황에 이르렀는지 설명하지만, 도서관 관련 현재의 모든 정책을 담은 카탈로그는 아니다. 이 책의 목적은 미래를 대비하고 시간상으로 과거에 갇히지 않는 학습 도구 역할을 할 수 있도록 하는 데 있다.

더글러스 즈베이직(Douglas Zweizig)의 "이용자의 생활 속의 도서관"과 "도서관의 생활 속의 이용자"(1973)라는 유명한 구분을 반영하여, 제2장과 제3장은 각각 "정책의 생활 속의 도서관"과 "도서관의 생활 속의 정책"을 제시하여 공공도서관을 둘러싼 현재의 정치적, 정책적 맥락으로 이어진 역사적 발전의 복잡성을 조명한다. 제2장은 두 가지 중요한 상호 연관된 방식으로 미국 공공도서관의 진화에 초점을 맞추었다. 첫째, 공공도서관이 지역사회에 기여한 역사적 공헌을 살펴본다. 이 장에서는 규범적인 읽을거리와 제한된 컬렉션의 초기 시대부터 포괄적인 컬렉션과 이용을 거쳐 현재의 인터넷 기반 개방형 환경까지 다루며, 독자가 세월이 지남에 따라 공공도서관이 수행한 중요한 콘텐츠와 서비스의 변화를 이해하는 데 도움을 준다. 둘째, 이 장에서는 이러한 관점의 변화가 ALA와 회원들이 도서관 권리장전을 책정하고 사회적 포용, 표현의 자유, 시민권의 옹호자가 된 경위와 이러한 관점이 어떻게 점점 더 다양한 이용자층을 만들어냈는지에 초점을 맞춘다. 공공도서관이 필수적인 공공재로 발전한 역사를 검토하는 것은 역사적, 현대적 맥락에서 정책과 정치가 도서관을 어떻게 대하였는가를 이해하는 데 필요하다.

제3장에서는 공공도서관에 대한 정부 조치가 시간이 지남에 따라 매우 중요하게 변화하고, 이에 대한 대처가 도서관과 지역사회에 어떤 영향을 미치는지 살펴본다. 장기간에 걸쳐 도서관에 직접적인 영향을 준 것은 지방 및 주의 정책과 정치뿐이었다. 이러한 지방적인 특성은 장서의 내용, 운영상의 문제 및 도서관 자금 조달을 자주 강조했다. 그러나 연방 정부는 오랫동안 공공도서관에 대한 관여가 제한적이었지만 지금에는 도서관이 지역사회에 공헌하는 방법에 상당한 영향을 미치는 방식으로 정책을 책정하고, 정치적 토론을 구성함으로써 공공도서관에 큰 영향을 주고 있다. 특히 웹이 등장한 이후로 아동인터넷보호법(CIPA), 미국애국자법(USA PATRIOT Act), 디지털밀레니엄저작권법(DMCA), 통신법(Telecommunications Act) 등의 법률과 정책은 공공도서관의 자금 조달과 공공도서관이 지역사회에 대한 공헌에 큰 영향을 미쳤다.

공공도서관에 대한 연방 정부의 대폭 증가한 개입은 서비스에 영향을 미치고 자금을 결정하는 양 측면에서 보면, 제4장의 초점인 신보수주의 정치 이념과 신자유주의 경제 이념의 부상과 거의 맞물려 있다. 이 두 개념은 상반된 이름에도 불구하고 연계하여 도서관과 같은 공공재 주체의 자유와 지원을 제한하는 동시에 기업체에 훨씬 더 큰 자유를 부여해왔다. 로널드 레이건의 당선으로 미국에서 두드러지게 나타난 이러한 이념은 현재 양 정당의 정치적 담론과 정책 결정 과정을 지배하게 되었다. 이 장에서는 이러한 이념의 발전과 본질을 자세히 설명한 후, 공공재와 공공 서비스에 대한 현재의 정책과 정치 환경을 어떻게 구성하는가에 대해 살펴본다. 또한 이 장에서는 거버넌스와 신자유주의 경제 이념이 공공도서관에 미치는 구체적인 영향을 살펴본다. 공공도서관의 자금 지원과 기능에 대한 공공 정책과 정치에 큰 영향을 미치는 이러한 두 가지 이념은 동시에 도서관 운영에 대한 정부의 개입을 증가시키고 도서관의 재정 지원을 줄이는 역할을 하였다. 또한, 도서관의 지원을 매우 당파적인 문제로 만들고, 도서관의 민영화 및 상업화 움직임을 촉진하는 등 공공도서관의 사회적 역할을 훼손하는 다른 활동도 허용했다. 이 장에서는 또한 정치인과 미디어에 의한 정치적 담론에서 자주 나타나는 공공도서관의 이용, 서비스 및 이용자에 대한 오해와 이러한 잘못된 표현이 신보수주의 거버넌스와 신자유주의 경제 이념에 의해 어떻게 촉진되었는지를 탐구한다. 미국의 공공도서관에 큰 영향을 미친 정치 및 경제적 이념의 중대한 변화는 국가나 도서관의 유형에 따라 국한되는 것은 아니다.

신보수주의적 거버넌스와 신자유주의 경제 이념이 공공도서관에 미친 영향의 시간적 틀과 병행하여, 도서관에서 지원을 구하는 이용자와 도서관이 서비스를 제공하는 지역사회의 요구 사항의 두 측면에 진화가 있었다. 제5장에서 자세히 설명했듯이 지난 20년간 도서관 장서와 서비스는 주로 인터넷으로 이용할 수 있게 되었고, 디지털 문해력과 구직 신청, 사회 서비스, 원격 교육, 전자책 등 온라인 활동에 대한 지원이 도서관의 주요 기능이 되었다. 인터넷 지원 기능은 또한 지역사회가 전자 정부에 대한 접근 보장, 이민자 지원, 비상시 대응 및 복구 지원과 같은 새로운 방법으로 공공도서관을 의존하도록 했다. 동시에 사회경제적 변화로 인해 도서관은 현대의 교육, 고용 또는 정부에 참여하는 데 필요한 인터넷 지원 기술에 접근하거나 사용할 수 없는 이용자의 생활에서 점점 더 중요한 부분이 되었다. 이러한 변화로 인해 이용자가 공공도서관을 이용하는 것이 극적으로 증가했다. 동시에, 미국의 인종, 민족 및 언어 구성이 빠르게 진화함에 따라 도서관은 점점 더 다양한 인구와 지역사회에 서비스를 제공하고 있다. 이 장에서는 정책과 정치가 도서관이 이러한 사람들에게 서비스를 제공하고 그들의 요구를 충족시키는 능력에 미치는 영향과 이러한 활동이 정책 및 정치에서 도서관을 다루는 방식에 미치는 영향을 살펴본다.

제6장은 공공도서관과 그 조직에 의한 정치 과정과 정책 결정에 참여하는 것에 초점을 둔다. 도서관은 항상 자금 지원을 주장해왔지만, 정치적 중립 입장을 오랫동안 표명하며 고수해왔다. 이러한 입장은 세계대전 중에 공공연하게 적극적으로 장서를 검열하는 것에서부터 도서관 이외의 문제, 예를 들어, 지구 온난화, 군사비 지출 관련 주장을 담은 정책 플랫폼을 유지하는 것, 제안된 특정 법안에 산발적으로 반대에 참여하는 것에 이르기까지 실제 활동과 일치하지 않는 경우가 많았다. 이 장에서는 이러한 정치적 참여 노력의 정치적 및 정책적 결과를 탐구하는 것과 함께 현재 지배적인 정치 및 경제적 이념에 대한 도서관 조직의 주요 대응에 대해서도 논한다. 현재 정치 환경에서 공공 서비스가 자금을 지원받기 위한 전제 조건으로서 그 가치를 입증해야 할 것으로 예상됨에 따라, 공공도서관은 교육과 지역사회 지원의 가치를 정량화해야 하는 어려운 과제에 직면해 있다. 도서관과 국가 기관 대부분은 데이터 기반의 입증보다는 도서관의 가치에 대한 주장으로 도움이 되지 않게 후퇴하고 있다. 이 장에서는 이러한 접근 방식을 채택함으로써 발생하는 정책 및 정치적 영향을 검토하고, 가치를 입증하는 대안적 접근 방식의 심층적인 논의를 위한 토대를 마련한다.

제7장에서는 다양한 데이터 소스와 현재 관행을 활용하여, 공공도서관이 지역사회에 대한 가치 있는 데이터 기반의 입증을 통해 지원을 옹호할 수 있는 일련의 제안을 제공한다. 공공도서관은 지난 5년간 이용이 극적으로 증가했음에도 불구하고 자금 지원 삭감의 주요 대상이 되었기 때문에, 도서관은 재정 지원을 확보하기 위한 더 나은 전략을 절실히 필요로 한다. 이 장에서는 지방 수준 및 그 이상의 수준에서 공공도서관 지원에 대한 공공 정책의 토론과 옹호 관련 데이터, 분석 및 표현을 포함하는 방법에 대한 지침과 제안된 모범 사례를 제공한다. 이 장에서는 공공도서관을 고유한 지역사회 재화로서 묘사할 것을 권고하면서, 공공도서관이 현대 정치 및 경제 이념에 비추어 재정 지원을 성공적으로 주장하는 데 필요한 개념적 및 사실적 주제를 제공한다. 또한, 이 장에서는 공공도서관과 그 영향에 대한 데이터를 기반으로, 도서관이 디지털 문해력과 디지털 포용과 같은 주요 정치적 목표의 발전에 공헌하는 것을 주요 옹호 도구로 사용하는 능력을 촉진한다.

제8장에서는 정책, 정치, 옹호 활동에 대한 대규모 논의를 지역사회 수준으로 내린다. 이 장에서는 이 책에서 소개된 아이디어를 종합하고 이러한 개념의 미래 방향을 검토하며, 데이터 중심의 옹호와 가치 증명의 장기적 이유와 현대 정치 및 경제적 이념에 적절히 대응할 수 없는 경우에 장기적으로 발생할 수 있는 잠재적 결과를 강조한다. 궁극적으로 자금 지원과 정책을 통한 공공도서관 지원의 미래는 지방 수준에 있으며, 공공도서

관은 지역사회 기반 거버넌스의 초석 역할을 한다. 이 장에서는 공공도서관이 정책 결정과 정치 담론에 효과적으로 참여함으로써 정보사회의 평등과 사회 진전을 증진하고, 지역 차원의 합리적인 정치 및 도서관에 대한 정책이 국가 담론을 형성하는 데 공헌하는 방법에 대해 고찰한다.

이 장들에서 주요 메시지는 공공도서관 사서와 공공도서관을 지지하는 사람들이 다음과 같은 절실한 필요성을 시급히 알아야 한다는 것이다.

① 정치적 과정과 그것이 도서관에 미치는 영향을 인식하고,

② 정책과 정치 간의 상호 관계를 조정하며,

③ 공공도서관을 지원하는 정책의 필요성을 명확히 표현하기 위해 정책 과정에 참여한다.

이 책은 문헌정보학(LIS) 분야의 학생, 교육자, 연구자, 실무자 등 공공도서관 지지자들에게 도움을 주는 것을 목표로 학술적이면서도 일반 독자에게도 접근하기 쉬운 내용으로 작성되었다. 공공도서관에서 일하는 사람이나 공공도서관을 지지하는 모든 사람은 이 책에서 다루는 주제를 인식하고 참여해야 할 필요가 있다.

이 책의 주제가 학제적인 성격이라는 점을 고려할 때, 공공도서관, 공공 정책, 정치 과정 간의 관계에 관심이 있는 공공 정책, 정부, 경제, 정치학 분야에서도 흥미로운 것이 되기를 바란다. 이 책은 이러한 분야의 연구를 자유롭게 통합하여, 그것에 의해 주장이 강화되고 제시된 아이디어의 유용성이 높아지기를 바란다. 그러나 이 책의 핵심 목표는 미국에 있는 약 1만7,000개의 공공도서관과 수만 명의 도서관 전문가에게 도움을 주는 것이다. 이 책은 공공재라는 개념을 점점 더 적대하는 정치 및 정책 환경에서도 공공도서관이 계속 번영할 수 있도록 모든 도서관 전문가, 특히 도서관 관리자가 알아야 할 필요가 있는 주제를 다룬다.

4. 데이터 출처

이 책의 논점을 살펴보기 전에 이 책에 사용된 많은 데이터의 출처를 논하는 것이 중요하다. 이 책은 1994년 '공공도서관과 인터넷(Public Libraries and the Internet)' 설

문조사를 시작하여 2006년까지 다양한 자금원을 통해 지속된 공공도서관에 관한 일련의 전국 조사 결과를 크게 활용하고 있다. 이 조사는 2006년부터 2012년까지 미국도서관협회와 빌앤멜린다게이츠재단(Bill and Melinda Gates Foundation)의 자금을 지원받아 공공도서관의 운영자금 및 기술 접근성 연구 (Public Library Funding and Technology Access Study) (http://www.ala.org/plinternetfunding)의 일환으로 진행되었다. 이 조사는 2013년에 다시 IMLS의 자금을 지원받아 독립된 연구로 진행되었다. 연구의 명칭과 자금 지원 기관이 변경된 이 조사는 (1) 연방 차원의 공공도서관 인터넷 정책 제안 및 추진, (2) 공공도서관의 인터넷 연결, 서비스, 전개 및 배포에 관한 선별된 종단 데이터(longitudinal data)의 유지 관리, (3) 공공도서관 인터넷 연결에 관한 전국적인 추정치를 제공하는 기초로서 공공도서관의 인터넷 연결 및 사용 현황 파악을 목적으로 매년 또는 격년으로 실시되고 있다. 2004년까지 이 조사는 대략 2년마다 실시되었으며, 다양한 출처의 임시 자금을 제공받아 시간의 흐름에 따라 수집한 데이터를 시계열 분석하는 것이 가능했다. 2006년부터는 미국도서관협회와 빌앤멜린다게이츠재단의 자금 지원을 통해 데이터를 매년 수집하는 것으로 전환했다.

설문조사의 주요 목적은 일관되게 유지되었지만, 시간이 지남에 따라 조사가 진화하면서 데이터 수집, 방법론 및 접근 방식에서 다음과 같이 세 가지의 명확한 변화를 경험했다.

- 1998년 이전 조사에서는 시스템 수준(예, 해당하는 경우, 분관을 포함한 전체 도서관의 총 워크스테이션 수)에서 데이터를 수집했다.
- 1998년과 2004년 사이의 조사에서는 건물 · 아울렛 수준의 데이터로 특정 분관의 워크스테이션 수와 연결 속도를 수집하고, 시스템 수준의 데이터로 E-rate 애플리케이션 등을 수집했다.
- 2004년부터 조사는 데이터 수집을 주 차원의 수준 및 국가적 수준으로 확대하고, 건물 · 아울렛 수준과 시스템 수준 데이터를 모두 포함하여 수집하였다.
- 초기 2002년부터는 참여자에게 완전히 온라인 버전과 인쇄 버전의 설문조사를 실시했다. 해마다 온라인으로 완료한 조사가 증가하여 2009년에는 온라인으로만 조사하게 되었다.

이러한 변화 과정 내내 설문조사는 공공 액세스 워크스테이션 수, 대역폭과 같은 핵심

종단 질문을 유지하면서 일자리 지원과 전자 정부, 비상 역할 등 다양한 새로운 주제를 계속해서 조사해왔다. 2013년부터는 연구의 추가적인 진화가 시작되었으며, 연구 내용은 공공도서관의 임무에 특정 개인과 집단의 디지털 문해력 문제에 더욱 중점을 두었다. 이 연구의 연차적인 발전 과정에 대해서는 Jaeger, Thompson, and Lazar (2012)에서 확인할 수 있다.

지속적인 기록 경신, 종단적 품질, 다른 것과 비교할 수 없는 데이터 덕분에 설문조사의 수치는 수년에 걸쳐 의회 증언에 사용됐고, 연방통신위원회(FCC)와 국가통신정보관리국(NTIA)에 제출됐으며, 특히 최근 광대역기술기회프로그램(BTOP)에 관한 국가통신정보관리국(NTIA) 문서, 아동인터넷보호법(CIPA)에 대한 대법원 판결에서 인용된 증거, 전자 정부법에 관한 미국 상원 청문회, Pew Internet 및 American Life 보고서, 기타 많은 중요한 정책 현장에 등장했다. 주립 사서들(State librarians)은 또한 주 의회 증언과 다양한 주의 정책 문서 및 이니셔티브에서 결과를 사용해왔다. 지방 도서관은 이 데이터를 사용하여 지방 정부로부터 자금 지원 및 기타 형태의 지원을 받기 위해 로비했다. 간단히 말해, 설문조사에서 얻은 데이터와 결과는 다양한 이해관계자들이 다양한 방식으로 사용하고 있다.

공공도서관에서 제공하는 인터넷 접속, 서비스, 교육 및 지원은 개별 이용자와 지역사회의 요구를 충족시키고 디지털 문해력과 디지털 포용을 위한 국가적 이니셔티브를 지원하는 데 필수적이다. 특히 장기적인 경기 침체라는 특수한 상황에서는 더욱 그렇다. 공공도서관과 인터넷, 공공도서관 자금 지원 및 기술 접근성 연구가 없었다면 공공도서관의 이러한 역할과 다른 많은 중심적 역할은 제대로 문서화되지 않았을 것이다. 모든 '공공도서관과 인터넷, 공공도서관 자금 지원 및 기술 접근 보고서(Public Libraries and the Internet and Public Library Funding and Technology Access reports)'는 http://ipac.umd.edu에서 전자 형식으로도 제공된다. 별도의 표기가 없는 한, 공공도서관과 기술에 관한 모든 데이터는 공공도서관과 인터넷, 공공도서관 자금 지원 및 기술 접근 연구로부터 가져온 것이다. 가장 최근의 연구 데이터는 Bertot, McDermott, Lincoln, Real, & Peterson(2012)에서 찾을 수 있다.

제 2 장

미국의 공공재로서 공공도서관의 발전

1949년, 선견지명이 있는 도서관학자이자 교육자인 제시 셰라(Jesse Shera)는 "도서관의 목적은 사회 자체의 목적에 직접적으로 의존한다"고 했다(p. 248). 아마도 공공도서관의 본질에 대한 이보다 더 정확한 요약은 없을 것이다. 현대 공공도서관 운동이 시작된 이래로 도서관은 자료에 관한 것이 아니었다. 오늘날 공공도서관은 인쇄물, 전자자원, 시청각 자료, 컴퓨터, 스토리 타임, 정보 문해력 및 기술 문해력 교육, 구직 활동 지원, 다양한 유형의 사회 서비스, 전자 정부 등을 제공하는 커뮤니티 공간, 모임 장소이자 학습 공간이다. 그러나 공공도서관은 이러한 요소 중 어느 것으로도 정의되지 않는다. 공공도서관은 이제 공공재의 정수로 자리 잡았다. 특히 인터넷 기반의 기술과 자원을 사용하여 지역사회의 대부분의 정보 기반 요구를 충족한다.

공공도서관이 어떻게 하여 이 지점에 도달하였는가는 정치 무대에서 공공도서관을 이해하는 데 필수적이다. 왜냐하면 이러한 역사는 공공도서관의 훌륭한 업적과 현재의 정책 및 정치에서 직면하고 있는 과제를 모두 끌어낸 결정들을 보여주기 때문이다. 공공도서관이 공공재의 구현체로 발전해온 방식은 필연적으로 정치와 정책이 공공도서관에 영향을 주는 방식으로 이어졌다.

1. 훨씬 더 길어진 롱테일

도서관은 수천 년 동안 존재해왔으며, 많은 변형과 기능, 이용가능성 수준을 거쳤으며, 초기 도서관 중 상당수는 종교적 또는 학술적 기능을 가진 경우가 많았다(Cossette,

1,976; Jackson, 1974; Krummel, 1999; Lerner, 2009). 사회적 기관으로서 도서관은 "특정 문제 상황에 대응하여 진화해왔으며, 무수히 많은 비교적 독립된 개인적인 결정에 의해 형성되어왔다"(Swanson, 1979, p. 3). 가장 유명한 초기의 도서관은 기원전 300년경에 프톨레마이오스 1세가 설립한 알렉산드리아도서관 · 박물관으로, 수백 년에 걸쳐 고대 세계의 학문의 중심지였다(El-Abbadi, 1990).

그 후 여러 세기에 걸쳐 도서관은 교육적 또는 종교적 환경에 국한되었으며, 유럽의 중세 시대에는 과학적 지식이 이교도의 신앙 관습과 동일시되면서 도서관이 쇠퇴한 시기였다(Manchester, 1993). 인쇄기가 발명된 후 부유한 개인이 개인 도서관을 개설하는 것이 가능해졌다. 이러한 도서관 중 일반 대중이 작품을 접할 수 있는 기회를 제공한 곳은 거의 없었고, 1800년대까지만 해도 문해력을 높여주는 곳은 흔하지 않았다(Jackson, 1974). 가장 극적인 의미에서 이러한 도서관은 극소수의 이용자를 위해 의도된 것으로, 이를 이용하는 특정 소수인들의 특정 요구, 규범 및 취향에 맞는 자료를 수집했다.

최초의 대중적인 도서관은 1700년대 초에 영국과 식민지 주변의 도시에 형성된 상업적인 구독 도서관이었다(Davies, 1974). 구독 도서관과 대출도서관 같은 상업적 유형의 도서관은 당시의 인기 소설을 전문으로 하는 경향이 있었으며, 새뮤얼 리처드슨(Samuel Richardson)의 1740년 소설 '파멜라(Pamela)'의 엄청난 인기로 이러한 도서관 중 많은 곳의 가입등록률이 상승했다(Jackson, 1974). 미국 독립 전쟁 초기에는 식민지에 약 100개의 도서관이 있었다. 100년 후에 미국에는 3,500개가 넘는 도서관이 있었다(McMullen, 2000).

1876년은 근대 도서관 운동의 시작으로 여겨지지만, 미국인들은 그 이전에도 사회 도서관, 순회 도서관, 구독 도서관, 대학 도서관, 교회 도서관, 병원 도서관, 정신병원 도서관, 정부 도서관, 병영 도서관, 상업 도서관, 법률 도서관, 마을 도서관, 과학 도서관, 문학 · 철학 도서관, 기계협회 도서관, 연구소 도서관, 아테네움(Athenaeum), 라세움(lyceum) 도서관 등 수천 개의 도서관을 설립했다(Davies, 1974; Green, 2007; McMullen, 2000; Raven, 2007). 이 중 일부 도서관에는 상당히 많은 도서를 소장하였던 곳도 있었다. 예를 들어 1701년 런던 주교는 종교 도서관을 위해 35박스의 도서를 메릴랜드로 보냈다(DuMont, 1977). 교회 도서관은 많은 지역사회에서 독서 자료의 중요한 보조적인 정보원이었으며, 교회 도서관과 주일학교 수업은 "어린이들을 문해력 문화로 유도하고 인쇄물 중심의 세계에 참여하도록 준비시켰다"(Pawley, 2001, p. 128). 이러한 시설 중 일부는 공공도서관 설립 후에도 계속 존속했다. 1807년에 설립된 보스턴 아테네움은 오늘날에도 계속 번창하고 있는 구독제 도서관이다(Wolff, 2009). 1850년

하버드대학교는 8만4,000권의 장서를 보유한 미국 내에서 가상 오래된 최대의 도서관이 있었고, 미국 의회 도서관은 5만 권을 소장하였으며, 미국 내 총 도서 수는 약 200만 권이었다(Curley, 1990).

이 시기에 책에 대한 접근성은 19세기 사회 하층민의 생활을 개선하기 위한 참정권, 빈곤층에 대한 지원, 노동 조건의 개선, 아동 노동의 폐지 등 사회 운동의 목표와도 연관되기 시작했다(Ditzion, 1939). "이 읽을 권리는 민주적 욕구, 혹은 적어도 개혁지향의 충동에서 탄생하였으며, 지적 자유와 표현의 자유라는 국가적 문제와 관련되어 있다."(Graham, 2001, p. 1). 이러한 집단 중 상당수는, 특히 진보적인 여성 단체는 무료 공공도서관의 옹호자가 되었다(Stauffer, 2005; Watson, 1994). 사회적 향상에 초점을 맞춘 진보적 운동과의 연결은 지역사회에서 공공도서관의 역할에 대한 비전을 형성하는 데 도움이 되었다.

공공도서관 설립을 허용하는 최초의 법률은 1796년 뉴욕주에서 통과되었다(Halsey, 2003). 미국의 마을(town)과 군(county)에서는 1830년대에 세금 지원을 받는 학교 도서관을 설립하는 법안을 통과시켰고, 1840년대에는 공중이 이용하는 도서관을 설립하는 독자적인 법안이 통과되기 시작했다. 10년 뒤에는 주에서 유사한 법안을 통과시키기 시작했다(Davies, 1974; DuMont, 1977). 공공도서관은 미국과 영국에서 비슷한 속도로 발전했으며, 거의 같은 시기에 도서관에 대한 공적 자금 지원을 위한 법률이 일반화되었다(Conant, 1965; Davies, 1974; Gerard, 1978). 1833년에는 뉴햄프셔주 피터버러(Peterborough)에서 최초로 납세자 지원금으로 운영되는 공공도서관이 문을 열었다(Wellisch et al., 1974). 1838년 뉴욕주는 학교 도서관을 설립하고 유지하기 위해 연간 5만5,000달러의 예산을 책정했고, 대부분의 다른 주들도 곧 뒤따랐다(Wellisch et al., 1974). 1847년 보스턴시는 미국 대도시 중 최초로 납세자의 지원을 받아 공공도서관을 설립했다(Wolff, 2009).

미국의 공공도서관에 대한 자금 지원은 세금 납세자가 "이러한 공공재를 위해 지역사회에 세금 부과"를 적극적으로 선택한 일련의 결정이었다는 점을 기억하는 것이 중요하다(McCook, 2011, p. 14). 납세자들은 때때로 공공도서관을 이용하는 대가로 세금을 인상하는 데 열의가 없었다. 예를 들어, 아이오와주는 1870년에 공공도서관 설립을 허용하는 주법을 통과시켰지만, 5년 후에 설립된 도서관은 겨우 4개에 불과했다(Goldstein, 2003). 1876년에 ALA가 설립될 무렵, 미국에는 188개의 무료 공공도서관이 있었고, 학교 도서관도 그보다 훨씬 더 많았다(Daniel, 1961). 초기의 공공도서관 대부분은 자선가들의 지원을 받아 설립되었는데, 그 가운데에서도 가장 두드러진 인물로 앤드류 카네기(Andrew Carnegie,)는 1886년부터 1919년 사이에 1,420개 마을에 4,100만 달러 이상을 기부하여 공공도서관을 설립했다(Davies, 1974). 이에 비해 영국 의회는 1850년에 공공도서관을 허가하는 최초의 법안을 통과시켰다(D'Angelo, 2006).

원래 공공도서관의 주 고객층은 엘리트 지식인들이었다. 그들은 관심 있는 독서 자료에 대한 접근성을 보장하기 위해 공공도서관 설립을 추진했으며, 이차적으로 노동 계층의 독학을 촉진하는 역할을 했다(Pungitore, 1995). 이러한 도서관의 도서에는 사전, 문법, 정치 및 도덕 문제에 관한 책은 물론, 농업, 해부학, 천문학, 생물학, 화학, 기하학 및 수학과 같은 실용 과학에 대한 도서도 포함되었다(DuMont, 1977). 최초의 도서관과 마찬가지로 초기 공공도서관은 특정 지역사회 집단의 정보 요구와 가치에 초점을 맞추는 경향이 있었다. 또한 특정 지역에서는 질서를 장려하기 위해 공공도서관을 설립하였고, 주민들이 주권과 그에 수반되는 행동 및 사회 질서에 대한 기대에 충족할 수 있도록 돕기 위해 지역에 공공도서관을 도입하였다(Helling, 2012; Stauffer, 2005). 미국도서관협회가 창립될 당시, “사서들은 민주주의의 가치와 책임의 헌신적인 촉진자 역할을 진심으로 받아들였다”(Halsey, 2003, p. 18). 당시 전국에 공립학교가 설립되고, 1인당 소득이 꾸준히 증가하고, 노동 운동으로 여가 시간이 늘어나고, 참정권이 확대되면서 이러한 유형의 기관을 지원하는 사회적, 경제적인 힘이 생겨났다(Borden, 1931).

그러나 도서관의 역할에 대한 이러한 편협한 관점은 보편적인 것이 아니었다. 미국 공화국 초기부터 일부 지도자들은 도서관을 사회 구성원에게 지식을 확산하는 동시에 부유층과 사회 엘리트층의 학문과 교육에 대한 헤게모니 장악을 막을 수 있는 사회적 기관으로 보았다. 여러 도서관을 직접 창립한 벤저민 프랭클린(Benjamin Franklin)은 사회 구성원들에게 정치적, 교육적 자원을 제공하기 위해 도서관의 발전을 옹호한 최초의 저명한 정치 지도자였다(Gray, 1993; Harris, 1976). 프랭클린의 필라델피아도서관회사(Library Company of Philadelphia)는 “공동의 선을 위해 베푸는 선행은 신성하다”로 번역되는 라틴어 모토를 선택했다. 독립선언서에 서명한 9명이 도서관 회사의 회원이었다. 제임스 매디슨(James Madison), 토머스 제퍼슨(Thomas Jefferson), 조지 메이슨(George Mason)을 포함한 미국의 다른 많은 건국의 기초자들은 새 정부가 생산한 정보를 공식적으로 출판하고 신문을 통해 간단히 복제하고 다른 공공기관에서 수집할 수 있도록 이러한 출판물을 배포하는 데에 따른 큰 가치를 알았다(Hernon, Relyea, Dugan, & Cheverie, 2002). 1813년 의회는 인쇄된 입법 자료나 행정 자료를 선정된 주립도서관, 대학도서관 및 역사학회도서관에 배포할 것을 보증하는 최초의 법을 통과시켰다(Morehead, 1998).

그러나 공공도서관의 주요 기능은 평등을 촉진하고 국가적 담론의 질을 높이는 것이어야 한다는 프랭클린의 신념은 여러 세대에 걸쳐 다소 이례적인 일이었다(Augst, 2001). 20세기에 접어들면서 더 많은 시민과 정치 지도자들은 공공도서관이 대중에게 문명적인 영향을 줄 수 있고, 대중이 사회적 규범을 준수하도록 형성하는 수단이 될 수 있다고 믿었다(Augst, 2001; Harris, 1973, 1976). 도서관은 "선술집과 거리의 대안으로 어느 정도 지지를 받고", 사서들은 "스스로를 도덕적 중재자로 여겼다"(Jones, 1993, p. 135). 공공 사서의 정보 가치와 목표는 마치 잃어버린 대중을 구하는 것이 도서관의 사명인 것처럼 "광범위한 종교적인 용어"로 자주 표현되었다(Garrison, 1993, p. 37). 이러한 태도는 공공도서관에서 대중의 향상을 위한 자료의 선정이나 일반 대중의 사회적 관리자(social steward)가 되려는 시도에 반영되었다(Augst, 2001; Harris, 1976; Heckart, 1991; Morehead, 1998; Wiegand, 1976, 1996).

"사서들이 느끼는 문화적 우월성은 도서관을 일종의 자선적인 사회 윤리 학교로 보는 개념으로 이끌었다"(Garrison, 1993, p. 40). 앤드류 카네기가 1886년부터 1917년까지 행한 자선적인 도서관 건설 활동에 의해 공공도서관이 일반 시민의 기업 및 산업 기술(skill)을 향상시키는 수단으로 발전해 이러한 역할을 더욱 강화시켰다(Garrison, 1993; Van Slyck, 1995). 공공도서관의 역할이 규정되어 있던 시기에 도서관계의 리더들은 사회 변화에 강하게 반대했고 노동자의 권리 운동과 미국 사회를 재편하는 다른 세력을 두려워했다. 도서관 리더들은 일반적으로 신문의 성장과 소설의 이용가능성 증가가 규범적 사회 질서에 위협이 된다고 느꼈고, 공공도서관은 스스로를 규범적 사회 질서의 중요한 부분으로 여겼다(Garrison, 1993; Lerner, 2009; McCrossen, 2006; Preer, 2006).

1876년 개최된 제1회 ALA 회의에서 "일반 독자층은 일반적으로 자신이 읽을 자료를 현명하게 선택할 수 없다는 데 참가자 대다수가 동의했다"(Wiegand, 1976, p. 10). 시민 및 정치 지도자들은 공공도서관이 대중에게 문명적 영향을 제공하고, 대중이 헤게모니적 사회 규범을 준수하도록 형성하는 수단이 될 수 있다고 믿었다(Augst, 2001; Garrison, 1993; Harris, 1973, 1976). 이러한 태도는 대부분 공공도서관이 대중의 향상을 위한 자료를 선정하고 일반 대중의 사회적 관리자(steward)가 되려는 엘리트주의적이면서도 가부장적인 태도에 반영되었다(Augst, 2001; Heckart, 1991; Wiegand, 1996). 1928년 세인트루이스 공공도서관의 관장인 찰스 컴튼(Charles Compton)은 "아주 먼 미래에 우리는 스스로가 읽을거리를 선택할 만큼 충분히 지적인 대중을 갖게 될 것이다"라고 시사했다(Luyt, 2001, p. 451-452에서 발췌). 지역사회 구성원의 수가 늘어나면서 더 많은 사람이 도서관을 이용할 수 있게 되었지만, 사서들은 일반적으로 정보의 가치와 적절한 사회적 규범에 대한 이해를 좁히고, 지역사회의 모든 집단에 단일 인구의 정보 욕구를 강요하려 했다.

그러나 이러한 태도는 빠르게 변화하기 시작했다. 1900년보다 훨씬 이전에 많은 시립도서관에서 정규 운영의 일환으로 학생을 위한 개별지도부터 성인을 위한 창의적 예술 및 실용적인 기술(skill)을 가르치는 수업에 이르기까지 광범위한 교육 및 문화 활동을 확립했다(Davies, 1974; DuMont, 1977). 동시에 도서관에서는 모든 유형의 지역사회 집단을 위한 전시, 강의 및 모임 공간을 제공했고, 참고 서비스, 어린이 서비스 및 성인 교육 서비스 등 여러 지역사회 집단의 이용자에게 다가갈 수 있는 서비스를 개발하기 시작했다(DuMont, 1977). 나아가 도서관은 지역사회의 삶을 개선하기 위한 실천을 모델로 삼기 시작했다. 도시에서는 도서관이 조명, 환기 및 질병 확산 감소를 위한 현대적인 기술과 기법을 도입한 최초의 공공기관 중 하나가 되는 경우가 자주 있었다(Musman, 1993).

제1차 세계대전은 급성장하는 공공도서관의 포용성을 시험했고, 그 결과는 엇갈렸다. 제1차 세계대전 동안 공공도서관은 정부 기관이 사용할 수 있도록 시설을 개방하고, 전쟁 관련 전시회를 열고, 전쟁에 관한 책을 홍보하고, 채권 및 저축 우표 모금 운동을 위한 수집 기관 역할을 하고, 정부 기관이 제공하는 정보를 알리고, 식량 보존을 장려하고, 군 캠프를 위한 도서관을 만들기 위해 책을 수집하기도 하고, 전쟁 활동을 적극적으로 지원했다(Wiegand, 1989). 또한, 자체 자료 검열에도 적극적으로 참여하여 모든 종류의 독일어, 평화주의 및 노동 관련 자료를 삭제했다(Wiegand, 1989).

2. 포용적 지역사회 거점

1930년대까지 공공도서관은 사회 통제의 대리인이라는 이전 역할에서 더욱 확실히 벗어나기 시작했다. 파시즘이 대두하고 세계대전이 일어났지만, 궁극적으로 공공도서관은 다양한 견해와 관심을 대표하는 자료를 제공하면서 검열과 다른 사회적 통제에 반대하는 진정한 사상의 시장이라는 새로운 주요 사회적 역할을 창출하고 채택했다(Gellar, 1974; Heckart, 1991). 많은 도서관이 1930년대 초반에 사회봉사의 사명을 수행하기 시작했는데, 이러한 변화는 도시 지역의 공공도서관에서 가장 먼저 나타났다. 주로 이민자 이용자층이 많은 도시 지역에서 일한다는 것은 다양한 지역사회 집단과의 적극적인 관계 맺기가 도서관의 일상 업무의 일부가 되었다는 것을 의미했다(Fiske, 1959). 이 시기에 도서관은 외국에서 태어난 이용자에게 교육을 제공하고, 그들이 새로운 생활에 적응하고 삶을 꾸릴 수 있도록 돕는 동시에 그들을 미국 국민이 되도록 노력했다(Barrett, 1992; Jones, 1999). 사회적 역할의 이러한 극적인 변화는 "공공도서관의 사회적 책임에 대한 개념 자체가 근본적으로 변화하는 환경에서 등장했다."(Gellar, 1974, p. 1367)

이러한 방향 전환에는 수많은 요인이 영향을 미쳤지만, 핵심적인 변화는 1930년대 후반에 파시스트 정부가 세계 여러 지역에서 대중의 정보 접근에 미친 영향 때문에 일어났다. 구체적으로는 표현의 극렬한 억압, 도서관 폐쇄, 공개적인 도서 소각을 통해서였다(Gellar, 1984; Robbins, 1996; Stielow, 2001). 이러한 세계적인 사건에 대응하여, ALA는 1939년에 도서관 권리장전(Library Bill of Rights)을 통과시키고 사회의 사상의 시장으로서 공공도서관이라는 현대적 이상을 향해 나아가기 시작했다(Berninghausen, 1953; Gellar, 1984; Robbins, 1996). 이 새로운 입장의 핵심적인 요소는 유권자가 모든 중요한 정치 및 사회 문제에 대한 광범위한 관점에 접근할 수 있어야 한다는 확고한 주장이었다(Samek, 2001). 공공도서관은 1952년 미국 대통령 선거에서 유권자 투표율을 높이기 위해 유권자 등록 및 참여 운동에 적극적으로 참여하여 "그날의 중요한 문제에 대한 진지하고 비당파적인 정보를 제공하는 신뢰할 수 있는 지역사회 정보원(community source)"으로서 공공도서관의 현대적 개념을 확고하게 정립했다(Preer, 2008, p. 19).

제2차 세계대전 이후, 미국의 도서관은 다양한 지역사회 단체와 협력하여 평생교육 지원, 빈곤층과 신규 이민자들의 정보 수요 충족, 어린이를 위한 특별 이벤트 개최, 노동자 계층에게 교육 제공, 도서관의 분관 개설, 기타 서비스 제공 등을 통해 민주주의를 촉진하는 역할을 매우 확실히 수행했다. 이 때문에 당시에 쓰인 주요 역사서에는 '민주주의 문화의 무기고(Arsenals of a Democratic Culture)'라는 자랑스러운 타이틀이 붙여져 있다(Ditzion, 1947). 지역사회에 대한 이러한 헌신이 증가한 시기는 지역사회의 공공도서관에 대한 경제적 지원이 급증하던 시기와 일치하며, 이로써 촉진되었을 가능성이 높다. 1960년대까지 계속된 제2차 세계대전 이후 경제 호황으로 지역사회는 공공도서관 확장을 지원하는 수단으로 매출세, 재산세, 지방소득세를 통과시켰다(Chatters, 1957). 사실, 1936년에서 1955년 사이에 미국의 76개 대도시에 있는 도서관의 자금 지원은 도시 전체 지출의 성장률보다 훨씬 빠른 속도로 증가했다(Chatters, 1957). 또한 도서관은 많은 지역의 도시와 카운티 수준의 공공도서관 시스템에 통합되어 대규모 지역사회에 더 나은 서비스를 제공하기 시작했다(Leigh, 1957).

그러나 지역사회에 봉사하는 전문적인 헌신으로 가는 길은 항상 순탄치만은 않았다. 1939년 도서관 권리장전이 통과된 후에도 많은 공공도서관은 정치적 견해 때문에 존 스타인벡(John Steinbeck)의 '분노의 포도(Grapes of Wrath)'를 여전히 금지했다(Samek, 2001). 도서관에서 검열이 시도되었던 동시대의 주요 작가로는 시어도어 드라이저(Theodore Dreiser), 워릭 디핑(Warwick Deeping), 조지 엘리엇(George Eliot), 토머스 하디(Thomas Hardy), 너새니얼 호손(Nathanial Hawthorne), 싱클레어 루이스(Sinclair Lewis)가 있다(Berninghausen, 1948a, 1948b). 1940년대와 1950년대에 모든 사람이 평등하게 접근할 수 있다는 개념에 저항감을 가진 도서관도 여전히 있었지만, 이와는 대조적으로 시민권 운동에서 뚜렷한 리더십을 발휘한 도서관도 있다(Robbins, 2000, 2007). 공공도서관의 "낭독 모임(read-ins)"은 남부 도서관뿐만 아니라 남부 지역사회의 다른 공공기관에서도 인종차별을 깨는 데 중요한 역할을 했다(Graham, 2001). 지역과 더 광범위한 수준에서 장서를 검열하려는 시도에 직면하여 적극적으로 접근을 지원하기로 한 도서관계 전반의 결정은 도서관이 지역사회의 요구를 옹호하려는 의지를 정의하게 되었다. 그러나 많은 도서관의 장서는 매카시 시대의 정치에 직간접적으로 영향을 받았으며, 그 때문에 많은 도서관 장서에서 인기 없는 관점을 침묵시키는 결과를 초래하기도 했다(Richards, 2001).

1953년 한 저자는 "민주주의 사회는 가능한 한 많은 정보가 필요하기 때문에" 도서관은 다양한 관점에서 다양한 정보를 제공한다는 당시의 새로운 입장을 도서관에서 고수해야 한다고 분명히 밝혔다(Berninghausen, 1953, p. 813). 이러한 관점의 다양성과 검열과의 싸움에 대한 헌신은 특히 매카시 시대에 공공도서관이 도서관의 장서나 이용자의 독서 습관에 대한 정부의 개입에 적극적으로 저항하면서 사회에서 더욱 강화되었다. 특히 매카시 시대에 그러했다(Gaeger & Burnett, 2005). 다양한 정보 자원을 제공하려는 노력은 매카시 시대에 일반적으로 대상이 되었던 정치적 자료에 적용되었을 뿐만 아니라, 초기 도서관의 목표를 특징짓는 깊이와 목적에 부족하다고 여겨졌던 오락 및 기타 관심사와 관련된 자료도 포함되었다. 소설이나 오락 지향의 작품을 포함한 자료는 현재 도서관 장서에서 중요한 부분을 차지한다. 이러한 자료의 사회적 중요성은 정보에 대한 사람들의 접근을 제한하려는 사람들에 의해 더 노골적으로 정치적 자료 못지않게 빈번하게 이의 제기를 받아왔다는 사실에서 알 수 있다. 1950년대 아이오와주에서는 공공도서관 사서들이 지역 서점과 약국에서 판매될 수 있는 자료를 검열하려는 활동에 저항하여 성공을 거두기도 했다(Taylor, 2013).

도서관에서의 독서를 감시하는 정부의 최초 주요 활동은 주류 · 담배 · 화기 · 폭발물

단속국(Bureau of Alcohol, Tobacco, and Firearms, ATF)의 권장에 의한 국세청의 프로그램이며, 폭발물이나 게릴라전에 관한 책을 읽은 도서관 이용자를 영장 없이 체크하도록 확인하는 것이었다. 이러한 권장으로 인해 바로 연방수사국(FBI)의 악명 높은 도서관인식프로그램(Library Awareness Program, LAP)이 생겨났다. 이것은 도서관 기록에서 흥미로운 정보를 찾아내는 FBI 프로그램으로 20년간 진행되었다(Foerstel, 1991, 2004). 이러한 활동은 오랜 기간 국장을 지낸 J. 에드거 후버(J. Edgar Hoover)의 노력으로 추진되었으며, 미국 국민에 대한 정보 수집에 집착한 FBI의 더 큰 규모의 문화 중 일부였다. 예를 들어, 1921년에 후버는 45만 명에 대한 파일을 가지고 있었으며, 이는 컴퓨터가 없던 시대에 놀라운 행동이었다. 1974년까지 FBI 지문 부서는 1억5,900만 명의 지문을 보관했는데, 여기에는 미국 인구의 대부분이 포함되어 있었다(Ackerman, 2007).

매카시 시대 이후로 도서관인식프로그램(LAP)과 2001년의 미국애국자법(USA PATRIOT Act)과 같은 다양한 검열 시도가 공공도서관에 계속해서 영향을 미쳤지만, 공공도서관은 정보에 대한 광범위한 일반 대중 접근을 적극적으로 지원함으로써 모든 사람에게 열려 있는 다양한 아이디어와 다양한 커뮤니티의 포용에 전념하는 장소로서의 지위를 굳혔다(Foerstel, 1991, 2004; Hartman, 2007; Jaeger & Burnett, 2005). 이용자가 그들의 정보 요구를 충족할 수 있는 능력을 제한하는 법률에 대한 저항을 넘어, 공공도서관과 그 조직들은 지난 수십 년 동안 미국과 해외의 많은 사람들의 시민권과 인권을 지원하기 위해 광범위한 입장을 취해왔다.

19세기와 20세기에 걸쳐 공공도서관이 발전하면서 도서관의 사회적 지위가 강화되었고, 공공도서관에 일정한 사회적 역할이 생겨나서, 단순한 텍스트 보관소에서 벗어나 다양한 지역사회 사람들이 정보를 찾을 수 있을 뿐만 아니라 의견을 표명할 수 있는 장소로 성장했다(Heckart, 1991). 공공도서관이 사회문제나 정치적 이슈에 대한 다양한 관점을 다양한 언어로 표현한 다양한 폭넓은 정보와 견해에 평등하게 접근할 수 있도록 한다는 생각으로 해서 사회의 다양한 사람들 간에 확고한 사회적 규범이 되고 있다(Jaeger & Burnett, 2005). 출판물과 전자 자료에 대한 접근이 제한적이거나 도서관이 아니면 달리 접근할 수 없는 사람들에게는 공공도서관에 기대하는 사회적 기능은 신문과 정기간행물, 논픽션과 픽션, 인터넷, 음악, 영화, 커뮤니티의 모임 장소 등에 대한 접근을 보장하는 것이다. 공공도서관은 이제 모든 연령대와 모든 계층이 어울리고, 의견을 교환하고, 자료에 접근하고, 공적 담론에 참여할 수 있는 사회적, 지성적 공간으로 인식된다(Goulding, 2004; Jaeger & Burnett, 2005). 공공도서관은 포용적인 자세로 인해 일반 사회에서 받아들여지기 어려운 다양한 소외계층 구성원을 위한 안전한 지역사회 공간으로 생각된다(Rothbauer, 2007).

공공도서관은 다른 정부 기관이나 비영리 단체 등과 파트너십의 개발을 통해 단독으로 제공할 수 없는 서비스를 제공하는 것으로 지위를 더욱 공고히 해왔다(Bertot & Jaeger, 2012; Gorham et al., 2013; Jaeger, Taylor, et al., 2012; Taylor et al., in press). 이러한 파트너십 프로그램은 고유한 지역사회의 요구를 충족시키는 것이며 전국적으로 다양하다. 메릴랜드주 볼티모어에서 공공도서관이 시 보건부와 협력하여 이용자가 도서관 컴퓨터를 통해 식료품을 주문하고 다음 날 도서관으로 배달된 식료품을 받을 수 있는 기회를 제공함으로써 식품 사막에 사는 사람들에게 신선한 식료품이 반드시 제공되도록 한다. 플로리다주 알라추아 카운티의 알라추아카운티도서관지구(Alachua County Library District)는 주의 아동 · 가족부 지역사무소와 강력한 가족을 위한 파트너십(Partnership for Strong Families), 케이시가족프로그램(Casey Family Programs)과 협력하여 새로운 시설인 도서관파트너십(Library Partnership)이라는 시설을 개설했다. 이곳은 도서관 전용의 4,500 평방피트 규모의 공간에 도서관과 아동 복지에 중점을 둔 사회 서비스를 제공하는 약 40개의 비영리 기관과 지방 정부 기관을 수용한다. 이를 통해 모든 상호 연관된 모든 기관과 협력하여 필요한 지원을 신속히 받을 수 있도록 크게 개선했다. 이는 미국 전역의 많은 사례 중 주목할 만한 두 가지 사례에 불과하며, 공공도서관의 약 3분의 1이 지역사회의 요구를 충족하기 위해 파트너십을 구축하고 있다(Bertot, McDermott, Lincoln, Real, & Peterson, 2012).

실제로 항상 완벽하게 작동하지는 않을 수도 있지만, 공공도서관은 개인부터 지역사회의 다양한 집단과 전체 서비스 인구에 이르기까지 모든 지역사회 집단의 요구에 부응하기 위해 최선을 다하고 있다. 지역사회의 많은 전통적인 공공 공간, 즉 마을 광장, 공공 정원, 지역 시장 및 지역사회 구성원 간의 상호작용을 촉진하는 기타 장소는 점점 덜 눈에 띄거나 존재하지 않게 되는 데 반해, 공공도서관은 여전히 매우 중요한 물리적 공공 공간이다(Given & Leckie, 2003; Leckie & Hopkins, 2002). 공공재의 물리적인 구현체가 거의 남아 있지 않기 때문에, 공공도서관은 "공공권의 영역을 성취한 것으로서... 우리가 가진 것 중 가장 가까운 것"일 수 있다(Webster, 2002, p. 176).

예를 들어, 공공도서관이 포괄적인 지역사회의 거점(anchor) 기관으로 진화하는 것은 이민자에게 제공하는 서비스의 진화라는 관점을 통해 볼 수 있다. 이민자에 대한 서비스는 오랫동안 미국 공공도서관의 핵심 기능이었다. 새로운 이민자들은 시민권, 고용, 교육, 사회 서비스, 건강, 안전, 주택 및 영어 학습에 대한 정보와 모국어 자료, 프로그램, 서비스 및 소개를 얻기 위해 공공도서관을 찾을 수 있다(Cuban, 2007; McCook, 2011). 많은 지역사회에서 공공도서관은 이민자들이 새로운 생활과 지역사회에 적응하는 데 이용할 수 있는 가장 중요한 기관이며, 또한 원래 문화의 정체성과 연결을 유지하는 데 도움을 준다(Cuban, 2007; Lukenbill, 2006). 이러한 서비스는 1세기 이상 공공도서관의 중심이 되어왔다.

이민자를 위한 공공도서관의 지원과 서비스는 1800년대 후반과 1900년대 초반에 공공도서관 운동의 초기로 거슬러 올라간다(Burke, 2008; Jones, 1999). 제1차 세계대전 이전에 공공도서관은 특히 이민자 자녀와 1세대 미국인에게 서비스를 제공하는 데 중점을 두었다(Larson, 2001; McDowell, 2010, 2011). 문학, 예술, 경제, 정치, 취업 등 다양한 주제를 중심으로 개인과 독서 및 사교단체의 젊은 고객들에게 다양한 자료와 서비스를 제공했으며, 미국 문화와 새 환경에 대한 적응에 특히 중점을 두었다(Larson, 2001). 어린이를 위한 이러한 서비스는 또한 부모에게 다가가 미국화를 돕는 방식으로 인식되었다(McDowell, 2011). 이러한 서비스는 젊은 이민자와 1세대 미국인의 교육적 요구에 "무관심하고 때로는 적대적인" 분위기 속에서 제공되었다(Larson, 2001, p. 225).

미국이 제1차 세계대전에 참전할 무렵, 미국은 이전보다 더 다양한 지역에서 더 많은 이민자를 흡수하고 있었기 때문에 이민자 서비스는 도시 지역 공공도서관의 중요한 기능으로 널리 받아들여졌다(Wiegand, 1976, 1989). ALA는 공공도서관 서비스를 통해 이러한 새로운 이민자 물결의 사회화를 촉진하고 이민자에서 시민으로의 전환을 지원하는 프로그램을 시작했다(Burke, 2008; Jones, 1999; Wiegand, 1976). 이민자의 요구에 대한 집중이 높아지면서 다른 사회적 혜택을 받지 못하는 집단의 요구에 더욱 집중하게 되었고, 이는 공공도서관이 진보적인 지역사회 기관으로 성숙하는 데 중요한 역할을 했다(Jones, 1999).

그 결과, 공공도서관은 이민자들에게 일자리와 주택과 같은 개인적 필요 사항과 사회적 연결과 시민 참여를 통한 지역사회 참여를 돕는 데 오랜 역사를 지니고 있다(Caidi & Allard, 2005). 북미, 서유럽, 호주의 도시 지역에 있는 도서관에서는 이민자를 위한 서비스가 이제 지역사회 서비스의 주요 기능이 되었다(Lerner, 2009). 공공도서관은 정기적으로 서비스 지역의 이민자 커뮤니티에 새로운 나라에서의 생활에 대한 정보와 모국어로 된 자료, 제2 언어로서의 영어(ESL) 과정, 컴퓨터 교육, 시민 교육, 구직 지원 및 적응에 필요한 기타 리소스를 제공한다(Varheim, 2010). 이러한 목표 지향 프로그램과 서비스의 결과로, 이민자들은 일반적으로 공공도서관을 정보 자원과 언어 서비스 외에도 사회적 네트워크를 구축하고, 거주지에 대해 배우고, 지역사회에서 새로운 사람들을 만나고, 토착 문화와 연결을 유지하고, 사회적 기관을 신뢰하는 법을 배우는 장소로 인식한다(Audunson, Essmat, & Aabo, 2011; Chu, 1999; Varheim, 2010). 이민자 인구를 위한 포괄적 서비스는 많은 도서관 학교의 커리큘럼에 포함된 주제이기도 하다(Gaeger, Subramaniam, Jones, & Bertot, 2011).

월드 와이드 웹의 출현은 공공도서관이 이민자들에게 혁신적인 서비스를 제공할 수 있는 새로운 기회를 제공했다. 예를 들어, 전국의 많은 도서관이 이민자들의 시민권 취득을 돕는 데 중요한 역할을 하고 있다. 지난 수년간 이민 수준이 높은 여러 지역의 공공도서관은 다른 사회 기관과 협력하여 이민 수속을 통해 광범위한 지원을 제공했으며, 일부 도서관은 해당 지역의 이민센터가 되기도 했다(Gorham et al., 2013).

3. 공공도서관, 인터넷, 공공재의 진화

공공도서관은 지역사회 구성원과 이를 구성하는 지역사회 집단을 하나로 묶는 사회적 창조물이자 기관이며, 지역사회에서의 역할은 서비스를 제공하는 사회의 변화를 반영하여 진화한다(Shera, 1970). 지역사회 내의 장소로서 도서관의 의미는 문화와 국가, 시대에 따라 다양했다(Buschman & Leckie, 2007). 도서관은 역사를 통틀어 저장소, 정보 제공자, 교육 기관, 사회적 옹호자로서 역할을 하며 다양한 사회적 요구를 충족시켜왔다(Reith, 1984). 마찬가지로 사서직 관련 철학과 사서 교육의 원칙도 시간이 지남에 따라 진화해왔다(McChesney, 1984; Rogers, 1984). 분명히 도서관은 지역사회의 요구를 충족시키고 공공의 이을 위해 일하며 적응하고 변화하는 조직이다.

이러한 노력은 공공도서관을 가장 신뢰할 수 있는 사회 기관으로 평가하고 "다른 많은 기관에서 보이는 불신감에서 거의 영향을 받지 않는 듯하다"고 평가하는 대중에게 분명히 주목받고 있다(Public Agenda, 2006, p. 11). 지난 20년간 도서관 서비스의 진화는 인터넷의 폭발적 증가와 수많은 개인, 교육, 시민, 정부, 고용 및 기타 활동의 온라인 이동으로 정의되었다. 공공도서관에 대한 오랜 신뢰는 지역사회의 많은 구성원이 새로운 가상 환경에서 지원을 받기 위해 공공도서관에 의존하는 것으로 확장되었다.

기술은 도서관의 본질이 변화하는 것에서 중요한 부분이다. 1800년대 후반에 공공도서관이 전문가 협회를 중심으로 조직되고 전문적인 표준을 개발하기 시작할 때부터 기술은 도서관과 사서라는 직업을 형성하는 데 중요했다. 특히 멜빌 듀이(Melvil Dewey)는 도서관 운영을 개선하기 위해 기술의 창출과 참신한 활용에 주력했다(Garrison, 1993; Stauffer, 2006; Wiegand, 1996). 라디오, 영화, 텔레비전과 같은 새로운 전자 정보 보급 수단이 널리 사용되면서, 도서관은 결국 그러한 것들의 대부분을 도서관이 제공하는 서비스나 자료의 종류에 도입하는 것으로 통합함으로써 대응했다(McCrossen, 2006; Pittman, 2001; Preer, 2006). 많은 가정용 오락 기술의 발명으로 도서관은 다양한 관점을 가진 다양한 자료를 이용자에게 제공한다는 사명으로 비디오카세트, CD, DVD, CD-ROM과 같은 새로운 유형의 미디어를 도입하기 시작했다(Pittman, 2001). 또한 제시 셰라(Jesse Shera, 1964)는 컴퓨터가 사서가 수행하는 수동 작업을 크게 줄일 것이라고 예견했다. 현대 정보 기술의 발전은 도서관이 이용자에게 제공하려고 시도하는 것과 이용자가 도서관에 기대하는 것에 큰 영향을 주었다.

셰라(Shera, 1970)는 기술의 진화는 "도서관이 제공할 수 있는 서비스, 그러한 서비스를 제공하는 방법, 도서관 자체의 기술에서 이룰 수 있는 발전, 그리고 도서관학의 기초를 이루는 이론 전체에 매우 중요한 의미를 가질 것"이라고 주장했다(p. 70). 그러나 인터넷이 최종적으로 가져온 구체적인 변화는 부분적으로는 인터넷이 성장하는 속도 때문에 결국 사서들이 예측하기가 어려웠다. 예를 들어, 1979년 백악관도서관정보서비스회의(White House Conference on Library and Information Services)에서는 기술이 도서관의 운영 비용을 줄이면서도 이용이 가능한 서비스를 확대하는 시대를 예상했다(Seymour, 1980). 반대로 비슷한 시기에 한 도서관학자는 "이용자가 인식하는 서비스 종류에 반영된 공공도서관에 대한 인식은 대규모의 전자 기기 도입이 바람직한지에 대한 중대한 의문을 제기한다"고 주장했다(DuMont, 1977, p. 128). 기술에 대한 이러한 의심은 1996년에도 샌프란시스코 공공도서관에서 일어난 논란의 중심적인 요인이었는데, 당시 일부 지역 주민들이 도서관 건물에 컴퓨터용 공간을 더 늘리는 것에 대해 크게 반대했다(Baker, 1996; Kniffel, 1996). 더 최근에 뉴욕시의 사서와 시민들은 뉴욕공공도서관 본관의 리노베이션 계획에 항의했다. 도서관 관리자는 컴퓨터와 현대식 워크스테이션 공간을 설치하기 위해 연구 컬렉션의 대부분을 인근에 있는 뉴저지 시설의 보관소로 옮길 것을 제안했다(Adler, 2012).

1990년대 초반에 사서들이 21세기 도서관을 구상하면서 쓴 에세이 모음(Lancaster, 1993)에서는 CD-ROM이 상당한 주목을 받았지만, 인터넷이나 월드 와이드 웹이 미래에 도서관의 일부라는 언급은 없었다. 당시 인터넷의 진화 단계를 고려할 때, 그러한 생략은 전적으로 놀라운 일은 아니지만, 회고해보면 다소 근시안적인 것으로 보인다. 반대로, 비록 똑같이 근시안적이기는 했지만, 일부 사람들은 1960년대에 컴퓨터가 세 천

년 이전에 도서관을 완전히 대체할 것이라고 예측했다(예, Kermeny, 1962; Licklider, 1965).

공공도서관에서 인터넷의 부상은 극적이고 빠르게 이루어졌으며, 정보 가치와 행동에 대한 커뮤니티의 기대와 인식을 변화시켰고, 고객이 도서관에서 기대하는 것을 근본적으로 변화시켰으며, 인터넷 액세스는 이제 많은 고객에게 필수적인 서비스가 되었다. 1990년대에 인터넷이 빠르게 사회적 명성과 중요성을 얻으면서 공공도서관은 다양한 미디어를 통해 인터넷 액세스와 다양한 새로운 서비스를 제공하기 시작했으며, 이를 통해 이용자가 광범위한 정보와 아이디어를 접할 수 있게 되었다. 이러한 서비스는 이제 도서관의 확립된 사회적 역할을 자연스럽게 확장하는 기능을 한다. 인터넷은 정보에 접근할 수 있는 새로운 수단을 제공하고, 비용, 공간 또는 희소성을 이유로 도서관이 제공할 수 없었던 많은 자료에 대한 접근을 제공함으로써, 이용자에게는 다양하고 다른 방법으로는 입수할 수 없는 정보의 강력한 정보원으로 간주될 수 있다(Bennett, 2001; Kranich, 2001a).

방대한 정보 자원, 글로벌 상호 연결성, 지역사회 참여 수단을 갖추고 있는 인터넷으로 해서 마침내 도서관이 지역사회의 모든 요구에 부응하는 진정한 정보 센터가 된다는 비전을 실현하고, 특정 커뮤니티의 지역적 요구와 멀리 떨어진 정보 자원 간의 중요한 가교 역할을 하는 것이 가능하게 되었다. 공공도서관은 윌리엄 러네드(William Learned)의 '미국 공공도서관과 지식의 보급(The American Public Library and the Diffusion of Knowledge, 1924)'과 '도서관과 성인교육(Libraries and Adult Education, 1926)'에서 커뮤니티 정보센터로 일찍이 언급되었다. 인터넷이 초래한 기술적 변화는 도서관을 공공재의 마지막 진정한 물리적 실체 중 하나로 만들었을 뿐만 아니라 도서관이 디지털 참조 및 채팅 서비스와 온라인 데이터베이스, 리소스 제공을 통해 전 세계의 이용자에게 서비스를 제공할 수 있도록 하였다. 그러나 인터넷이 도서관에서 보편화된 이후 도서관 업계의 일부에서는 인터넷의 진정한 영향력을 과소평가하거나 축소하였는데, 이는 아이러니하게도 도서관이 초기에 정기간행물에 저항했던 방식과 유사하다.

2000년대 초, 많은 사서들은 인터넷을 오락과 커뮤니케이션 기능을 갖춘 기본적인 참조 도구로 여겼다(Fourie & Dowell, 2002; Shuman, 2001). 아마도 이 장의 앞부분에서 설명한 바와 같이, 도서관은 도덕적 중재자이며 특정 종류의 "중요한" 정보만 제공한다는 초기의 정보 가치에 대한 인식을 반영하여, 인터넷에 초점을 맞추는 것은 더 전통적인 정보 제공 활동을 약화시키는 목적의 혼란을 보여준다고 주장하는 사람도 있다(Baker, 1996, 2001; Brophy, 2007; Brown & Duguid, 2002; Tisdale, 1997). 그러나 일상적인 것에서 필수적인 것에 이르기까지 다양한 사회 집단의 이러한 요구를 충족시키는 것이 도서관의 사명임을 고려할 때, 그와 같은 우려는 실제로 도서관의 잠재력을 위험하게 할 정도로 제한할 수도 있다.

다른 우려는 인식에 뿌리를 두고 있다. 도서관에서 컴퓨터의 중심성이 커지면서 도서관이 도서관에 대한 전통적인 인식과 도서관의 존재 이유로부터 너무 멀어진 것처럼 보인다고 주장하는 사람들도 있다. 줄지어 서 있는 컴퓨터와 비디오 게임 컬렉션을 보면 "이 역사적 순간에 도서관이 경험하고 있는 변화는 도서관이 역사에 대한 접근성을 침식하고 과거와 미래 세대의 연결을 풀고 있는 다른 현대 세력에 도서관이 가담하는 것처럼 보인다"고 느끼는 사람도 있다(Manoff, 2001, p. 374). 또 다른 요인은 도서관이 역사적으로 사회적 변화의 시기에 피난처로 인식해왔다는 것을 들 수 있다(Rayward & Jenkins, 2007). 그러나 이러한 사회적 변화, 즉 도서관 건물 내에 있는 컴퓨터라는 가시적 유형의 형태는 도서관 자체의 본질에 도달한다는 것이다. "우리는 도서관이 정보센터보다 더 복잡하다는 것을 무의식적으로 알고 있다"(Dowell, 2008, p. 42). 그러나 많은 사서에게 컴퓨터의 존재는 도서관이 너무 정보센터로만 보이게 할 수도 있다. 그러나 기본 도서관 서비스에 인터넷을 통합하는 것은 실제로 두 가지 기능을 모두 수행할 수 있다. 즉, 도서관을 중요한 정보센터로 자리매김하는 동시에 도서관이 그 명칭에서 암시하는 것보다 훨씬 더 복잡한 요구를 충족시킨다는 사실을 반영한다(Jaeger & Burnett, 2010).

물론, 인터넷과 그 영향에 대한 저항이나 두려움은 도서관에만 있는 것은 아니다. 인터넷은 사실상 기술적으로 진보된 사회의 모든 차원에 가상으로 도달한다. 벤 슈나이더만(Ben Shneiderman, 2008)은 지난 20년 동안의 기술 혁명이 사회를 형성하는 데 있어서 너무나 포괄적이고 중요하기 때문에 전통적인 과학적 방법을 재개념화해야 할 필요가 있다고 제안하기도 했다. 공공도서관은 사회적 기관으로서의 의미를 재고하는 유일한 존재는 아니다. 그러나 이 문제는 공공도서관의 특정 부문에서는 특히 어려운 것으로 보인다.

수년에 걸쳐 새로운 기술과 정보원을 다루는 경우, 도서관이 직면해온 많은 문제는 도서관이 사회에서 수행하고자 하는 역할을 재고하도록 강요받는다는 점에서 현재 인터넷과 관련하여 직면한 문제와 유사하다(Preer, 2006). 셀 수 없이 많은 예들과 같이, 디지털 시대는 도서관이 지적 자유의 의미와 공개 토론의 장(public forum)으로서 도서관의 의미를 재정의하도록 강요한다(Dresang, 2006; Gathegi, 2005). 사서직의 중심이 된 새로운 기술은 지적 자유, 개인정보 보호, 비밀 유지, 필터링 및 인터넷 접근을 포함하여 정보에 대한 접근성을 제공하는 데 있어 윤리적 딜레마를 크게 증가시켰다(Alfino &

Pierce, 1997; Hauptman, 2002).

앞에서 제시한 것처럼 인터넷 기반의 역할과 기대에 대한 저항의 배후에 있는 다양한 이유가 무엇이든, 공공도서관은 이용자의 정보 요구를 충족시키기 위해 새로운 기술을 도입하는 오랜 전통을 가지고 있다. 지난 한 세기 동안 공공도서관은 서비스를 계속해서 확장하고, 정보 세계의 고객과의 관련성을 유지하며, 지역사회에 대한 신뢰를 구축하기 위해 다양한 기술을 채택하고 흡수했다(Jaeger & Fleischmann, 2007; McCrossen, 2006; Pittman, 2001; Preer, 2006).

도서관은 오랫동안 공공재의 물리적 공공기관으로 기능해왔으며, 다양한 지역사회 그룹이 만나고 다양한 지역사회 그룹 구성원이 상호작용하고 정보를 교환하며 새로운 관점에 노출될 수 있는 장소와 공간을 제공했다. 기술과 정보의 종류와 관계없이 도서관은 여전히 대중의 참여 허브 역할을 하며 지역사회 전반에 정보를 전파하고 있다. 현재의 공공도서관은 지역사회에 물리적으로 존재하고 모든 사람이 접근할 수 있는 것을 보장하기 때문에 "아마도 최후의 진정한 공공 공간"이다(Leckie, 2004, p. 233). 그러나 인터넷 및 관련된 소셜 네트워킹 기술은 소셜 네트워킹 기술을 통해 사회 구성원이 모이는 가상 공공재의 중심적인 부분이 되는 것도 가능하게 한다.

인터넷은 일방적인 정보 전송을 수반하는 기술이 아니라 소셜 네트워킹 기술을 통해 다양한 종류의 다방향 상호작용과 정보 교환을 특징으로 하며, 온라인에서 새로운 커뮤니티를 만들 수 있다(Stephens, 2007). 2007년 6월, 온라인컴퓨터도서관센터(OCLC)는 상위 3개 인터넷 사이트가 이미 소셜 네트워킹 사이트(YouTube, MySpace, Facebook)였으며, 그달에 무려 3억5,000만 명의 이용자를 유치했다고 보고했다(OCLC, 2007). 이러한 참여형 기술은 도서관 서비스에 새로운 기회를 열어주었다. 가장 실용적인 측면에서 많은 도서관이 이미 가상 참조 및 채팅 서비스, 온라인 데이터, 기반(bases) 및 기타 가상 형식의 기존 서비스를 제공하고 있다. 소셜 네트워킹 기술을 사용하는 데 있어 더 어려운 점은 온라인에서 다양한 그룹의 상호작용을 촉진하고 의미 있는 가상 공공재를 만드는 것이다. 이 시점에서 "도서관은 지역사회에 대한 서비스를 개선할 수 있을 뿐만 아니라 참가형 네트워크 분야를 발전시킬 수 있는 기회도 있다."(Lankes, Silverstein, & Nicholson, 2007, p. 32)

도서관은 이미 온라인 커뮤니티의 건전성을 보장하는 데 중요한 역할을 한다. 달리 방도가 없는 사람들에게 무료 인터넷 접속을 제공한다. 도서관은 접속을 제공하는 것 외에도 일부 온라인 활동에 대한 참여를 보장하는 데 중요한 역할을 이미 하고 있다. 연방, 주 및 지방 정부는 모든 사회 구성원이 전자 정부 웹사이트에 접속할 수 있는 접속 지점으로 공공도서관에 점점 더 의존하고 있으며, 많은 정부 웹사이트와 간행물은 심지어 사람들에게 세금 신고, 복지 요청, 이민 서류 및 기타 여러 필수 정부 양식 제출에 대한 도움을 받기 위해 공공도서관을 방문하라고 지시하기도 한다(Bertot et al., 2006a, 2006b). 동시에 다른 접근 수단이 없는 사람들, 기술 사용에 도움이 필요한 사람들, 낮은 품질의 접근성을 가진 사람들을 포함한 미국 인구의 상당수는 이러한 접근에 크게 의존하고 있으며 공공도서관을 통해 제공되는 전자 정부 지원을 신뢰한다(Jaeger & Fleischmann, 2007). 도서관이 지역사회와 인구를 넘어 다양한 개인 이용자에게 다가가려는 새로운 책임과 관련한 몇 가지 어려움이 생기는 것은 당연한 일이다. 인터넷이 등장하기 오래전부터 모든 사람에게 서비스를 제공한다는 목표는 드문드문 분산된 도서관 자원으로 충족시켜야 할 많은 의무를 만들어냈고 그 수는 점점 늘어나고 있다(Conant, 1965; Gerard, 1978).

전통적인 도서관 서비스와 새로운 기술 역량의 또 다른 연계는 달리 어떻게 할 수 없어 서비스를 충분히 받지 못하는 계층에 도달하기 위해 특별히 고안되었다. 공공도서관에서 이에 대해 널리 퍼져 있는 한 가지 예는 일반적으로 '디지털 문해력'과 함께 논의되는 정보 문해력과 기술 문해력의 제공이다. 이러한 문해력 클래스에서는 이용자들이 스스로 컴퓨터와 인터넷을 사용하여 온라인 작업을 수행할 수 있도록 하며, 인터넷을 사용하는 이용자들이 언제든지 이용할 수 있는 비공식적인 지원도 제공한다. 많은 지역사회에서 공공도서관이 지역사회 구성원을 위한 공식적 또는 비공식적 디지털 문해력 교육의 유일한 이용 가능한 정보원이 되었다(Jaeger, Bertot, Thompson, Katz, & DeCoster, 2012).

이러한 활동의 그다지 일반적이지 않은 예로는 커뮤니티 중심 정보 서비스(CIS)가 있다. 이것은 새로운 미디어 기술을 사용하여 이용자가 자신이 스스로 커뮤니티에 대한 콘텐츠를 작성하고 공유할 수 있도록 하는 데 중점을 둔다(Bishop, Bazzell, Mehra, & Smith, 2001; Durrance & Fisher, 2002; Fisher, Durrance, & Hinton, 2004). CIS 프로젝트는 전 세계적으로 개발되었고, 정보 자원의 보존과 접근뿐만 아니라 지역사회의 참가와 참여의 촉진도 포함한다(Srinivasan, 2006a, 2006b, 2007). 이러한 CIS 활동은 이용자들이 지역과 관련된 정보를 찾을 수 있도록 지원할 수 있는 중요한 커뮤니티 자산으로서 공공도서관을 재확인하고, 다양한 커뮤니티 내 서비스가 부족한 사람에게 도서관 서비스를 제공하기 위한 새로운 수단을 제공한다(Becvar & Srinivasan, 2009; Boast, Bravo, & Srinivasan, 2007; Caidi & Allard, 2005; Lyons, 2007; Mehra & Srinivasan, 2007). 시카고 지역은 CIS 프로젝트의 두 가지 주요 사례를 제공한다.

NorthStarNet (http://northstarnet.org)은 시카고 도시권의 교외에 사는 다양한 사람들을 연결하도록 설계되었고, 또한 SkokieNet (http://skokienet.org)은 지역사회 활성화, 육아, 일자리, 주택과 같은 현재 지역사회 구성원의 관심사에 초점을 맞출 뿐만 아니라 인도어, 한국어, 아시리아어 등을 포함한 모국어로 새로운 이민자들에게 리소스를 제공한다.

분명히 공공도서관이 지역사회에 기여하는 공헌은 인터넷 시대에도 여전히 중요하다. 상징적으로 공공도서관은 다양한 정보, 교육, 기술, 관점을 제공하는 것으로 신뢰받는 사회적 기관일 뿐만 아니라 다양한 지역사회 집단이 교류하는 장소로서도 큰 사회적 의의가 있다. 전국 조사에서 공공도서관이 미국에서 가장 신뢰받는 공공 또는 정부 기관으로 거듭 확인되었는데, 그 이유는 주로 공공의 이익을 위해 봉사하고 새로운 공공의 요구를 충족시키기 때문이다(Lukens meyer, 2012). 또한 도서관은 정보 접근과 정보 문해력을 보장함으로써 지역사회의 건강에 크게 기여하고 지역사회의 다양한 집단과 물리적 및 가상 공간을 공유하고 상호작용하도록 촉진한다. 이용자들이 물리적 도서관에서 항상 서로 만나지 않을 수 있지만, 도서관 자원을 별도로 사용하여 지역사회 또는 사이버 공간의 다른 포럼에서 공유할 수 있는 관점을 만들 수 있다(Jaeger & Burnett, 2010). 현대 사회에서 공공도서관이 지역사회를 건설하고 지원하고 시민 참여를 지원하는 데 중요한 역할을 한다는 사실은 게이츠, 나이트, 맥아더 재단(Gates, Knight, MacArthur Foundations)과 같은 주요 민간 재단으로부터 막대한 지원을 받는 것으로 입증된다. 이러한 단체들은 공공도서관을 교육, 경제, 참여의 중심으로 간주하지 않는다면 이러한 투자를 계속하지 않을 것이다(Ellis, Jacobs, & Stasch, 2012a, 2012b).

공공도서관이 지역사회의 모든 계층의 정보, 기술 및 관련 교육적 요구에 부응하고자 광범위한 물리적 및 가상 서비스 제공자로서의 공공도서관으로 이어지는 역사적 변화는 1세기도 채 지나지 않아 일어났다. 아마도 공공도서관이 가장 영속적인 공공재 기관으로 진화하는 과정은 최근 수십 년 동안 사회를 형성해온 급속한 물리적, 가상의 사회 변화와 이러한 변화에 대한 다양한 반응을 보여준다. 지역사회의 요구와 이용이 가능한 기술의 이러한 변화를 통해 공공도서관은 지역사회의 모든 구성원에게 공평하고 포괄적인 방법으로 서비스를 제공하고 물리적 및 가상적 맥락에서 표현의 자유를 촉진하려는 책무(commitment)를 계속 반영하고 강화해왔다. 다음 장에서 살펴보겠지만, 공공도서관이 컴퓨터 관련 활동을 통해 지역사회에 점점 더 많은 서비스를 제공하는 이러한 진화는 공공도서관에 대한 정치적 및 정책적 압력이 현저히 증가한 시기와 맞물려 있다.

제 3 장

미국의 공공도서관에 영향을 미치는 정책의 진화

도서관은 오랫동안 정보에 입각하고, 교육을 받고, 참여하는 시민을 지원함으로써 자신을 민주주의의 기둥으로 여겨왔지만, 정치 및 정책 결정은 방치에서 직접 개입에 이르기까지 다양한 방식으로 도서관을 취급해왔다. 제2장에서 설명한 공공도서관의 역사적 발전을 바탕으로 이 장에서는 공공도서관에 대한 정부 조치에서 시간 경과에 따른 매우 중요한 변화와 이러한 조치가 도서관과 지역사회에 미치는 영향을 살펴본다. 또한, 이 장에서는 이러한 새로운 기대에 대한 공공도서관의 반응과 국가적 정치 및 정책 결정 과정에서 대규모 정책 문제에 관여하려는 시도에 대해서도 살펴본다.

수년 동안 지역 및 주의 정책과 정치는 도서관에 직접적인 영향을 미치는 유일한 것이었다. 이러한 지역적 특성은 장서의 내용, 운영 문제 및 도서관 자금 조달이 자주 강조되었다. 그러나 오랜 기간에 걸쳐 공공도서관에 대한 관여가 제한적이었던 연방 정부는 도서관이 지역사회에 공헌하는 방법에 상당한 영향을 주는 형태로 정책을 수립하고 정치적 논의를 구성함으로써 공공도서관에 큰 영향을 미치게 되었다. 특히 웹이 등장한 이후로 법률과 정책은 공공도서관의 자금 조달과 공공도서관이 지역사회에 기여할 수 있는 공헌에 큰 영향을 주었다.

이 장에서는 시간이 지남에 따라 지역, 주 및 국가 수준에서 도서관, 정책 및 정치 간의 관계 발전을 추적하면서, 이러한 관계가 4가지 뚜렷한 단계를 거쳤다고 가정한다. 이러한 단계를 이해하고, 그 이해를 도서관 옹호와 정치 및 정책 담론의 관점에 통합하면, 도서관이 민주주의에 대한 기여, 도서관이 취하는 입장에 대한 이유, 도서관을 지원하고 적절하게 자금을 지원하는 정치 및 정책 결정의 중요성을 더 잘 주장할 수 있다.

1. 공공도서관과 정치

공공도서관 전문가와 학자들은 공공도서관의 가치가 민주주의의 중심에 있다고 오랫동안 논리정연하게 표현했으며, 공공도서관을 민주주의의 무기고이자 아이디어의 시장으로 묘사하는 문구가 반복적으로 등장했다. 이러한 연관성의 힘은 2001년에 출판된 책의 제목 「도서관과 민주주의: 자유의 초석」(Libraries and Democracy: The Cornerstones of Liberty)에서 볼 수 있다(Kranich, 2001b). 공공도서관을 민주주의의 기반으로 인식하는 이러한 방정식은 "신화에 가까운 지위"를 차지하며(Dervin, 1994, p. 369), 직업의 "알파와 오메가" 역할을 한다(Buschman, 2007a, p. 1483). ALA가 "도서관이 국가에 유익한 12가지 이유"(12 Ways Libraries Are Good for the Country)라는 제목의 문서를 작성했을 때, 민주주의에 대한 지원을 제일 먼저 열거하였던 이유였다(ALA, 2000).

공공도서관은 근본적으로 국민에게 정보를 제공하고 사회문제를 완화하는 역할을 하는 공공기관이며, 건전한 민주 사회를 분명히 지원할 수 있다(Buschman, 2009, 2012). 도서관은 전달자로서 민주주의를 지원한다. 도서관은 지역사회 구성원의 문해력과 지적 성장을 지원하기 위해 "광범위한 지식과 의견"을 제공하는 "자원과 정보 채널"로 가득 차 있다(Line, 2003, p. 386). 도서관은 "지역사회의 삶과 불가분의 관계에 있으며"(Foskett, 1962, p. 7), 이용자와 지역사회를 위한 옹호자로서 역할을 한다(Clark, 2009).

그러나 민주주의에서 도서관이 중요하다 해도 도서관이 민주주의의 중심에 있다거나 민주주의의 기능에 기반을 두고 있다는 것을 실제로 입증한 적은 없다(Danton, 1934). 1934년의 그러한 주장은 오늘날까지 사실로 남아 있다. 도서관의 민주적 역할에 관한 사례는 가치에 대한 증명이라기보다는 가치에 관한 주장이었다. 이러한 차이는 정치 및 정책 결정 프로세스 측면에서 보면 매우 크다. 존 부시먼(John Buschman)은 2012년에 출판된 책에서 미국의 정치 프로세스와 참여에 대해 논의할 때, 도서관에 관한 담론이 "실제로는 근대 민주주의가 시작된 아주 초기의 몇몇 공식화된 것을 넘어서지 못했다"는 점을 제시했다(p. 10). 이는 도서관 담론이 도서관과 도서관이 접근을 제공하는 정보가 "민주적 정치 프로세스와 참여에 영향을 미친다"는 큰 가정을 하고 있지만, 이러한 가정은 일반적으로 잘 발달하지 않았거나 경험적으로 뒷받침되지 않는다는 20년 전의 유효한 관찰을 보완한다(Lievrouw, 1994, p. 350).

대신에 공공도서관은 정치 프로세스를 통해 지원을 요청할 때, 실제 증거나 데이터를 제시하여 민주적 기여를 주장하거나 이러한 기여를 지원하기 위한 자금 수준을 늘리는 것보다는 "주장과 수사적인 요구(claim)"에 의존해왔다(DeProspo, 1977, pp. 197-198). 따라서 "사서들은 국가와 의회에 영향을 미칠 수 있는 행정적 지원을 창출할 만큼 사회적 관련성을 주장하지 못했다"(Shields, 1980, p. 9). 그 대신, 공공도서관은 "단순한 비교에 의존하여 사람들이 검증할 수 없는 결론을 내리도록 했다"(Wheeler, 2011, p. 48). 흥미롭게도, 1974년에 발간된 공공도서관과 연방 정책에 관한 350쪽 분량의 보고서에는 도서관의 사회 공헌으로서 이용가능성, 랜드마크로서의 친숙함, 최대 다수의 사람이 변화하는 광범한 요구를 만족시키는 능력, 헌신적인 공무원 등 많은 것이 포함되었지만, 민주주의에 대한 지원은 그러한 공헌 중 하나로 열거되지 않았다(Wellisch et al., 1974).

도서관계가 민주주의의 기초가 되는 가치를 입증할 능력이 부족한 이유의 일부는 이 개념이 학문적으로 주목받지 못한 점에 관련되어 있다. 문헌정보학(LIS) 분야는 1960년대 중반 이후로 어떤 식으로든 민주주의를 다룬 심사를 거친 저널 논문은 연평균 4편에 불과하다(Buschman, 2007a). 그 평균치는 '그 기간의 이전 연도보다 전반적으로 감소'를 보인다. 결코 강력하지는 않지만, 문헌정보학 내에서 사회적 문제나 정치적 문제에 대한 집중도는 1970년대 후반과 1980년대 초반에 높은 관심을 보였던 시기보다 떨어졌다(Kajberg, 2011).

그 결과, 도서관이 자신을 '민주 문화의 무기고'로 보는 방식과 도서관 담론이 실제 민주 정치 프로세스와 명확한 연결을 전달하는 데 있어 도서관 담론의 제한된 능력 사이에는 단절이 존재한다. 민주주의 무기고로서 역할을 하는 것은 도서관이 자금 조달과 지원을 정당화하기 위해 사용하는 서사의 중심 기둥이다. 아마도 현대 자금 조달 논쟁에서 공공도서관의 정치적 약점 중 일부는 특히 재정 긴축 시기에 잘 표현할 수 없는 주장에 의존하는 것에 관련 있을 것이다. 공공도서관이 전반적인 정치 문화에서 자신의 중요성과 시민적 가치와 민주적 참여에 대한 실질적인 지원을 보여줄 수 없다면, 정치와 정책에서 무관심하게 취급되거나 전혀 고려되지 않을 가능성이 커진다.

도서관 관련 정책 및 정치적 논의는 많은 경우, 도서관을 단순히 책 보관소이자 아이들이 이야기 시간에 참가하는 장소로 보는 역사적 관점에 기초한다. 일반인(혹은 정책 결정자)에게 지역 공공도서관에 관해 물어보면, 그들은 어린 시절이나 어른이 되었을 때 그곳에서 책을 구했다고 말할 가능성이 높겠지만, 도서관이 제공하는 다른 수많은 자원과 서비스에 대해서는 모를 것이다. 그들은 민주주의 시민을 교육하는 데 있어서 도서관이 하는 역할에 대해 거의 언급하지 않을 것이다. 현재의 시급성에 대한 이러한 초점은 도서관 담론에서 정책과 정치 프로세스를 고려할 때만 나타나는 것은 아니지만, 주장의 근본적 측면이 민주주의 진보의 방향에 도서관이 중심이라는 개념에 기반을 둘 때는 문제가 된다.

2. 정책과 도서관의 진화하는 역동성

정책 및 정치 논의의 일부로서 민주주의에서 도서관의 역할을 더 잘 표현할 수 있는 한 가지 단계는 민주주의에서 도서관, 정책 및 정치 간의 역사적 관계를 고려하는 데 더 많은 시간을 할애하는 것이다. 그것은 4개 단계로 생각할 수 있는 이야기이다.

① 도서관에 영향을 미치는 자금 지원 및 정책의 결정이 전적으로 지방 정부와 주 정부에 국한되었던 완전히 지방자치 정부만의 시대

② 도서관이 민주주의나 정부 목표를 지원하기 위해 국가의 정치 문제에 관여하게 되었던 세계대전과 초기 냉전의 시대

③ 연방 정부가 공공도서관에 관한 관심을 주로 접근성과 서비스 향상을 위한 자금 제공에 집중했던 시대

④ 정부가 도서관 활동에 영향을 주는 다양한 법률과 정책을 통해 공공도서관에 직접 개입하는 현재의 시대(Jaeger, Gorham, Sarin, & Bertot, 2013).

이러한 기간의 일반적인 도서관 역사의 대부분은 특히 처음의 두 시대에 대한 많은 내용은 앞의 장에서 다루었기 때문에 이번 장에서는 정치적, 정책적 측면에 중점을 둔다.

공공도서관이 전적으로 지역의 정치 및 정책 결정에 의해 형성되었던 시대는 그 영향력의 범위가 훨씬 더 잘 알려져 있었고, 이러한 프로세스에 참여하는 방식이 훨씬 더 명확했다. 시간이 지남에 따라 모든 지역 문제는 공공도서관에서 계속 고려 사항이 되었지만, 현재는 국가 차원에서 방대한 범위의 정치적 및 정책 결정의 압력과 공존하고 있다.

지역사회는 근대 공공도서관 운동이 시작된 이후 공공도서관의 운영에 큰 역할을 해왔다. 오늘날에도 도서관이 이용자 수와 관계없이 지방 정부는 그림 3.1에서 볼 수 있듯이 적어도 자금의 4분의 3을 제공한다.

지역사회에 의해 도서관이 설립된 경우, 1800년대 후반, 미국의 많은 농업 지역사

회의 규모와 자금 기반을 고려할 때 도서관을 짓고, 직원을 배치하고, 장서를 구축하는 데 드는 노력은 큰 헌신이었다. 그러나 공공도서관은 지역사회의 큰 자부심의 원천으로 여겨졌으며, 이는 지역사회가 도래했고 중요한 의미를 갖는다는 신호로 여겨졌다(Wiegand, 2011). 대부분의 지역사회에서 인식된 공공도서관의 지위와 그에 비례하여 필요한 많은 자금으로 인해 운영, 고용 및 장서 개발에 관한 결정에 지역 정치의 참여가 이루어졌다. 많은 도서관운영위원회는 이미 지역사회의 정치 지도자였던 사람들로 구성되었다.

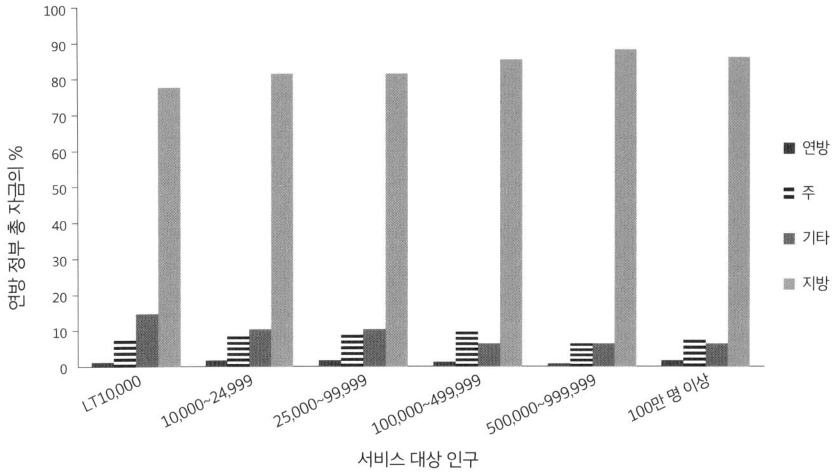

그림 3.1. 자금 출처(2011)

출처: IMLS, Public Libraries Survey, Fiscal Year 2011.

지역마다 거버넌스 구조가 다르지만, 공공도서관은 설립 이래로 자금을 계속 받기 위해 정치 프로세스에 충분히 참여할 필요가 있었다. "지역 정치는 공공도서관의 존재 여부까지는 아니더라도 도서관의 질에 영향을 미칠 수 있기 때문에 공공도서관에 매우 중요하다"(Shavit, 1986, p. 22). 지방 정부가 도서관에 제공하는 자금의 양은 도서관이 지역사회의 요구를 충족시킬 수 있는 능력을 결정하는 가장 직접적인 요인이다. 대부분의 도서관이 존재하는 한, 도서관은 자금 지원을 결정하는 지방 정부의 정치와 도서관 활동에 매개변수를 두는 지방도서관위원회의 정책 결정을 동시에 탐색해야 했다.

공공도서관의 이러한 지역적 특성은 도서관이 지역적 요구를 파악하고 대응하는 방법에 많은 유연성을 제공한다. 그러나 이는 또한 지역에 따라 도서관 자금과 서비스에 격차가 발생하는 원인이 되기도 한다. 특히 활기찬 공공도서관을 가장 절실히 필요로 하는 소수민족과 소외계층의 서비스 제공에서 격차가 두드러진다. 이러한 격차를 제한하기 위해 많은 유럽 국가는 최소 자금과 서비스 기준을 포함하여 공공도서관에 대한 국가적 목표와 기준을 제정하고 있다(Helling, 2012). 이러한 국가적 목표나 기준이 확립되어 있지 않은 미국 공공도서관의 대부분은 역사적으로 지역사회의 요구를 충족시키는 능력에 큰 영향을 받을 수 있는 지역 정치와 정책의 변덕에 크게 좌우돼왔으며, 지금도 마찬가지이다.

지역의 시대에도 공공도서관은 정치와 정책과 관련된 다른 중요한 과제를 해결했다. 대부분의 지역사회 구성원의 대다수가 도서관에 대해 긍정적인 인상을 받을 수 있도록 하는 것은 매우 중요하다. 유권자는 지역 정치인들의 의사 결정에 그들이 하는 말과 투표하는 사람에 따라 영향을 미치기 때문에, 지역 도서관에 불만을 가진 지역사회 구성원이 너무 많으면 자금 지원에 부정적인 영향을 줄 가능성이 크다. 이것의 징후로, 일반시민이나 지방 정부 공무원에 의해 도서관에서 제공하는 자료에 대한 잠재적인 이의 신청이 끊임없이 나타나는 것을 들 수 있다. 진정한 공공기관으로서 도서관은 20세기 초, 호레이쇼 앨저(Horatio Alger)의 소설은 어린이에게 너무 많은 희망을 준다는 이유로, 최근의 소설인 해리 포터(Harry Potter)는 마법을 조장한다는 이유로 이의 제기를 받고 있다. 앞서 언급했듯이 ALA의 도서관 권리장전이 채택된 이후, 도서관은 특정 지역사회 구성원이 반대한다고 생각하는 자료에 대한 이용자의 자료 접근 권리를 방어하는 전문적인 정책을 갖고 있다. 그러나 현실적으로 도서관은 자료를 선택할 때, 개별 지역사회의 취향과 기준도 고려해야 한다.

공공도서관의 지역적 특성에는 주(state)의 역할도 포함된다. 주는 일반적으로 도서관 자금의 작은 부분을 제공하지만, 각 주의 공공도서관을 표준화하고 조정하는 데 오랫동안 역할을 해왔다. 일부 주에서는 사실상 도서관이 지어지자마자 주 대표가 도서관의 장서나 운영에 대한 의견을 제시하기 위해 그곳에 있었다(Wiegand, 2011). 주립도서관이 주 내에 있는 공공도서관을 옹호할 수는 있지만, 공공도서관은 또한 선출된 주 대표와 주립도서관 직원의 의견도 고려해야 한다.

지역사회에 기여하고 정부 의제를 지원하고자 하는 바람은 세계대전과 냉전 시대에 도서관의 주도권(initiative)을 크게 달라지게 했다. 한편으로, 이전의 장에서 자세히 설명했듯이, 제1차 세계대전은 도서관이 전쟁에서 민주주의를 위해 교육 자료를 제공하고, 그 외에는 전쟁 활동을 적극적으로 지원하는 명확한 역할을 할 수 있는 기회를 제공했다(Wiegand, 1989). 그러나 공공도서관은 또한 독일어와 평화주의, 노동 관련 소장 자료를 제거하여 자료에 대한 검열에도 적극적으로 참여했으며, 제2차 세계대전 동안에도 이와 비슷한 이분법적인 활동이 입증되었다(Wiegand, 1989). 그러나 이러한 활동은 공공도서관이 국가의 정치 의제의 일부분이 되기 위한 최초의 협력적인 노력을 의미한다.

양대 세계대전 사이에 공공도서관은 연방 정부 수준에서 처음으로 지원을 받았다. 1930년대 대공황의 시기에 공공도서관은 공공사업진흥국(Works Progress Administration, WPA)과 연방긴급구호국(FERA)을 통해 소액의 연방 지원을 받았다. 양 기관은 실업자에게 도서관에서 주로 유지 관리, 도서 수리, 재고 관리 및 잡다한 일을 시키고 임금을 지불하는 프로그램을 실시했다(Novotny, 2010; Shields, 1980). 이 지원은 너무 제한적이었고 많은 도서관이 임금을 절약하기 위해 신규 자료 구입을 제한하거나 중지했기 때문에 대부분의 도서관 장서는 대공황이 끝날 무렵에도 여전히 망가져 있었다(Kramp, 1975). 일반인들의 독서 자료에 대한 왕성한 욕구는 몇 년마다 이용률이 두 배로 증가하고 매일 수천 명의 이용자가 읽을 자료를 찾는 의회도서관을 압도하기도 했다(Aikin, 2013).

그러나 공공사업진흥국(WPA) 기금은 연방 정부가 공공도서관에서 스스로를 위한 직접적인 역할을 구상하기 시작한 출발점이 되었다. 또한 1930년대 후반에 루즈벨트 대통령의 교육자문위원회(Advisory Committee on Education)는 공교육을 지원하는 방법으로 주립도서관에 대한 잠재적인 연방 기금 지원을 검토했지만, 이 아이디어에 의한 실제 지원은 이루어지지 않았다(Shavit, 1985). 1940년대에는 ALA 워싱턴사무소(Washington Office)가 설립되고, 이후 공공도서관 자금에 대한 연방 지원을 요구하는 로비 활동을 위해 공동의 노력을 기울였다. 그러나 그 후 수십 년간 ALA는 도서관 전문가, 이용자 또는 지역사회의 이익보다는 기관으로서 도서관의 최대 이익에 중점을 두었다(Curley, 1974; Raber, 2007; Raymond, 1979).

제1차 세계대전의 참여에 이어, 도서관은 제2차 세계대전에서도 비슷한 길을 걸었다. 도서관은 병영 도서관에 자료를 제공하고, 국내에서는 애국적인 자료를 제공하고, 반대측에 동정적인 자료나 적국 저자의 자료에 대한 접근을 제한했다. 공공도서관은 전쟁에 대한 적극적인 지원자가 되기 위해 노력함으로써 많은 정치적 자본과 인정을 받고, "민주주의의 무기고"라는 표현이 생겨났다. 이것은 원래 프랭클린 루즈벨트 대통령이 전시 중에 도서관의 지원을 인정하여 표현한 것이다. 그러나 도서관을 전쟁 활동의 중심적인 것으로 간주하지 않아 활동에 대한 추가 자금을 지원받지 못했다(Halsey, 2003).

그 후 수십 년에 걸쳐 이러한 연방 정부의 역할은 주로 연방법 집행 기관이나 정보기관이 특정 미국인의 독서 습관에 관심을 가지는 것으로 확대되었다. 1940년대와 1950년대의 '적색 공포'(Red Scare) 기간 동안 연방 정부는 도서관에서 사회주의와 공산주의 사상에 공감하는 것으로 여겨지는 책에 대한 접근을 제한하거나 장서에서 완전히 배제하도록 장려했다(Doyle, 2001). 이러한 초기의 노력은 곧 도서관인식프로그램(LAP)으로 체계화되었다. LAP와 많은 도서관 이용자의 독서 자료 및 기타 정보활동을 모니터링하기 위해 수행된 기타 조치는 냉전 초기에 연방 정부가 도서관에 대해 가진 주요 관심사였으며, 도서관과 정부 기관 간에 많은 긴장을 불러일으켰다. LAP의 표면적인 목적은 미국 공공도서관에서 이용할 수 있는 기밀 정보를 수집하려는 외국 스파이의 시도를 좌절시킴으로써 국가 안보를 강화하는 것이었다. 그러나 사서들은 연방수사국(FBI)이 도서관 이용을 감시하도록 강요하는 이른바 방첩 활동에 격렬하게 반대했다. 이 행위는 "사상에 대한 제한 없는 접근과 보급이 민주 사회의 기본이라는 원칙에 대한 헌신"을 위반하는 행위였다(U.S. House Committee on the Judiciary, 1998, p. 5). FBI 관료조직 내에서 만들어진 LAP는 회색 영역에서 운영되었기 때문에 악용될 가능성이 컸다. "연방법에 의해 승인받지도 않았고, 연방법을 명백히 위반한 것도 아니었다"(Foerstel, 2004, 35).

ALA가 주도한 도서관 커뮤니티는 LAP에 대한 전국적 관심을 불러일으키는 데 중요한 역할을 했으며, 결국은 이 프로그램의 합법성을 조사하기 위한 의회 청문회로 이어졌다. LAP에 대한 경험의 여파로, 도서관이 자신들에게 영향을 미치는 연방 정책에 대해 찬성이든 반대이든 목소리를 낼 수 있는 능력과 의지가 중심이 되기 시작했다. 이는 초점이 도서관 자금 지원에서 정책과 관행에 대한 정부의 좀 더 일관된 개입으로 옮겨갔기 때문이다. 그러나 같은 시대에 진행된 도서관 프로젝트는 공공도서관에 대한 연방 정부의 지원이 더 확대될 가능성을 열어주었다.

제2차 세계대전 이후, 선거 참가에 대한 우려가 있었다. 1952년 대통령 선거에서 투표율을 높이기 위해 전국의 공공도서관은 유권자 등록, 교육 및 참여 운동을 후원하고 양당의 정치 자료와 평론가나 학자가 쓴 후보자, 이슈 및 입장에 대한 객관적인 분석을 대량으로 전시했다. 이러한 노력은 투표율을 눈에 띄게 높이고 공공도서관을 "당면한 핵심 이슈에 대한 진지하고 비당파적인 정보를 제공하는 신뢰할 수 있는 지역사회의 정보원"으로 현대적 개념을 확립하는 데 도움이 되었다(Preer, 2008, p. 19). 이러한 경험은 도서관 지도부에 편치 않은 것이었다. 많은 사람이 이것이 정치 프로세스에 너무 많이 참여하는 것이라고 느꼈기 때문이다. 그러나 정보와 교육을 통해 민주주의 과정을 지원함으로써 연방 정부가 공공도서관에 대한 재정 지원에 관심을 장려하는 데 도움이 되었다. 1974년에 도서관에 대한 "명확하고 일관되게 표현된 연방 정책이 없었다"는 사실이 정확하게 관찰될 수 있었으며(Wellisch et al., 1974, p. 203), 오늘날에도 마찬가지이다. 그러나 1950년대는 연방 정책 입안자들이 처음으로 도서관을 발견하고, 도서관이 국가 정치 프로세스에서 처음으로 의미 있는 모습을 보인 시대였다.

1956년 연방 정부는 도서관에 대한 최초의 연방 지원 프로그램인 도서관서비스법(LSA)을 통과시켜, 농촌지역의 서비스가 미흡한 지역이나 서비스가 제공되지 않는 지역에서의 도서관 서비스와 농촌지역의 기존 도서관 개선을 목표로 했다. 이 법은 의회의 많은 의원이 도서관은 순수하게 지역적인 문제여야 한다고 생각했기 때문에 논란의 여지가 있었다(Raber, 1995). 이러한 지방 자금 지원의 기존 확립된 역사에서 벗어나야 한다는 것을 지지하는 사람들은 당시의 지정학적 긴장에 영향을 미치는 주장을 만들어 내어 공공도서관을 정보에 입각한 시민권이라는 민주적 이상과 연결했다(U.S. Senate, 1956). 또한 의회 의원들은 당시 미국 인구의 약 3분의 1인 1억3,200만 명 중 3,500만 명이 공공도서관을 이용할 수 없었다고 설명한 ALA 워싱턴사무소의 초대 소장인 폴 하워드(Paul Howard)의 증언에 동요했다(Fuller, 1994). 그러나 도서관에 연방 자금을 처음 투입한 목적은 달러 금액(연간 750만 달러)과 기간(5년) 측면에서 모두 제한적이었다. LSA는 도서관의 지역적 특성을 근본적으로 바꾸려는 의도가 없었으며, 이는 제2조(b)의 명시적인 문구에서 알 수 있듯이 "공공도서관 서비스 수행에 있어 국가와 지역의 주도권과 책임을 방해하는 것으로 해석되어서는 안 된다"는 것을 입증했다.

이후 확장된 LSA는 초기 7년간 4,000만 명 이상의 사람들에 대해 도서관 서비스를 개선했다(Wellisch et al., 1974). 도서관서비스법(LSA)의 개정으로 법률의 초점이 확대되어 도시 지역, 건설, 도서관 간 협력 및 특정 집단(예, 시설 입소자)에 대한 지원을 포함하도록 확대되었고, 1964년에 이 법률의 명칭이 도서관서비스및건설법(LSCA)으로 변경되면서 폐지되었다(Shavit, 1985). 도서관서비스법(LSA)과 이후의 도서관서비스및건설법(LSCA)의 재승인에 따라 도서관에 대한 연방 자금 지원에 대한 논쟁을 재검토할 수 있는 많은 기회를 제공했다. 닉슨과 카터 행정부는 모두 공공도서관에 대한 연방 자금을 공개적으로 줄이기를 원했다(Fuller, 1994). 연방 자금 지원에 반대하는 사람들은 다소 모순되는 두 가지 주장을 내세웠다. (1) 기존 프로그램을 통해 제공된 자금은 변화를 가져올 만큼 충분하지 않았다는 것, (2) 전국의 모든 지역으로 도서관 서비스를 확대한다는 주요 목표가 대부분 달성되었기 때문에 더 이상 연방 자금 지원이 필요하지 않다는 것이다.

연방 자금 지원을 계속 주장하는 사람들은 지방 정부와 주 정부를 지목하며, 이러한 기관들이 일반적으로 도서관을 과소평가하여 도서관에 충분한 지원을 제공하지 않는다고 주장했다(Congressional Research Service, 1984년). 미국도서관협회(ALA)는 국가 정치 과정에 대한 최초의 주요 참여 중 하나에서 이 논쟁에서 핵심 참여자가 되었으며, 도서관서비스법(LSA)과 도서관서비스및건설법(LSCA)에 따라 더 많은 예산을 확보하기 위해 적극적으로 로비했다. 닉슨 행정부가 LSCA 자금의 지급을 중단하려 했을 때, 미국도서관협회(ALA)는 행정부를 상대로 소송을 제기했고, 그 결과 LSCA 자금 5,200만 달러가 지급되었다(Halsey, 2003). ALA의 재정 지원 로비는 닉슨 행정부를 매우 화나게 했고, 그들은 위협 전략으로 국세청(IRS)이 ALA를 감사하도록 했다(Shields, 1980년).

최종적으로 도서관에 대한 연방 자금 지원의 지지자들이 승리했고, 도서관서비스및건설법(LSCA)은 여러 차례 재승인되었다. 시간이 지나면서 도서관 서비스, 도서관 건설, 도서관 간 협력, 문해력 프로그램, 외국어 자료 및 미국 원주민을 위한 도서관 서비스에 대한 지원이 포함되었다. 그러나 LSCA의 성공은 한정적이었다. LSCA에 따라 실제로 제공된 자금액은 한정되어 있어, 실질 달러 환산으로 50년 전의 카네기 보조금보다 훨씬 적었다(Lee, 1966). 사실, 연방 정부가 도서관 자금에 기여한 첫 25년 동안 총 지원액은 항공모함 2척의 비용보다 적었다(Josey, 1980). 게다가 전국적인 도서관 정책과 보다 일관된 자금 조달 구조를 만들려는 시도는 무의미한 것으로 판명되었다. 1979년에 도입된 국가도서관법(National Library Act)은 공립학교에 대한 인식의 변화에 따라 공공도서관을 순전히 지역 기관으로 보는 개념에서 벗어나 전국적으로 보편성 있는 도서관 서비스와 최소 서비스 기준을 촉진하기 위한 것이었다. 그러나 이 법안은 의회의 위원회 단계를 통과하지 못했다(Shavit, 1986).

3. 도서관에 대한 개입과 현재의 정치적 접근 방식

지난 4반세기 동안, 국가 차원에서 도서관에 관한 관심이 상당히 증가했지만, 이러한 증가는 도서관에 대한 연방 자금 지원의 의미 있는 증가로 이어지지는 않았다. 레이건 행정부와 조지 H. W. 부시 행정부는 모두 작은 연방 정부와 공공 서비스에 대한 지원 감소를 강조하는 통치 철학의 일환으로 도서관서비스및건설법(LSCA)과 도서관에 대한 모든 연방 자금을 없애기 위해 적극적으로 노력했다(Fuller, 1994). 이러한 노력은 성공적이지 못했지만, 공공도서관이 점점 더 적대적인 정치적 환경에 처한다는 것을 예고했다.

1990년대 중반, 도서관서비스및건설법(LSCA)은 도서관이 컴퓨터와 인터넷에 대한 접근 지점으로서의 중요성을 강조하기 위해 도서관서비스및기술법(LSTA)이 되었다. 그러나 프로그램에 대한 자금은 다른 기관으로 이전되거나 완전히 사라졌다. 예를 들어, 문해력 프로그램 자금은 교육부로 이전되었다(McCook & Barber, 2002). 1996년 통신법의 일부로 승인된 E-rate 프로그램은 일부 도서관에 인터넷 연결 및 배선을 위한 재정 지원을 제공한다. 국가도서관정보통계위원회(NCLIS)는 도서관에 대한 국가 데이터를 제공하고 도서관 관련 정책 지침을 제공하기 위해 설치되었지만 이후 폐쇄되었다. NCLIS는 또한 도서관 및 공공 정책과 관련된 핵심 문제에 관심을 기울이며 정부 정보 접근, 문해력, 노인 서비스 및 공공도서관 데이터를 위한 연방과 주의 협력 시스템과 같은 문제에 관여했다(Wall, 1990).

NCLIS의 전체 예산이 인건비로 쓰인다는 것이 밝혀지면서 NCLIS는 문을 닫았고, 도서관 프로그램 관리가 교육부에서 도서관박물관기구(IMLS)로 이관되었다. IMLS는 소규모 연방 기관이지만 도서관에 대한 정책 지침을 제공하고, 도서관서비스및기술법(LSTA) 기금을 관리하고, 전국 공공도서관의 데이터를 수집하고 보고하며, 도서관 연구 및 혁신적 교육 프로그램에 기금을 지원한다. 그러나 이러한 프로그램에도 불구하고 공공도서관에 대한 연방 갹출금은 여전히 총 도서관 기금의 1%에도 미치지 못하며 전국적으로 도서관 서비스의 평등한 이용가능성과 품질을 보장하는 데 성공하지 못했다(Gaeger, Bertot, et al., 2007; Jaeger, McClure, & Bertot, 2005).

그러나 연방 정부의 자금 부족은 여기서 언급한 "지방 시대"라는 첫 번째 역사적 단계로의 회귀로 해석되어서는 안 된다. 반대로 최근 몇 년간 연방 차원의 정책 결정 및 정치적 프로세스는 국가 차원에서 도서관에 대한 전례 없는 수준의 개입을 가져왔다. 이러한 정책 결정 중 일부는 도서관을 직접 대상으로 했지만, 다른 일부는 도서관에 부수적으로 영향을 미쳤다. 전체적으로 볼 때 이러한 결정의 영향은 특별한 의미가 있다. 수백 년 동안 주로 전쟁 상황 외에는 연방 정책과 정치에 의해 방치돼왔지만, 이번의 변화는 규모와 범위 모두에서 급진적이다. 현재 도서관, 도서관 서비스 및 이용자에게 직접 영향을 미치는 법률의 수를 고려할 때, 우리가 현재 목격하고 있는 도서관에 대한 연방의 개입은 당분간 계속될 수 있다.

이러한 개입의 대부분은 사람들의 독서 습관에 대한 정보를 수집하거나 그 독서 습관에 영향을 미칠 수 있는 능력으로 인해 도서관이 직접적인 표적이 되었다. 9 · 11 이후의 시기에는 미국애국자법(USA PATRIOT Act) 및 국토안보법(Homeland Security Act)과 같은 법률이 제정되어, 정부 기관이 광범위한 도서관의 물리적 및 전자 기록을 수집하고 도서관에서 이용자 행동을 관찰할 수 있는 능력을 강화했다. 동시에, 엄격한 분류 기준을 적용하여 정부 정보를 제한하고 도서관 장서에서 정보를 삭제할 수 있도록 허용했다(Jaeger, Bertot, & McClure, 2003; Jaeger & Burnett, 2005; Jaeger, McClure, Bertot, & Snead, 2004). 사서들은 이러한 법률에 반대 의사를 표명하면서 다시 이용자의 사생활권과 표현의 자유를 옹호하는 역할을 담당하게 되었다. LAP와 마찬가지로 사서들은 이용자 정보를 취급하는 방법을 재평가해야 했다.

그러나 이번에는 사서들이 FBI의 국가 안보 문서 발행 권한을 크게 확대한 미국애국자법 제505조의 합헌성에 이의를 제기하면서 장기간에 걸친 소송의 중심에 서게 되었다(Gorham-Oscilowski & Jaeger, 2008; Matz, 2008). 9·11 테러 이후 국가 안보와 개인의 자유 사이의 적절한 균형에 대한 논쟁의 한가운데로 몰린 사서들은 미국 법무장관이 이러한 법률의 침해적이고 광범위한 성질에 반대하는 그들의 애국심에 의문을 제기하면서 불편한 정치적 스포트라이트에 맞서야 했다. 많은 사서가 문제를 매우 심각하게 받아들였고, ALA가 발행하는 잡지 American Libraries는 "누가 가장 먼저 감옥에 가고 싶은가?"(Who Wants to Be the First to Go to Jail?)라는 제목의 사설을 게재하기도 했다(Kniffel, 2002). 많은 도서관은 이용자들에게 도서관 내에서의 활동이 정부에 의해 모니터링될 수 있음을 알리기 위한 전략을 개발했다.

같은 기간 동안 의회는 반복적으로 온라인상의 음란물 및 기타 외설적인 콘텐츠 문제를 해결하고자 했으며, 국가 안보 분야에서와 마찬가지로 도서관은 이용자의 수정 헌법 제1조의 권리를 옹호하는 목소리를 높였다. 의회에서 통과된 처음의 두 법률은 법원에서 기각되었지만, 세 번째 법률인 아동인터넷보호법(CIPA)은 미국도서관협회의 법적 다툼에서 살아남아 대법원까지 가게 되었다. CIPA에서는 특정 종류의 연방 자금을 받으려면 모든 도서관 컴퓨터에서 인터넷 접속을 필터링할 것을 의무로 한다. 이러한 필터링 메커니즘은 매우 불완전하고 법률에 규정되어 있는 것보다 훨씬 더 많은 콘텐츠를 차단한다. 또한, 필터링되지 않은 액세스를 요청하는 법률의 메커니즘은 매우 느리고 완전히 임의적이다. 그리고 가장 중요한 점은 요구 사항이 필요 이상으로 광범위하여 연령과 관계없이 모든 이용자와 직원을 대상으로 한다는 것이다(Gathegi, 2005; Jaeger, Bertot, & McClure, 2004; Jaeger & McClure, 2004; Jaeger & Yan, 2009; Jaeger, Bertot, McClure, & Langa, 2005).

아동인터넷보호법(CIPA)이 지원하는 주요 연방 기금, 즉 E-rate 자금 지원 프로그램을 통해 제공되는 기금은 많은 도서관에서 도서관 기술과 인터넷 접근을 지원하기 위해 의존하고 있어 많은 도서관이 CIPA의 요구 사항을 준수하는 이외에는 선택지가 없다. 여기서 도서관은 정보에 입각한 시민의 발전에 오랫동안 기여해온 공헌이 인정되고 있지만 도서관들은 어려운 상황에 처하게 된다. 도서관은 CIPA가 규제하려고 하는 온라인 콘텐츠를 만들지는 않지만, 그럼에도 불구하고 어린이를 온라인 콘텐츠로부터 보호하려는 연방 정부의 대처에 표적이 되어, 연방 정부가 적법성을 결정하는 요건으로 연방 자금에 대한 필요성, 정보에 대한 무제한 접근을 제공하는 것에 대한 책무, 어린이들이 잠재적으로 유해한 콘텐츠에 노출되는 것을 제한하고자 하는 도서관의 열망 등 몇 가지 다른 정당한 이익을 인정받아야 하는 상황에 처했다.

다른 법률은 도서관에 그다지 직접적이지 않은 형태로 영향을 주었다. 디지털밀레니엄저작권법(DMCA)과 다른 최근의 저작권 개혁은 도서관에 심각한 문제를 야기했다. 저작권 보호가 작가의 생존 기간에 더해 80년이라는 믿을 수 없을 정도로 오랜 기간 연장됨으로써 소유권에 대한 많은 문제를 야기하고, 이러한 연장은 인터넷과 전자 파일에 의해 정보에 대한 접근성이 증가함에 따라 상당한 긴장을 불러일으킨다. 공정 사용 면제 및 원격 교육에 대한 사용 면제와 같은 이러한 문제를 해결하기 위해 명시된 예외 규정은 문제를 더 모호하게 만들 뿐이며, 많은 도서관이 자신의 법적 입장에 대해 확신을 갖지 못한 채로 남게 된다(Butler, 2003; Travis, 2006). 저작권 소유자를 추적할 수 없는 오래된 고아 저작물의 디지털 사본은 해당 자료를 소유한 도서관에서도 사실상 사용할 수 없게 되었다(Brito & Dooling, 2006; Carlson, 2005). 이전에는 도서관들이 도서관 간 대출, 전자 자원 및 원격 이용자를 위한 서비스 등 더 명확한 문제로 인해 어려움을 겪었고, 대학에서는 원격 교육 학생들에게 자원을 제공하는 방법을 결정해야 했다(AHner, 2004; Carrico & Smalldon, 2004; Ferullo, 2004; Gasaway, 2000).

또 다른 형태의 개입은 연방 정부의 책임을 도서관에 전가하는 것에서 발생했다. 이러한 떠넘기기 중 일부는 의도적이기보다는 무능력의 결과였다. 예를 들어, 2004년과 2005년 허리케인 계절 기간에 긴급 대응과 복구에서 도서관의 역할이 극적으로 증가했다(Bertot et al., 2006a, 2006b; Jaeger, Langa, et al., 2006). 이재민들이 대피한 지역뿐만 아니라 황폐해진 지역에서 공공도서관의 활동은 주민들 사이에서 엄청난 존경을 받았지만, 정치인과 연방 정부 직원은 도서관이 지역사회를 돕는 데 성공하면서 연방 정부의 대응이 더욱 무능해 보였기 때문에 이러한 역할을 대단치 않게 생각했다(Jaeger & Fleischmann, 2007).

연방 정부의 책임을 아무런 지원 없이 공공도서관에 더 의도적으로 전가하는 것은 전자 정부를 통해 가장 잘 나타난다. 2002년 전자 정부법은 정부 기관이 가능한 한 많은 정보, 서비스 및 커뮤니케이션을 온라인으로 옮기도록 장려했다. 정부 기관은 곧 이용자를 공공도서관으로 보내 전자 정부를 이해하고 사용하는 데 도움을 받는 것이 직접 하는 것보다 더 쉽고 저렴하다는 것을 깨달았고, 이로 인해 온라인 서비스 사용에 대한 교육 및 지원을 공공도서관에 위탁하게 되었다(Bertot et al. 2006b; Jaeger & Bertot, 2009, 2010). 공공 접근 인프라를 고려할 때, 이러한 특정한 연방 정보 정책을 실행하는 수단으로서 역할을 할 수 있고, 지방, 주 및 연방 정부는 비용과 노력을 공공도서관으로 전환할 수 있는 기회를 신속하게 깨달았다. 이 시점에서 공공도서관과 전자 정부의 제공은 매우 상호 연결되어 있고, 전자 정부가 공공도서관 활동에 크게 영향을 주고 있을 뿐만 아니라 공공도서관이 접근을 제공하는 방식도 전자 정부의 형식에 영향을 미치고 있다(Jaeger, Taylor, et al., 2012). 그러나 이러한 역할은 공공도서관이 예산 제약에 직면하고 더 적은 자원으로 더 많은 서비스를 제공해야 하는 시기에 등장했다.

공공도서관에 이관된 관련 분야는 좀 더 전통적인 의미에서 정부 문서에 대한 접근 제공이다. 공공법률도서관(public law libraries)이 문을 닫거나 대중에게 개방되지 않게 되고, 학술 도서관이 연방기탁도서관프로그램(FDLP)에서 탈퇴함에 따라 많은 지역의 공공도서관이 물리적으로 정부 문서 및 기타 자료에 대한 일반인들의 유일한 접근 장소가 되었다(Jaeger & Bertot, 2011). 그러나 대부분의 공공도서관 사서는 정부 문서의 사서로서 기능하도록 훈련받지 않기 때문에 이용자에게 효과적으로 서비스를 제공하는 능력에 추가적인 부담을 준다.

정부 정보, 특히 전자 정부와 관련된 기대는 인식의 측면에서 공공도서관에 문제가 증가하는 부분이다. 공공도서관이 구글과 같은 존재가 될 수 있다는 오해에 근거하여 모든 종류의 정보를 이용 가능하게 해야 한다는 압력이 커지고 있다(Waller, 2009). 공공도서관은 신뢰할 수 있는 정보원과 그 정보원을 사용한 출처를 안내할 수 있다는 평판을 구축한 반면, 구글은 페이지가 받은 조회 수 외에는 평가 감각 없이 찾을 수 있는 모든 정보를 제공함으로써 공공도서관의 접근 방식이나 기술과는 정반대이다. 그러나 공공도서관의 정보 서비스를 이관할 수 있는 다른 조직이나 선거구민(constituency)이 없기 때문에 최종적으로 구글은 공공도서관이 정부 정보에 대한 공개 접근을 제공하는 데 있어 유일한 백업 기관이 될 수 있다. 공공도서관은 어떤 의미에서는 전자 정부 서비스와 지역사회의 자원을 보호하는 마지막 방어선으로, 정부 기관, 학술 도서관 및 법률 도서관이 공공 서비스를 축소함에 따라 역할과 책임이 증가했다.

현 정부의 우선순위인 광대역 정책은 연방 정부가 공공도서관에 개입할 수 있게 해준 또 다른 영역이다. 전자 정부와 마찬가지로 도서관은 광대역 정책 수행의 수단 역할을 하는데, 많은 도서관이 광대역기술기회프로그램(BTOP)을 통해 연방 자금을 조달하여 공공 액세스 인프라를 개선할 수 있었다. 그러나 여기서 연방 정부는 도서관을 광대역 정책 목표를 달성하는 데 도움이 될 수 있는 많은 수단 중 하나로 간주한다. 예를 들어, 연방통신위원회(FCC)의 2010년 광대역 계획은 도서관의 공로를 인정하면서도 민간 부문의 광대역 액세스 성장을 촉진하기 위해 도서관에 대한 자금 지원 중단을 제안하는 등 겉으로 보기에 큰 모순을 안고 있다. 그러나 인터넷 액세스와 서비스의 수요가 낮은 시장에서는 수요의 증가는 인프라보다 소비자 아웃리치와 디지털 문해력에서 일어날 가능성이 더 높다(Gayakar & Park, 2012). 서비스 제공자는 인터넷 사용이 증가하면 전화와 케이블 텔레비전과 같은 다른 서비스의 수익이 감소할 것을 두려워하기 때문에 일반적으로 아웃리치 및 문해력 프로그램에 투자할 인센티브가 부족하게 된다(LaRose, Strover, Gregg, & Straubhaar, 2011). 서비스 제공자가 정보 문해력 도구와 아웃리치를 제공하더라도 그러한 조치는 최종적으로 고가의 서비스에 비용을 지불할 고객을 유치하기 위한 수단에 지나지 않는 경우가 많다. 예를 들어 Comcast는 자녀가 있는 저소득 고객을 대상으로 무료 혹은 저가의 고속 인터넷 사용이 가능한 9.95달러의 'Comcast Essentials' 인터넷 서비스를 제공한다. 그러나 서비스 속도가 너무 느려서 고객이 더 비싼 서비스 옵션을 구매해야 할 정도이다(Randall, 2013).

그리고 도서관에 대한 연방 정부 개입의 또 다른 파생 사례에서 도서관은 이제 훨씬 더 일반적으로 노골적인 정치적 도구로 사용된다. 도서관은 정치적 논쟁에서 공공 부문 지출의 상징이 되었고, 긴축 정책 지지자들은 이제 공공 지출 감소와 공공 부문 노동조합 폐지와 같은 정치적 목표를 달성하기 위해 공공도서관에 대한 지원을 경시할 만큼 대담해졌다(Bertot, Jaeger, & Sarin, 2012). 긴축 정책에 대한 주요 경제적 주장은 데이터에 대한 잘못된 가정, 부정확한 계산, 스프레드시트의 데이터 오류에 기초하여 매우 잘못된 결과를 초래했다. 이러한 오류와 잘못된 가설은 경제학자에 의해 널리 입증되었다. 그러나 그러한 명백하게 잘못된 결과는 비용 절감을 위해 공공재를 줄이려는 많은 보수적인 논쟁에서 계속 사용되고 있다(Herndon, Ash, & Pollin, 2013).

또한 정보 접근 제공자로서 도서관에 상당한 영향을 미칠 수 있는 지속적인 정책 개발, 제안 및 규정이 있다. 인터넷을 통한 콘텐츠의 자유로운 흐름인 네트워크 중립성에 대한 지속적인 논쟁은 도서관 고객에게 디지털 콘텐츠를 제공하는 데 직접적인 영향을 미칠 수 있다. 디지털 콘텐츠의 저작권 침해에 대한 논쟁은 온라인저작권침해방지법(SOPA)에서 절정에 달했다. 법안으로 통과되지는 않았지만 SOPA는 도서관이 의존하는 콘텐츠 제공업체에 초점을 두어 도서관에 영향을 미쳤다. 그리고 더 넓게는 점점 더 디지털화하는 도서관 서비스의 상황을 고려하여 제44조를 개정하려는 노력은 정부간행물인쇄국(GPO)과 연방기탁도서관프로그램(FDLP)에 영향을 미칠 수 있다. 간단히 말해, 정책과 정치 환경은 정적이지 않으며 콘텐츠 제작자와 콘텐츠 제공자 모두가 도서관에 중요한 결과를 초래할 수 있는 법률과 규정을 계속 생성하고 있다.

비교적 짧은 기간 동안 연방 정부가 공공도서관에 개입하기 위해 사용한 수단은, 9·11 이후 연방 정보 정책의 직접적인 대상으로서 도서관에 초점을 맞춘 것에서, 문제가 되는 특정 정보 정책이나 정치적 목표에 따라 수단이자 도구로 도서관을 사용하는 것으로 발전해왔다. 이러한 변화에 비추어볼 때, 연방 정부가 향후 몇 년 동안 공공도서관에 어떻게 개입할지 확실하게 예측하기는 어렵다. 그러나 공공도서관에서 제공하는 서비스가 다양한 연방 정보 정책과 점점 더 많이 얽혀 있는 것을 고려할 때, 어떤 형태로든 개입이 계속될 것이라는 데는 거의 의심의 여지가 없다.

4. 중립성과 정치 세계

공공도서관이 정책 결정 및 정치적 프로세스에 영향을 받는 방식도 공공도서관이 선택한 입장에 따라 크게 달라진다. 공공도서관은 중립적인 직업으로서, 구체적으로는 특히 정치 및 정책 과정과 의도적으로 거리를 두는 입장을 취함으로써 오랜 세월에 걸쳐 정치 및 정책 결정 과정에서 자신의 관점을 명확하게 표현하거나 의견을 표명하는 것을 더욱 어렵게 만들었다. 연방 정부의 정책이 공공도서관 운영에 점점 더 크게 개입함에 따라 이러한 입장은 공공도서관을 점점 더 불리하게 만들고 있다.

중립성의 목표는 수년간 도서관 담론에서 쟁점이 되어왔다. 중립성은 사서의 두 가지 핵심 영역에서 나타난다. (1) 가능한 한 다양한 관점을 제시하는 장서 구축을 위한 노력과 (2) 가능한 한 최대한 비정치적인 태도를 유지하려는 노력이다. 도서관의 중립성을 가장 확고하게 옹호하는 사람 중 한 사람은 도서관의 책임이 "개인적인 믿음이나 신념과 관계없이 논란이 되는 문제에 대한 모든 관점을 대표하는 균형 잡힌 장서를 구축하기 위해 출판매체의 전 세계 모든 제작자로부터 자료를 선정하는 것"이라고 요약했다(Berninghausen, 1972, p. 3675). 이와 대조적으로 중립성에 대한 비판도 극명하게 드러났다. "사서들이 직면하는 기본적인 문제는 자유가 공격당하고 있는 도서관 밖에서 개인적으로나 집단적으로 자유를 옹호하기 위해 영향력을 행사하고자 하는지의 여부이다. 우리가 자기 차례가 오기를 기다리는 닭처럼 서 있지 않기를 바란다."(Ellsworth, 1948, p. 58)

중립성의 두 영역 모두 논란의 여지가 있지만, 후자의 요점은 당면한 논의의 핵심이다. 어떤 사람들은 이용자에게 봉사하는 행위로 비정치적 입장을 제시하는 반면, 다른 사람들은 도서관 장서에서 의견의 다양성에 대한 투입이 해당 분야에서의 정치적 참여를 완화하는 것으로 본다(Byrne, 2003; McMenemy, 2007). "중립성이라는 단어는 틀린 말이다. 우리는 중립적이지 않다. 우리는 일하는 중에는 규율의 행위로 감정을 억누르고, 우리들만의 시간에는 항의할 뿐이다"(White, 1990, p. 73).

그러나 실제로 중립성은 지난 시대의 모더니즘적 이상에 지나지 않는다. 문화적 다양성과 포스트모더니스트 관점이 수용되기 전의 시대에는 어떤 직업에서든 합리적이고 편견 없는 행위자라는 개념이 지금보다 훨씬 더 그럴듯해 보였을 것이다. 중립성에 대해 비평가들은 다음과 같은 점에 주목했다.

- 지역사회 기관으로서 도서관의 활동은 지역사회의 규범적 기준을 채택해야 한다는 것을 의미하며, 이는 도서관에 중립성이 존재하지 않는다는 것을 의미한다(Cornelius, 2004; Floridi, 2002)
- 자료 자체가 중립적이지 않으므로 어떤 자료의 장서도 중립적일 수 없다(Alfino & Pierce, 2001; Budd, 2006; Burton, 2009)
- 많은 도서관에서 민간 및 기업 후원자의 이름을 붙인 채 운영되고 있어 중립적인 이미지가 훼손되고 있다(Graham, 2003)
- 문제의 모든 측면이 동등한 도덕적 비중을 가진다고 제시하는 것은 도덕적 상대주의에 빠지는 것이며 이용자를 오해하게 만든다(Good, 2006)
- 수집할 자원, 제공할 프로그램 및 제공할 서비스의 결정은 사서와 그들의 지역사회의 계층 위치(class position)와 전망에 따라 결정된다(Durrani & Smallwood, 2006)
- 인터넷을 통해 제공되는 정보가 너무 많아서 사서가 디지털 문해력을 촉진할 경우, 중립성 유지를 불가능하게 한다(Graham, 2003; Jaeger, Bertot, Thompson, Katz, & DeCoster, 2012);
- 도서관 자료에 대한 접근성에 이의를 제기하는 사람들은 "다른 사람들이 무엇을 읽는지 규제하고 통제"하려는 의도를 가지고 있는데, 이는 본질적으로 정치적 행위이다(Knox, 2013, p. 200)
- 공공도서관은 정부 기관으로 정책 결정에 따라 일부 집단이 다른 집단보다 더 많은

혜택을 받을 수 있다(Shavit, 1986)

• 아마도 현재 논의에서 가장 중요한 점은 공공도서관은 지역, 주 및 국가 정치에 의해 운명이 결정되는 공적 자금으로 운영되는 기관이라는 것이다(Burton, 2009).

중립성을 달성 가능한 목표라기보다는 열망으로 취급하더라도, 중립성과 관련한 이러한 어려움은 바로 직업의 원동력으로서 중립성의 개념 자체에 도전한다.

중립성이 제기하는 과제는 새로운 사회적, 정치적 문제가 발생함에 따라 전문 분야의 문헌에 반복적으로 나타난다. 지난 25년간 교육적 평등을 촉진하고, 반테러법에 이의를 제기하고, 민영화에 맞서 싸우고, 다문화주의 옹호 활동 등 다양한 문제에 대처하기 위해 중립성을 포기해야 한다는 주장이 제기되어왔다(예: Berry & Rawlinson, 1991; Blanke, 1989; Durrani & Smallwood, 2006; Jerrard, Bolt, & Strege, 2012; Kniffel, 2002; Stoffle & Tarin, 1994). 도서관 사서들이 도서관인식프로그램(LAP), 미국애국자법(USA PATRIOT Act), 아동인터넷보호법(CIPA) 및 기타 법률의 침해에 반대 입장을 취하는 것은 적어도 이러한 문제에 대한 중립성을 이미 명백하게 포기한 것으로 여겨진다고 주장할 수도 있다.

그러나 중립적인 사서직의 활동에 가장 큰 과제는 도서관이 자신과 이용자, 지역사회를 옹호하는 능력을 제한하는 방식에서 찾을 수 있다.

> 점점 더 당파적인 문화적 분위기 속에서 중립적인 대응을 제공함으로써, 사서들은 미국 사회에서 도서관의 영향력이 줄어들고 있는 부정적인 교육적 경향의 흐름을 확실히 역전시킬 수 있는 기회를 스스로 거부한다. ... 만약 사서들이 도덕적 의무감에서 벗어나 시급한 사회적 문제에 대해 입장을 표명할 동기부여를 가질 수 없다면, 사서들은 확실하게 자기의 이익이라는 이름으로 자신의 중립성을 깨야 한다(Good, 2006, p. 28).

공공 서비스에 사용할 수 있는 자원이 줄어들고 공공도서관에는 더 많은 책임이 부과됨에 따라, 정치적으로 적극 참여하지 못하면 도서관이 제대로 기능하고 중요한 교육 기능을 수행할 수 있는 능력을 위협받게 된다.

정치에서 벗어나려고 시도했던 사회적 기관에는 공공도서관만 있는 것은 아니다. 공립학교가 표준화되고 전문화되는 동안, 그들 또한 원래 비정치적인 전략을 추구했다. 그러나 1950년대에 입장을 바꾸려는 움직임이 시작되었다(Eliot, 1959). 이러한 변화가 공립학교에 미치는 영향은 긍정적이기도 하고 부정적이기도 했지만, 정치인, 정책 입안자, 일반 시민은 도서관보다 공립학교에 대해 결정이 미치는 영향을 더 잘 알고 있다. 이러한 모든 집단은 사회에서 도서관보다 학교의 역할에 대해 훨씬 더 명확한 인식을 갖는다.

공공도서관은 이러한 중립적 입장을 계속해서 견지함으로써 자신의 요구를 옹호할 수 있는 능력까지 스스로 궁지에 몰아넣었다. "옹호자로서 사서의 역할은 사회에 의해서만이 아니라 사서 자신에 의해서도 약화되는 경우가 자주 있다."(McMenemy, 2007, p. 178) 공공도서관은 민주주의의 중심이자 다른 모든 공공기관이 존재하는 정치의 세계 위에 있음을 동시에 선언함으로써 "역설로 진화"했다(Shavit, 1986, p. 3). 정치적 및 정책적 결정은 도서관이 할 수 있는 일을 형성하지만, 도서관은 일반적으로 정치 및 정책과는 아무런 상관이 없다고 말한다.

그럼에도 불구하고 이러한 중립 선언은 도서관 업무 활동의 현실을 진정으로 대표하지는 못한다. 도서관 권리장전, 윤리강령, ALA 정책 매뉴얼 및 기타 ALA 문서에는 정보와 관련된 정치적 문제에 대한 직간접적인 입장 표명이 많다. 그중에서 표현의 자유, 프라이버시, 검열, 포용 및 문해력이 두드러진 주제이다. 그러나 이러한 문서 중 일부는 정보 문제를 훨씬 넘어선다. ALA 정책 매뉴얼(ALA Policy Manual, 2012a)은 주로 정보에 초점을 맞추지만 "국가의 정보 서비스 및 책임"(National Information Services and Responsibilities)이라는 제목의 섹션에는 군비 축소 찬성, 환경 보호 찬성 및 핵 동결 찬성 조항도 포함되어 있다. 이는 분명히 정치적 입장이며, 일부는 사서직과는 합리적으로 관련이 없다.

전문가들이 정보 관련 및 그 밖의 다양한 정치적 입장을 채택하고 있음에도 불구하고 도서관계는 아직 전반적인 중립의 입장을 버리지 않고 있다. 아이러니하게도 실제로 도서관은 장서나 프로그램에서 중립적인 태도를 보인 적이 없다. 주류 정보 출처를 강조하고, 이를 대체 출처보다 우선시하며, 지역사회의 기준과 도서관위원회, 지방 정부, 전문가 조직의 요구 사항에 맞춰 구성한 적이 없다(Samek, 2001; Weigand, 2011). 1960년대와 1970년대 이후, 중립성의 가치는 공공도서관에서 구현되고 동원되는 방식 측면에서 문제가 있을 뿐만 아니라, 현실적으로 달성하기 불가능할 수도 있다(Scott, Richards, & Martin, 1990).

그 결과, 도서관에 극적인 영향을 미치는 많은 중요한 문제에 대해 스스로 목소리를 내지 못하게 되었다. "보통 공공도서관의 사서들은 침묵을 지켰다"(Kent, 1996, p. 212). 그러한 침묵과 관련된 중립성 주장은 지금까지 정책과 정치에서 도서관에 도움이 되지 않았고, 긴축 재정 이념이 자금 조달과 정책에 대한 결정을 더 크게 지배함에 따라 더욱 문제가 될 뿐이다. 엄연한 정치 세계에 존재할 때 정치에 관여하지 않는 자세를 취하려고 하는 것은 좋은 생존 전략이라고 할 수 없다.

중립적인 입장과 민주주의에 대한 도서관의 기여를 입증하는 제한된 양의 연구가 결합되어, 도서관의 목소리는 기본적으로 표명되지 않거나 아무도 귀 기울이지 않거나 혹은 무시당한 채, 주요 정치적, 정책적 결정이 도서관에 내려지는 입장에 놓이는 경우가 많다(Jaeger & Bertot, 2011; Jaeger, Bertot & Gorham, 2013). 예를 들어, 정치적 프로세스에서 도서관이 자진해서 목소리를 내지 않게 되면서 지난 수년간 정부는 앞에서 언급한 중요한 전자 정부 및 긴급 대응 의무를 공공도서관에 훨씬 더 쉽게 맡길 수 있게 되었다(Jaeger & Bertot, 2011).

아마도 비정치적 입장과 민주주의에 대한 가치 주장에 의존하는 것의 상당한 단점을 가장 잘 보여주는 예는 CIPA에 대한 법정 소송일 것이다. 이 법의 취지는 온라인상에서 유해한 콘텐츠로부터 어린이를 보호하기 위한 것으로 매우 호평을 받았다. 그러나 어린이가 접근할 수 있는 컴퓨터에만 필터를 설치하도록 요구하지 않고 모든 컴퓨터에 필터를 설치하도록 요구함으로써 이 법은 명백히 불필요하게 광범위하다. 도서관계가 법률이 시행될 때까지 기다리는 대신 정면으로 법에 도전하기로 한 결정은 현명하지 못했다. 이들은 법에 대해 지적 자유의 침해로서 법률 자체에 이의를 제기함으로써 사람들이 법의 확장성으로 인해 정보에 도달할 수 없었던 실제 사건 또는 필터가 콘텐츠를 과도하게 차단하는 문제의 실제 사건을 근거로 법의 광범위함을 증명할 수 있는 기회를 포기했다. 대신에 대법원은 추상적인 판결을 내리고, 기술 자체와 도서관 운영에 대한 이해가 부족하다는 것을 입증하는 의견을 제시했다(Gathegi, 2005; Jeger, Bertot, & McClure, 2004; Jeger & McClure, 2004). 만약 도서관이 정치 담론에 적극적인 참여자로서 민주주의에 대한 가치를 입증할 준비가 되어 있고, 그에 따라 법원에 매우 다른 사례를 진술할 수 있었다면 법적 이의 제기의 최종 결과가 달라졌을 것이라고 상상하는 것은 어렵지 않다.

정치적 프로세스에 대한 참여가 없다면, 도서관에 영향을 미칠 뿐만 아니라, 다른 집단에 도움이 될 정책 문제에 관해 도서관이 만들어낸 관점과 해결책에 주목하는 일도 제한된다. 한 법학자는 최근 도서관이 개인정보 보호 및 지적 자유와 같은 주요 정책 현안 문제에 대해 "설득력 있는 답변"을 가지고 있다고 평가했지만, 도서관이 정치적 영역에서 이러한 문제에 참여하려는 도서관의 열의 부족을 한탄했다(Richards, 2013, p. 689).

5. 정책, 정치, 이념

연방 정부가 공공도서관에 대한 자금 지원을 제한하고 개입도 더 많아지고 있음에도 불구하고, 도서관은 여전히 확고한 지역 기관이며, 일상적인 정치적 이슈의 대부분은 지역적인 것이다. 초기의 도서관 장서를 통제하려는 노력은 오늘날과 다르지만, 도서관위원회 위원, 지역 정치 지도자, 지역사회 구성원은 여전히 기존 자료에 이의를 제기하고 수집에 영향을 미치려고 시도한다. 예산을 둘러싼 싸움은 거의 전적으로 주와 지방 수준에서 발생한다. 그러나 최근 급증하는 연방 정부의 도서관에 대한 개입은 정치, 정책, 도서관 간의 관계에 지각 변동을 일으키고 있다.

현재 다양한 연방 자원의 노력이 공공도서관에 지대한 영향을 미치고 있지만, 공공도서관은 정보에 대한 광범위한 대중의 접근을 적극적으로 지원함으로써 20세기 초에 채택된 모든 사람에게 개방된다는 입장을 여전히 유지하고 있다(Forstel, 1991, 2004; Jaeger & Burnett, 2005; Hartman, 2007). 미국애국자법의 도입에 대한 광범위한 반대, 비용이 많이 드는 아동인터넷보호법(CIPA)에 대한 법적 문제, 전자 정부 서비스, 자원 제공의 의지 등 세 가지 대표적인 사례에서 볼 때 민주주의에 대한 확고한 신념은 공공도서관을 깊은 수준으로 끌어올리는 것이 분명하다. 그러나 공공도서관은 민주적 과정에서 실제 역할을 표현하는 데 어려움을 겪고 있다.

도서관의 자기 인식은 "도서관이 어떤 종류의 선택을 하고 어떻게 행동하는지를 조건으로 한다"(Beckerman, 1996, p. 11). 정치와 정책이 공공도서관 역사에 미치는 영향에 대해 장기적인 관점에 더 많은 관심을 기울이면 공공도서관이 민주주의에서 자신이 의도한 역할과 정치 및 정책 환경이 도서관의 행동에 어떻게 반응하고 형성되어왔는지에 대한 더 명확한 자기 인식을 갖게 되기를 바란다. "역사는 가끔 일어나는 또는 부분적인 일이 아니다"(Shera, 1952, p. 251). 공공도서관과 공공 정책 및 정치의 역사적 영향 사이의 이러한 단절은 치명적인 결과를 초래한다. 도서관의 미래를 형성할 정책 및 정치적 논의의 일부로서 민주주의에서 도서관의 역할을 더 잘 표현할 수 있는 능력은 정치적 결정 및 정책적 결정이 도서관에 미치는 영향과 이러한 결정이 도서관에 미치는 영향을 표현하는 능력에 따라 크게 달라진다. 그러나 다음 장에서 자세히 설명하였듯이, 공공도서관은 지난 수십 년 동안 미국에서 자리 잡은 정치 및 경제의 주요 이념적 흐름에 맞서야 하는 상황에 직면해 있기 때문에 정치 및 정책 결정 과정에 더 큰 참여는 첫걸음에 불과하다

제 4 장

지배적인 거버넌스와 경제 이념

2012년 정치 평론가 E. J. 디온(Dionne)은 현재와 같이 고조된 당파성과 정치적 교착 상태가 미국의 본질에 대한 두 가지 정치적 비전, 즉 미국 헌법에 명시된 강력한 개인의 자유와 개인의 자유를 실현하는 사회 기반 시설을 지원하는 데 필요한 공동체주의적 신념 사이의 불일치에서 비롯된다고 주장했다. 디온은 개인주의에 대한 과도한 강조는 미국의 시스템이 기능하는 능력을 저하시킨다고 주장했다(2012). 그러나 개인주의 생활을 영위할 수 있는 사치는 개인의 권리를 보호하는 강력한 국가와 개인의 권리를 존중하는 공동체적 합의에 전적으로 의존하는 반면, 안정된 사회는 개인 간의 일정 수준의 평등에 의존한다(Gutmann, 1995; Stiglitz, 2012; Wolin, 1993). 그러나 개인주의와 공동체주의 간의 그러한 긴장은 결코 새로운 것과는 거리가 멀다. 그렇지만 1968년 닉슨 대통령이 선출된 이후로 미국의 정치는 대부분 공공재의 지원에서 벗어나는 데 초점을 맞춰 왔다(Perlstein, 2008).

역사가는 20세기 중반을 "위대한 합의"(great consensus)라고 부르는데, 이는 모든 수준에서 정부의 정치 활동과 정책 결정의 대부분이 지역사회와 권리, 인프라 구축에 집중되었기 때문이다. 이 시기는 프랭클린 루즈벨트와 해리 트루먼의 뉴딜정책에 의한 사회 지원, 시민권, 사회 제도 구축 프로그램부터 드와이트 아이젠하워의 물리적 인프라에 대한 집중을 지나, 존 F. 케네디와 린든 존슨의 위대한 사회의 사회 투자 및 시민권 프로그램에 이르기까지 대통령들의 정치적 강조점을 통해 대표된다. 존슨 행정부 후반에는 위대한 합의가 무너지면서 지역사회보다 개인에 더 중점을 둔 새로운 정치 풍토가 시작되었다.

후보자 닉슨과 대통령으로서 닉슨은 권력과 통제력을 획득하는 수단으로 개인 유권자의 이익을 능숙하게 이용했지만, 공공재에서 이탈을 굳히는 정치적, 경제적 이념은 닉슨의 옛 제자인 로널드 레이건 행정부에 의해 확고히 자리 잡았다(Perlstein, 2008). 신자유주의 경제 이념과 신보수주의 정치 이념은 정반대인 것처럼 들리지만, 실제로는 50년간 미국 거버넌스의 중심적 특징으로 작용했다. 연방 거버넌스를 정의하는 것에서 대부분의 주 및 지방 정부 거버넌스를 정의하는 것으로 이행되어 공화당과 민주당 정당의 입장을 크게 형성해왔다.

공공도서관은 공공재의 살아 있는 정의로서 이러한 이념 아래에서는 제대로 작동하지 않는다. 안타깝게도 이 시기의 공공도서관이라는 용어와 옹호는 공공도서관의 입장을 더욱 악화시키는 역할만 했다. “새로운 정책은 새로운 정치를 만들어낸다”는 유서 깊은 격언은 사실이지만(Schattschneider, 1935, p. 288), 공공도서관의 경우에는 그렇지 않다. 공공도서관은 지방, 주 또는 연방 차원에서 정책 결정에 중요한 역할을 한 적이 없다. 공공도서관은 일반적으로 그들의 의견이 반영되지 않은 채 이루어진 정책 결정 또는 정책의 결과를 형성하는 의견에 의해 영향을 받는다. 최근 공공도서관의 주요 성공 사례, 예로 전자 정부, 비상 대응, 디지털 문해력, 기술 접근, 지역사회 파트너십 등에도 불구하고 정책 프로세스에서 더 큰 역할을 하지는 않는다. 도서관의 성공과 공헌을 입증하는 것과 관계없이, 도서관의 목소리 부족은 공공재가 항상 민간의 노력보다 열등하다는 신념에 기초한 거버넌스 이념에 의해 어느 정도 미리 결정된 것이다.

1. 아메리칸 나이트메어

어떤 정치학자는 경제 이념과 신보수주의 정치 이념의 합류로 나타난 거버넌스를 “아메리칸 나이트메어”(American nightmare)라고 이름 붙였다(Brown, 2006, p. 690). 그렇다면 그것은 정치적 입장(spectrum)을 막론하고 어떠한 입장에 서 있든 대부분의 정치인이 널리 받아들이는 악몽이다. 그러나 이는 미국만의 악몽은 아니다. 영국의 자유주의와 보수 정당은 모두 로널드 레이건의 정신적 쌍둥이인 마거릿 대처가 총리로 선출된 이후로 같은 이념을 받아들였다. 대처는 총리로 재임하는 동안 영국의 공공도서관 자금 지원을 삭감했고, 후임자인 존 메이저가 대처의 정책을 이어갔다. 영국의 도서관은 아직 그 20년의 시련에서 회복되지 않았고, 경기 침체로 상황이 악화하고 있다(Helling, 2012).

경제 이념은 경제 정책을 넘어서는 경제 접근 방식으로, 자유 시장은 모든 결정이 자유를 강화하는 데 의존하는 것으로 간주하기 때문에 거버넌스의 결정은 시장에 가장 적합한 것에 근거해 행해지는 것을 의무화한다. 이러한 접근 방식 아래서 경제적, 정치적, 사회적 결정은 시장 문제에 의해 주도되고 시장의 언어와 합리성에 따라 구조화된다. 그것은 "공적 영역에 일관되게 적대적"이며, 공공재를 "시장에 의해 조정되는 사익의 지배"로 대체하려고 한다(Clarke, 2004, pp. 30-3). 레이건은 대통령으로서 영어 중 무서운 단어 아홉 가지는 "나는 정부에서 왔어요, 여기에 돕기 위해 왔어요"라며 농담을 자주 반복하곤 했다. 미국에서 경제적 결정에 의한 공공재의 침식은 실제로 제2차 세계대전 이후에 시작되었다. 당시 연방 정부가 분배한 인프라 자금의 대부분이 도시 지역이 아닌 새로 조성된 교외의 주택과 교육, 개발에 사용되고 있었다. 이러한 변화 속에서 카페, 박물관, 서점, 강의실, 공원 등 도시 지역에 있던 공공재 기관의 상당수는 교외로 대규모 이주하는 인구를 따라 이전하지 않았다(Cohen, 2003).

1987년, 대처는 3선 연속 총리로 선출되고 난 뒤 "사회는 존재하지 않는다"며, 대신 "위대한 원동력, 삶의 원동력"은 돈을 벌고자 하는 개인과 단체라고 했다(Thacher, 1987). 이 발언은 아마도 지지자들의 사고를 가장 명확하게 보여준다. 사회가 없다면 그 무엇도 사회를 탓할 수 없고, 정부는 도움이 필요한 사회 구성원을 돌볼 필요가 없어진다. 사회 구성원을 지원할 필요가 없다면 공공재의 제도는 완전히 불필요하게 된다. 이제 사회는 존재하지 않는다고 하는 주장은 적어도 세 가지 주요 주장이 있는데, 모두 신자유주의 경제 이념에서 비롯된 것으로 경제를 넘어 사람들을 하나로 묶는 중심 구조를 거부하는 중심 전제로 통합되어 있다(Dean, 2013).

레이건 대통령의 당선 이후의 많은 주요한 정책 변화는 경제 이념의 명확한 표현으로 이해할 수 있다. 민간 부문의 규제 완화는 시장이 선택지를 통해 개인을 보호하는 방법을 찾을 것이라는 가정에 근거하여 개인을 희생시켜 기업의 능력을 강화하는 것에 기반을 둔다. 학교 선택, 독립공립초중고등학교(charter schools) 및 스쿨 바우처(school vouchers stems)의 광범위한 사용은 많은 새로운 교육 옵션이 교육의 제공에 특별히 성공적이지 않더라도 시장이 정부보다 더 나은 선택지를 제공할 것이라는 신념에서 유래된 것이다. 지난 수십 년 동안 이러한 접근 방식의 많은 예가 제공되었으며, 이전에 일반적이었던 많은 기능이 소비주의의 언어로 표현된 자기를 스스로 돌보는 기능의 하나가 되었다. 이에 대한 유명한 예는 조지 W. 부시 대통령이 사회 보장을 개인 퇴직금 계좌로 변경하겠다고 한 제안이 결국 실패했고, 이 제안에 따라 시민들은 시장에서 자기 힘으로 살아가야 했다.

모든 정부 기능을 경제적 관점에서 정당화하려는 움직임은 많은 공공재가 비용 계산으로 평가된다는 경제 이념의 본질인지도 모른다. 앨 고어는 빌 클린턴 행정부의 부통령으로서 재임한 8년의 대부분을 정부 전반에 걸쳐 좋은 통치나 공공의 이익이 아니라 효율성, 생산성, 수익성에 초점을 맞추기 위한 활동인 통칭 국가성과평가연구(National Performance Review)를 주도하는 데 보냈다. 전자 정부 초기의 개발 과정에서 거의 기억되지 않는 부분은 일부 정부 관계자가 처음에는 전자 정부를 정부의 수입원으로 주장하여 온라인에서만 실행할 수 있는 검색, 거래 및 정부와의 거래에 국민이 비용을 부담하게 한 것이다.

모든 정부 기능은 명확한 경제적 가치를 가질 수 있고, 또 가져야 한다는 개념으로 인해 교육, 물리적 인프라, 복리후생, 직장 안전, 환경 안전, 공공도서관 등 많은 정부 기능에 대한 투자와 지원의 감소로 이어지는 결과를 낳았다. 따라서 공립학교가 기업의 후원과 자동판매기 계약으로 운영 지원을 받는 것에서 알 수 있듯이 많은 공공기관이 기업처럼 행동하도록 유도되어왔다(Buschman, 2012). 흥미로운 것은 정치인들이 경제 이념을 널리 받아들이기 이전에 사회학자들과 역사학자들은 민간 영역을 우선하여 공적 영역을 훼손하는 것은 기능적인 사회를 지탱하는 요소로서의 공적 영역과 민간 영역 양쪽의 가치를 떨어뜨린다는 점을 분명히 언급했다는 점이다(Sennett, 1974).

신보수주의 정치 이념은 국가가 대의 통치(representative governance)보다는 도덕적 권위로서 권력을 행사해야 한다는 생각에 기초하고 있다. 신보수주의 국가는 "선택의 전쟁"과 같이 도덕적 평가에 의해 주도될 수 있는 정책 목표를 달성하기 위해 그 힘을 사용할 의지가 강하고 기꺼이 사용한다. 거버넌스의 도덕적 기반은 선출된 공무원에 의해 수용된다. 조지 W. 부시 대통령은 자신의 결정에 대해 통치받는 자의 이익과 관점을 대표하려는 관점이 아니라 자신이 획득하고 옳다고 생각되는 대로 사용할 수 있는 "정치적 자본"(Political capital)의 관점에서 말한 것으로 유명하다.

이러한 가치관의 상당수는 신보수주의 서사(narrative)의 일부인 "전통적인" 가족 단위와 "가족 중심적"(pro-family)의 관점으로 여겨지는 것을 지지하는 데 뿌리를 두고 있으며, 정치와 정책을 통해 특정 성(gender)의 역할을 촉진하고 특정 불우한 계층의 권리에 반대하는 결과를 초래했다(Burnham, 2010; Gaffney, 2013). 신보수주의는 상류층과 중산층에게 어필하기 위해 설계되어 있어, 부유하고 패권적인 다수가 자신의 생활 방식을 바꾸려는 소수 집단과 불우이웃들에게 포위당하고 있다는 이야기를 만들어낸다. 신보수주의 정치 이데올로기는 많은 중산층과 상류층이 정부로부터 상당한 혜택을 받고 있다는 현실에 초점을 맞추기보다는 정부의 보호가 필요하다고 믿게 만드는 데 성공하고 있다(Burnham, 2010).

신보수주의는 또한 학교와 도서관과 같은 교육 기관을 가정된 다수의 가치관을 침식하는 역할을 한다고 폄하한다. 교육 분야는 도서관 분야보다 신보수주의자들이 교육의 틀을 잡는 방법에 훨씬 더 민감했고, 신보수주의자들의 영향에 대한 평가는 레이건이 당선되기 전부터 교육 담론에 등장했다(Park, 1980). 도서관은 신보수주의자들과 많은 일반 대중의 마음속에, 도서관이 아동인터넷보호법(CIPA)에 대한 ALA의 도전이 법원에서 진행되는 방식을 바탕으로 지역사회의 가치를 적극적으로 위협하고 있다는 이야기를 강화하기 위해 할 수 있는 모든 것을 다했다.

국가가 경제를 통제하는 것이 신보수주의 접근 방식의 핵심이기 때문에, 경제적 관점은 단순히 신자유주의 경제 이념과 동일해졌다. 이 두 가지 이념의 조합 아래, 경제 담론은 이제 "행동하기 전에 '문제'가 주어져야 하는 형태, 존재하는 '선택'의 종류, '합리성'의 의미를 규정"하며, "의료, 사회복지, 교육에서 무기 체계, 환경보호, 과학 연구에 이르기까지 사실상 거의 모든 공공 활동 영역"에서 논의와 선택의 틀을 형성한다(Wolin, 1981, p. 26-28). 이러한 정책 접근 방식은 분열을 조장하고 공공 서비스의 이용가능성과 자금 조달의 불평등을 촉진한다(Wolin, 1993).

기이하게도, 신자유주의 경제 이념이 기업에 대한 규제를 크게 줄인 반면, 신보수주의 정치 이념의 도덕적 측면은 국민에 대한 규제를 늘렸다. 낙태를 요구하는 능력을 제한하는 방법으로 여성의 생식 선택 서비스에 대한 접근을 제한하는 것과 같이 이전에 확립된 권리를 제한하는 것은 국민에 대한 도덕적 규제에 해당한다. 실패한 공화당 대선 후보 미트 롬니(Mitt Romney)가 2012년의 선거 연설에서 "기업도 사람이다"라고 말했던 것은 실수가 아니었지만, 이 두 이념의 조합으로 기업은 국민보다 더 자유롭게 행동할 수 있다.

또한, 기업은 개인보다 자신들이 의존하는 인프라에 대한 정치적 지원과 자금 제공을 요구하는 경향이 훨씬 강하다. 대기업은 도로, 철도, 선박, 전력 및 그 외의 공공시설 등 기업 활동을 지원하는 인프라의 정비를 위해 로비 활동을 벌이고 있으며 정부는 항상 이러한 기업의 인프라에 대한 요구를 충족한다. "부족한 것은 공공도서관, 공원, 거리와 보도, 도시 대중교통과 같은 분야에 대한 투자다"(Galbraith, 1998, p. 207). 이러한 괴리는 2013년 봄에 의회가 항공 교통 관제사의 의무적인 휴직으로 인해 항공기 운항이 지연될 연방항공청(FAA)의 예산 삭감을 저지하는 법안이 의회를 통과했을 때 분명해졌다. 기업들의 불만으로 인해 이러한 비용 절감 조치는 즉시 사라졌지만, 기업에 영향을 미치지 않는 공공 서비스에 대한 대규모 삭감은 그대로 유지되었다. 예를 들어, Head Start 미취학아동프로그램, 노인을 위한 식사배달서비스프로그램(Meals on Wheels), 빈곤층을 위한 헬스케어 등은 큰 폭으로 삭감되었다.

이러한 이념의 결합이 미국과 영국 레이건 정권과 대처 정권에서 널리 쓰이기 시작한 이후, 세율 인하, 공공 서비스 지출 삭감, 규제 완화, 공공재에 대한 사회적 지원의 침식을 통한 급진적인 변화가 그 결과로 나타났다. 모든 공공재에 의문을 제기하고 유형의 가치를 입증하도록 요구하는 공적 담론에서 경제 용어가 지배적으로 등장하기 시작했다. 그러나 사서나 도서관의 장서와 마찬가지로, 경제학 및 경제 분석가들은 중립적이지 않다. 이러한 이념은 정치적, 도덕적 질문을 경제적 문제와 호환성이 있는 것으로 취급함으로써, 정치적 담론과 정책 결정 과정에서 구체적인 가치를 할당하기 어려운 것과 정부의 엄격한 도덕적 비전에 따르지 않는 것에 문제를 제기할 수 있도록 했다. 공공재가 되는 것만으로는 더 이상 충분하지 않다. "인권에 대한 전체적인 개념은 낭만적 매력과 도덕적 권위를 일부 잃었다."(Moyn, 2012, n.p.).

연방 차원에서 이러한 이념이 편재함에 따라 하위 정부 차원에서도 널리 채택되었다. 사회의 모든 수준에서 정치적 문제는 시장에 의한 해결책을 수반하는 개별적인 문제로 전환되었다(Brown, 2006). 안타깝게도 시장과 정부는 매우 다른 방식으로 서비스를 제공한다. 공공재는 민주적 평등, 사회적 효율성, 사회적 이동성을 지원하는 다양한 종류의 기여를 제공할 수 있다(Labaree, 1997). 공공재를 지원하면서 정부는 서비스, 분배, 시장 안정화를 제공할 수 있지만, 시장 자체는 다양한 회사가 제공하는 개별 서비스를 개인에게 수익화하는 데 중점을 두는 만큼 이를 효과적으로 제공할 수 없거나 많은 경우 전혀 제공할 수 없다(Ver Eecke, 1998, 1999). 또한, 공공재의 많은 요소는 수익을 내기 쉽지 않으므로 정부 지원을 줄이는 것은 시장의 지원으로 쉽게 대체되지 않을 것이다. 공공도서관은 지역사회에 막대한 기여를 하지만, 기업의 이익을 가져다줄 가능성은 낮다. 결과적으로 공공도서관은 "공공 영역의 빈곤을 상징하는 존재"로 부상하고 있다(Newman, 2007, p. 905).

최근 세계 경제 침체가 장기화되면서 긴축 재정이라는 새로운 유행어 아래, 공공 서비스의 가치를 강조하게 되었다. 긴축 재정은 분명히 의도적으로 모호한 용어이지만, 경제적으로 정량화된 가치를 명확하게 표현할 수 없거나 신보수주의 이념에 따라 도덕적으로 문제시되는 공공재와 공공 서비스에 대한 대폭적인 삭감을 정당화하는 수단을 제공한다. 가치의 언어는 공공재가 아닌 경제적 기여에 기초하기 때문에 긴축 재정이라는 용어는 공공도서관과 같은 교육 및 문화 기관에 대해 분명히 편향되어 있다.

2. 공공도서관의 두려움과 혐오

공공도서관은 이용자와 지역사회를 위해 많은 서비스, 특히 교육 및 훈련, 구직 자료, 일자리와 사회 서비스에 지원하기 위한 인터넷 접속 등 매우 필요한 자원을 제공하는 중요한 사회 기관이다(Sigler et al., 2011; Taylor et al., in press). 도서관 문헌에서 공공도서관은 모든 지역사회 구성원을 환영하는 공공 공간에서 정보, 교육, 문해력, 경제 재생, 문화, 다양성, 취미와 관련된 서비스와 자원을 통해 이용자와 지역사회에 가치를 제공하는 것으로 간주된다(Bourke, 2005; Debono, 2002; Given & Leckie, 2003; Hafner, 1987; Hillenbrand, 2005; Kerslake & Kinnell, 1998; Leckie & Hopkins, 2002; Webster, 1995; Williamson, 2000).

도서관은 순전히 그 수와 존재만으로도 지역사회 구성원, 정책 입안자 또는 사서 자신이 인식하는 것보다 더 큰 문화적 가치를 가질 수 있음을 시사한다(Buschman, 2007a, 2007b). 그러나 "좋은 도서관의 가치는 좋은 교육의 가치와 마찬가지로 정량화하기가 매우 어렵다"(Buschman, 2005, p. 1). 인터넷이 제공하는 풍부한 정보로 인해 도서관의 가치를 입증하는 것은 더욱 복잡해지고 있어 많은 평론가는 도서관이 구글과 더 비슷해지거나 구글로 대체될 필요가 있다고 생각한다(Waller, 2009). 다른 평론가들은 도서관이 인터넷 기반의 서비스에 중점을 두어, 좀 더 전통적인 정보 제공 활동의 강조를 줄임으로써 자신의 가치를 감소시키고 있다고 주장했다(Brophy, 2007; Brown & Duguid, 2002; Buschman, 2003; Tisdale, 1997). 공공도서관이 이용자와 지역사회에 기여하는 대부분의 내용은 경제적 가치로 환산하기 매우 어렵고, 그렇게 하기 위한 시도는 이 접근 방식이 도서관의 전제, 활동 및 목표와 근본적으로 맞지 않기 때문에 방해를 받는다.

일부에서는 공공도서관의 가치를 비즈니스 용어나 순수하게 경제적인 용어로 표현하려는 시도가 몇 가지 있었지만, 그러한 노력은 도서관의 실제 활동이나 목표가 본질적으로 비즈니스 기능이 아니라는 것에 의해 제한을 받는다. 반면에 교육 분야에서는 교육을 어떻게 측정하고 평가해야 하는지를 공개적으로 주장함으로써 교육에 적용되는 가치의 매개변수를 순수하게 경제적인 용어로부터 교사의 평가, 표준화된 텍스트, 교육의 구성 요소와 종류에 중점을 두는 독자적인 측정 기준으로 변경하는 작업을 실시해왔다. 교육 분야는 정치 및 정책 결정 과정에 직접 참여함으로써 생산성, 효율성 및 경제적 지표의 관점에서 어떻게 평가되는지에 대한 이야기를 확립할 수 있었다. 정책 입안자와 교육자는 여전히 어떤 형태의 평가 방식이 진도와 학습 성과를 측정하는 데 최상의 척도인지에 대해 논의하고 있지만, 이러한 구체적인 평가 방식이 존재하고 논의가 계속되고 있다는 사실은 변함이 없다. 이 교훈은 다른 모든 문화 기관에 중요한 교훈이다.

그러나 공공도서관이 아무리 다양한 기여를 보여주려 하더라도, 신자유주의 경제 이념과 신보수주의 정치 이념이 지배하는 정치적 분위기로 인해 도서관이 계속 그 중요성을 주장하지 못할 수 있다. 신자유주의는 전문가 집단을 표적으로 삼는다. 이들의 특정 지식 기반은 시장이 다른 사회적 행위자보다 더 많은 것을 안다는 가정을 위협하기 때문이다(Clarke, 2004). 이는 시장에서 쉽게 재현할 수 없는 전문 지식 기반으로 인해 많은 노조, 특히 공무원 및 교사 노조와 갈등으로 이어졌다. 사서는 이 두 집단보다 인원수가 훨씬 적지만 도서관 업무의 특성상 지식과 특히 관련이 있는 노동력이다. 간단히 말해서 신자유주의 경제 이념은 도서관이 실패하기를 바란다. 놀라울 것 없이, 레이건 대통령은 정보가 국가의 미래에 핵심이 된다고 믿었고, 정보 분야에서 일하는 기업들이 정보를 통해 경제적 성공을 이룰 수 있도록 지원하는 한편, 도서관에 자금 지원과 교육 도구로서의 정보에 대한 집중을 적극적으로 억제하려고 했다(Harris & Carrigan, 1990).

대공황으로 인한 일자리 손실은 대공황의 영향을 가장 크게 받은 공공 부문 일자리와 노동조합에 대한 부정적인 태도를 뚜렷하게 반영한다. 최근 노동통계국(BLS) 데이터에 따르면, 미국에서 2009년 6월에서 2012년 8월 사이에 68만 개의 공공 부문 일자리가 사라졌다. 이는 장기간에 걸친 경기 침체가 시작되기 전에 존재했던 지방, 주 및 연방 정부 일자리의 약 3%에 해당한다. 과거의 경기 침체에서는 공공 부문 고용은 전통적으로 증가해왔다(Hatch, 2004). 예산 · 정책우선순위센터(Center on Budget and Policy Priorities)에 따르면, 2009년에서 2012년 사이에 주 예산 적자는 1,070억 달러에서 1,910억 달러 범위이며, 현재 예측에 따르면 2013년 주 예산 적자는 550억 달러에 이를 것으로 추산된다(http://www. cbpp.org/cms/index.cfm?fa=view&id=711). 예를 들어 플로리다, 네바다, 애리조나와 같은 일부 주는 훨씬 더 큰 적자 상황에 처했다. 현재 상황은 지난 수십 년 동안의 다른 경기 침체와 극명하게 대조를 이루고 있으며, 그러한 경기 침체 기간과 그 이후에는 공공 부문 일자리 수가 실제로 증가했다. 특정 공공 부문 지역은 이 장기적인 경기 침체로 특히 큰 타격을 입었으며, 2009년 이후로 공공 보건 인력의 20%가 일자리를 잃었다(Kliff, 2012).

주립도서관과 공공도서관도 이러한 삭감의 영향에서 자유롭지 않았다. '2012년 공공도서관 자금 및 기술 접근 연구'(2012 Public Library Funding and Technology Access Study)에 따르면, 공공도서관 자금은 2009년 이후 정체되거나 감소하여 일부 도서관의 운영 시간과 직원이 감소했다. 또한, 주의 40%가 지난 3년 동안 공공도서관에 대한 주 보조금이 감소했다고 보고했다. 「Library Journal」에서 실시한 가장 최근의 연례 도서관 예산 조사에서 전체 주에서 자금은 8.3% 감소했으며, 응답자의 44%가 주 자금이 감소했다고 했다(Schwartz, 2013). 최소한 한 주(텍사스)에서 주의 지원이 완전히 삭감되었고, 다음 입법 회기에 이를 복원하지 않으면 연방 도서관서비스및기술법(LSTA)에 의한 자금을 잃게 된다. 전체적으로, 공공도서관, 공립학교, 공중 보건 서비스 및 공익에 전념하는 기타 주 및 지방 정부 기관의 예산은 경기 침체가 시작된 이후 상당히 삭감되고 있으며, 많은 경우 지역사회에 서비스하는 능력이 크게 제한되었다. 실제로, 장기간의 경기 침체로 전국에서 수십만 명의 정부 일자리가 사라져 다시 돌아오지 않고 있다.

공공도서관은 또한 대부분의 입장에서 신보수주의 정치 이념에 대한 모욕이기도 하다. 공공도서관은 다양한 관점과 지적 개방성과 연결되어 있지만, 이 두 가지는 그 어느 쪽도 신보수주의의 "전통적인" 가치와 사회 구조 이야기와는 상반된다. 1980년대 영국에서는 일부 보수파로부터 도서관이 "공중의 이름으로 책을 주문했다"는 죄목으로 정치적 논란 속에서 묘한 공격을 받았다(Webster, 2005, p. 283). 자료에 대한 많은 도전은 공공도서관의 가치와 상충되는 신보수주의 가치에 원인이 있다. 예를 들어, 2005년 어린이 동화책 「사랑해 너무나 너무나」(And Tango Makes Three)에서 두 마리의 수컷 펭귄으로 이루어진 커플이 펭귄 새끼를 입양한다는 내용에 대해 "전통적인" 가족 단위를 위협한다는 이유로 끊임없이 도전한다. 공공도서관은 또한 사회의 모든 계층에게 서비스하는 기관이며, 특히 신보수주의가 중산층의 가치관을 위협하는 것으로 묘사하는 소외계층과 소수자의 요구를 지원한다(Jaeger, Subramaniam, Jones, & Bertot, 2011).

이러한 신보수주의 이념은 공공도서관의 자료 접근을 통제하는 조직적인 국가적 노력에서도 나타나고 있으며, 가장 잘 알려진 것은 '가족 친화적 도서관'(FFL)이다. 1992년에 설립된 FFL은 레즈비언, 게이, 양성애자, 트랜스젠더, 성적 정체성을 가진 사람들(LGBTQ) 관련 자료와 기독교 가정에서 어머니와 아버지가 함께 자녀를 키우는 "전통적인 가족"에 위협이 된다고 생각되는 자료에 대한 공공도서관의 접근을 제한하려는 "가족 친화적" 보수 단체이다(Gaffney, 2013). 대부분의 가족 친화 단체는 LGBTQ 권리, 생식권, 공교육 및/또는 과학 교육에 반대하는 보수적 기독교 단체이다(Diamond, 1998; Kintz, 1997; Wilcox, 2011). "가족 친화 활동가들은 학교와 도서관이 종교를 공격하고, 동성애자의 권리와 같은 '자유주의적 대의'를 추진하며, 최종적으로 보수적인 부모가 자녀에게 종교적, 정치적 신념을 심어줄 권리를 부정함으로써 공공기관의 전문성에 대한 신뢰

를 악용하고 있다고 믿으며 공공기관 자체를 문제 삼고 있다."(Gaffney, 2013, p.188)

'가족 친화적 도서관'(FFL)은 미국도서관협회(ALA)를 반아동과 반공동체로 공격하면서 다양성과 접근성에 대한 공약은 공공도서관에 설 자리가 없다고 주장했다. FFL은 처음에는 책에 초점을 맞추었지만, 1990년대 후반에는 모든 관심을 온라인 콘텐츠로 방향을 돌려 의회에 아동인터넷보호법(CIPA)을 통과시키도록 압력을 가하는 운동을 주도하고, 또한 위원회에서 통과시키지도 않았던 지나치게 범위가 넓은 온라인포식자삭제법(DOPA) 추진 운동을 벌였다. 그 이후로 이 단체의 활동은 줄어들었지만, 공공도서관 및 학교 도서관에서 CIPA 기준을 시행해야 한다고 계속해서 주장하고 있다(Gaffney, 2013). 정책과 정치에서 공공도서관에 대한 이러한 다양한 유형의 공격은 본질적으로 문화와 사회에 대한 더 광범위한 논쟁과 연결되어 있다. "문화적인 담론이 경쟁을 벌이면 문화 전파를 담당하는 기관이 경쟁의 장소가 된다"(Robbins, 2000, p. 161).

반면에 국가 정책과 정치에서 공공도서관을 지원해야 한다는 주장은 일반적으로 기본적인 자유주의 이념에 크게 의존하여 공공도서관이 사회의 평등화를 위한 장치(social equalizer)로서 중요하며, 모두를 위한 교육의 도덕적 의무가 있다는 열망에 찬 주장을 폈다(Harris & Carrigan, 1990; Molz, 1976). 도서관을 지원하는 이러한 종류의 주장은 현재의 정치적 환경에서는 성공할 가능성이 없을 뿐만 아니라 현재의 정치적 담론을 지배하는 신보수주의자들의 감성을 더욱 자극하여 적대감을 가지게 한다.

미국과 영국의 공공도서관에 반대하는 강력한 정치적, 정책적 흐름은 보편적이지 않다. 특히 북유럽의 많은 국가에서는 최근 몇 년간 공공도서관의 공식적인 역할을 확대하고, 이러한 새로운 책임에 필적하는 공공도서관에 대한 지원을 늘려왔다. 스웨덴, 덴마크, 핀란드와 같은 국가는 인터넷의 성장과 온라인에서 제공하는 정부 서비스의 수를 증가하여 사회적 기관으로서 공공도서관의 중심성을 강화할 기회로 삼아 공공도서관의 자금, 자원, 서비스 및 정부 기관에 대한 접근성을 확대했다(Helling, 2012). 이러한 지원은 정책 결정 구조가 매우 다른 국가에서 이루어졌다는 점에서 주목할 만한 가치가 있다. 덴마크는 정부가 더 중앙 집권적이고 정치에서 도서관 정책을 다루는 한편, 스웨덴은 정부가 더 분권적이고 지방 수준에서 도서관 정책을 담당한다(Landoy & Zetterlund, 2013).

2012년 포브스(Forbes)에 실린 기사에 따르면 문헌정보학 석사 학위는 경력 수입 잠재력을 기준으로 볼 때 최악의 석사 학위 유형이라고 표명했다(Smith, 2012). 포브스의 언급에도 불구하고 사서의 급여가 낮은 것은 아니다. 노동통계국(BLS)은 공공 부문 직업의 영역에서 사서의 연간 평균 임금을 사회복지사, 파견원, 소방관, 유치원 교사, 초등학교 교사, 중학교 교사, 중등학교 교사, 학교 상담사, 특수 교육자 등보다 높게 책정한다. 사서의 평균 급여는 경찰관, 간호사, 대학 교수보다 적지만 사서직은 처음 두 직업보다 위험이 적고 세 번째 직업보다 교육이 덜 필요하다. 공공 부문의 관점에서 보면, 특히 공공의 이익을 위해 일하고 싶어 하는 사람들에게 사서직은 급여가 낮은 직업의 선택이 아니다.

포브스 기사에 이메일 리스트와 블로그, 기타 소셜 미디어가 반응을 보였는데, 많은 사서가 MLS를 취득한 비경제적 이유로 공공 서비스에 중점을 둔 직업을 갖고 싶다는 욕구, 부자가 되기 위해 MLS를 취득한 것이 아니라는 사실, 사서들 사이에 널리 알려진 높은 수준의 경력 만족도에 중점을 두고 응답했다. 이와 동일한 주제가 ALA가 웹사이트에 게시한 공식 대응 내용과 미국도서관협회의 모린 설리번(Maureen Sullivan) 전 회장이 2012년 7월 워싱턴포스트(Washington Post)에 기고한 사설의 중심이 되었다(Sullivan, 2012). 그러나 포브스의 기사를 본질적으로 정치적이지 않은 것으로 보는 것은 중대한 실수이다(Bertot, Jaeger, & Sarin, 2012).

포브스 매거진의 편집장으로서 또한 모회사의 사장 겸 CEO로서 이끌어온 스티브 포브스(Steve Forbes)는 신자유주의 경제학과 신보수주의 거버넌스의 이념을 대중화한 인물 중 한 사람이다. 포브스는 자신의 잡지를 통해 부유층의 공공 서비스와 공공재에 관한 생각에 영향을 주었다. 이 잡지는 수십 년간 다양한 공공재의 가치에 대해 수많은 직접적인 공격을 가해왔다. 예를 들어, 1997년 포브스의 기사에는 장애 아동에게 공교육을 제공한다는 아이디어를 “비용이 많이 드는 실패”, “감시되지 않는 혼란”, “엄청난 자금 낭비”라고 공격하여 최종적으로 대부분의 장애 아동이 교육을 받을 자격이 없다고 주장했다(Gubernick & Conlin, 1997, p. 66). 포브스와 같은 잡지에서 이러한 유형의 주장을 인쇄물로 보는 것은 이미 공공재의 중요성에 이미 회의적인 독자에게 그 의심을 더 강화하는 큰 영향을 줄 수 있다. 신보수주의 미디어는 투표 가능성을 가시적으로 높이고 유권자의 입장을 가시적으로 형성한다(Della Vigna & Kaplan, 2007). 포브스의 독자 대부분은 이미 신자유주의 경제와 신보수주의 거버넌스 이념을 선호하고 있을 가능성이 높기 때문에 이러한 종류의 기사는 기존 신념을 강화하고 다른 관점을 나타내는 정보가 영향을 주는 것을 더 어렵게 만든다(Hoff & Stiglitz, 2010; Rabin & Schrag, 1999).

스티브 포브스는 1996년과 2000년에 신자유주의 경제와 신보수주의 거버넌스를 정의하는 공약을 내걸고 공화당 대통령 후보로 출마했다. 그의 선거운동은 실패로 끝났지만, 그의 공약 요소들은 공공 서비스를 줄이고 세율을 대폭 낮춘다는 식으로 조지 W. 부시 행정부, 티 파티(Tea Party), 긴축재정 운동에 자극을 주었다. 1996년의 선거운동에서 포브스는 3만6,000달러가 넘는 근로 소득에 대해 17%의 대폭 인하된 일률 세금 제도와 모든 투자 또는 상속 소득에 대한 완전한 면제를 주장했다. 그러한 계획은 연방 예산과 공공 서비스를 제거하는 것이다. 그는 또한 사회 보장 및 기타 정부 사회 프로그램에 대한 선택적 포기(opt-outs)를 허용하는 운동을 벌였고, 사회, 문화, 환경 및 교육 문제와 관련된 거의 모든 연방 기관을 폐지하겠다고 약속했다. 포브스는 다음 선거운동에서 연방 정부가 세금을 징수할 수 있도록 하는 헌법 제16차 개정안의 폐지에 대한 지지 의사를 표명하기도 했다. 포브스는 자신의 선거운동과 기타 정치 활동을 통해 표명한 견해 전체를 통해 문화, 교육, 사회 서비스 기관은 불필요하며 세금 지출은 현명하지 못하다는 신자유주의 · 신보수주의 신념을 보였다.

2012년의 포브스 기사에서는 석사 학위 30개만 평가했다는 점에 유의하는 것이 중요하다. 많은 정치인이 공공도서관을 예산과 서비스 시간 단축, 민영화, 모든 자원봉사자 인력 배치 제안 및 기타 수단 등 비용 절감 대책의 쉬운 대상으로 취급하고 있기 때문에, 문헌정보학 석사학위(MLS)가 포브스 매거진에서 최악의 석사 학위로 선정될 것으로 예상하는 것은 놀라운 일이 아니다. 또한 학위별 평균 소득에 대한 데이터가 정보원이 투명하지 않은 비공개의 공급업체에서 나왔다는 사실도 특이하다. 포브스 기사에 인용된 공급업체 데이터가 노동통계국(BLS, 2012)이 열거한 평균 급여(5만4,500달러)보다 더 높은 평균 급여(5만7,600달러)를 나타낸다는 사실은 특히나 의문스럽다. 공개적으로 사용할 수 있는 다른 데이터가 기사의 결론 중 일부와 적어도 부분적으로 모순되는 것처럼 보이기 때문에 사용된 데이터의 타당성에 의문을 제기하는 것은 무리가 아니다. 그러나 포브스 기사의 결론을 이끈 정치적 의제에 대해서는 의문의 여지가 있다.

3. 긴축 시대의 도서관 서비스

다른 정치적 분위기에서라면, 아마도 같은 고용 데이터는 문헌정보학 석사 학위가 최악의 석사 학위라는 것을 보여주는 것이 아니라 도서관이 크게 과소 평가되고 사서들이 사회를 위해 하는 모든 일에 대해 낮은 임금을 받고 있다는 것을 보여주는 것으로 해석될 수 있을지도 모른다. 안타깝게도 현재의 정치적 현실은 그러한 시나리오를 순전히 환상으로 만든다. 도서관의 경우, 예산 삭감 및 기타 긴축 조치로 인해 지역사회에 봉사하는 데 제한이 있는 것은 공공재 기관들 사이에서도 특히 심각한 문제이다. 신자유주의 경제와 신보수주의 거버넌스 운동이 미국 내 약 1만7,000 개의 공공도서관이 모두 문을 닫거나 민영화될 정도의 최고조에 달하는 일은 있을 수 없겠지만, 수많은 긴축 재정의

느린 종말(thousand paper cuts)은 틀림없이 공공도서관이 지역사회를 지원하기 위해 개발해온 무수한 방법을 손상시킬 것이다.

현대의 공공도서관은 커뮤니티센터와 커뮤니티서비스센터가 융합된 곳으로, 사서는 지역사회의 고유한 요구를 충족시키기 위해 정보 전문가, 교육자, 사회사업가의 역할을 동시에 수행한다. 이러한 역할을 수행하는 데 있어 공공도서관은 일반적으로 정치 프로세스에서 극적인 결과를 초래하는 "영향력이 적은 이익 집단"의 옹호자이다(Landoy & Zetterlund, 2013, p. 106). 부유한 사회 구성원들은 이러한 종류의 자원을 그다지 필요로 하지 않기 때문에 많은 미국인의 생활에서 도서관의 중요성을 깨닫지 못하는 경우가 자주 있다. 특히 미국의 인구가 인구 통계적으로나 문화적으로 점점 더 다양해지고 있는 가운데에서는 더욱 그렇다. 혜택을 받은 사람들은 30년, 40년 또는 50년 전 어린 시절의 도서관 이미지만 가지고 있고 구글이 항상 가까이에 있어서 도서관이 전혀 필요하지 않다고 생각한다. 안타깝게도 이러한 개인은 정치인과 정책 입안자로 일하는 사람들이며, 신자유주의 경제와 신보수주의 거버넌스를 지지하는 정치 캠페인에 자금의 대부분을 기부하는 사람들이기도 하다. 도서관은 사람들이 필요로 해서가 아니라 선택에 의해서만 이용하는 시대에 뒤떨어지는 시설이라는 견해는 도서관도 박물관과 마찬가지로 전적으로 민간 기부금만으로 자금을 조달해야 한다고 주장하는 일부 권력자의 주장으로까지 이어졌다(Holt & Holt, 2010).

그 결과, 장기간에 걸친 경제 위기를 극복하기 위해 공공도서관이 지역사회에 제공하는 기존의 서비스와 혁신적인 서비스는 모두 극적으로 증가하는 이용 수요와 급격하게 감소하는 예산이라는 견디기 어려운 결합으로 이어졌다. 공공도서관은 경기 침체가 도서관과 그 서비스 이용의 증가로 이어진다는 것을 오랫동안 경험해왔으며, 이러한 관계에 대한 언급은 도서관에 관한 담론에서 일찍이 1880년으로 거슬러 올라간다(James, 1985). 이러한 관계는 현재 '사서의 공리'(Librarian's Axiom)로 알려져 있으며, 수많은 연구를 통해, 그리고 더 중요한 것은 경제 위기 당시에 오랫동안 도서관 운영을 통해 사실이었다는 것이 증명되었다는 것이다(Davis, 2009, 2011; James, 1986; Lynch, 2002). 대공황 시기 동안 도서관 서비스와 자료는 "간절히 요구되었고" "어려운 시기에 사회적 병폐를 경감하는 데 기여했다"(Herdman, 1943, p. 334). 도서관의 도서와 참고 서비스에 대한 수요는 급증하고 1930년부터 1932년에 걸쳐 전국 도서관의 대출 수는 연간 25~30%나 급증했다. 그러나 이용자가 대출할 수 있는 완전한 자료가 도서관에 남지 않게 되면서 1935년에는 평균 대출 수가 14%로 낮아졌다(Waples, Carnovsky, & Randall, 1932; Herdman, 1943).

수요 증가와 예산 삭감이 맞물려 대공황이 끝날 때까지 많은 도서관의 장서는 심하게 줄었다(Kramp, 1975). 이 시기에 이용자의 요구에 따라 실업자 성인을 위한 서비스와 아동 서비스를 확대하고 오늘날까지 계속되는 "더 광범위한 지역사회 서비스 개념"을 만들어냈다(Ennis & Fryden, 1960, p. 253). 그러나 자금 부족으로 도서관은 자료 구입과 신규 직원 채용을 중단할 수밖에 없었고, 도서관학교 졸업생은 자신이 선택한 분야에서 일하기 위해 무급으로 일자리를 구해야 했다(Shera, 1933). 이후의 경기 침체로 도서관 서비스에 대한 수요는 증가했지만, 경제 상황이 가장 좋은 시기에도 도서관은 경제적으로 어려움을 겪고 있는 사람들에게 필수적인 자원이다(Berman, 1998; Nyquist, 1968).

이번 대침체(Great Recession)도 예외는 아니었다. 장기적 경제적 어려움을 겪고 있는 지역의 도서관은 일반적으로 이용자에게 제공할 자원이 더 제한적이다(Constantino, 2005). 그런데 2006년과 2008년 사이에 도서관 카드를 소지한 미국인의 수는 5% 증가했고, 도서관을 직접 방문하는 사람은 10% 증가했으며, 도서관 웹사이트 방문은 17% 증가했다(Davis, 2009, 2011). "이러한 이용 증가는 직접 방문이 2,500만 명, 컴퓨터를 통한 이용이 1,100만 건, 전화를 통한 이용이 약 400만 건 각각 증가했다는 것을 의미한다"(Davis, 2009, p. 13). 평균적으로 도서관의 도서 대출은 2007년과 2008년 사이에만 5.6% 증가했다(Hoffert, 2009). 2009년에는 1,400만 명 이상이 인터넷 접속을 위해 도서관 컴퓨터를 정기적으로 이용하는 것으로 추정되었다(c. Hill, 2009a).

이러한 이용 증가는 사회경제적 계층 전반에 걸쳐 균일하지 않다. 고소득 가구와 비교했을 때, 연 소득이 5만 달러 미만인 가구, 특히 연 소득이 3만 달러 미만인 가구는 도서관을 이용할 가능성이 훨씬 높고, 도서관이 가족에게 중요하다고 생각한다(Zickuhr, Rainie, & Purcell, 2013). 2012년에 미국 가구의 30%가 자택에서 인터넷 접속이 없었으며, 당연히 공공도서관은 인터넷을 접속할 수 없는 사람들에게 인터넷 접속을 위한 주요 선택지이다(NTIA, 2013). 개별 도서관의 경우, 일부 시스템에서는 1년간 방문 건수가 25% 증가하거나 3년간 컴퓨터 사용량이 500% 증가하는 등 그 영향이 압도적이다(N. M. Hill, 2009).

전형적인 공공도서관에서는 이용자가 주로 취업, 실업 수당, 사회 서비스를 찾기 위한 인터넷 검색뿐만 아니라 오락을 목적으로 도서, 오디오북, DVD 이용이 증가하고 있다(Holland & Verploeg, 2009; Martell, 2009). 2012년에는 실업자의 73%와 불완전 취업 상태에 있는 인터넷 사용자의 52%가 일자리를 구하기 위해 온라인에 접속했다(NTIA, 2013). 2009년 조사에 따르면 대침체기 동안 일자리가 부족하고, 63%의 사람들이 오락에 지출을 줄였기 때문에 이러한 증가는 놀라운 일이 아니다(Gibbs, 2009).

또한, 부모의 노동시간이 길어지고 방과 후 활동을 위한 자금이 부족해지면서 오락과 안전한 장소를 찾아 도서관에 오는 10대 초반 어린이와 청소년들의 이용이 증가하고 있다(Farrelly, 2009). 사람들은 또한 도서관을 사서로부터 인터넷 사용에 대한 정보를 얻어 비용을 절약할 수 있는 장소로 인식하고 있다(Porter & King, 2009). 미국도서관협회(ALA)의 전 회장인 모린 설리번(Maureen Sullivan)은 최근 "도서관은 오랫동안 침체기의 피난처였지만, 일화적인 보고서에 따르면 [도서관]은 그 어느 때보다 많은 사람들을 정신 건강 문제와 음식과 쉼터와 같은 기본적인 필요에 대처하고 있다"고 말했다(Nieves, 2010, n.p.).

사회 서비스에 접근하기 위해 기술을 사용해야 할 필요성은 특히 심각하다. 미국에서는 장기적인 경기 침체가 계속되는 가운데서도 수백만 명의 사람들이 기본적인 욕구를 충족하기 위해 정부가 제공하는 사회 서비스에 의존하고 있었다. 국민의료 보조를 위한 제도인 메디케이드(Medicaid) 서비스에 2006년 5,780만 명, 식품 쿠폰에 2009년 3,300만 명 이상, 여성 · 영유아 · 아동프로그램(WIC)에 2009년 900만 명, 사회보장에 2009년 700만 명 이상, 이 외에도 많이 있었다(U.S. Centers for Medicare and Medicaid Services, n.d.; U.S. Office of Retirement and Disability Policy, n.d.; U.S. Supplemental Nutrition Assistance Program, n.d.; U.S. Women, Infants, and Chlldren Program, n.d.). 이러한 연방 서비스 외에도 각 주에서는 건강, 가족, 고용 및 기타 사회 서비스를 포괄하는 다양한 지역 서비스를 제공한다.

미국인 6명 중 1명은 해당 가구의 구성원 부양에 어려움을 겪고 있으며, 노인의 절반 가까이가 빈곤에 직면한 가정에 살고 있는 상황에서 이전에는 사회복지 서비스를 신청한 적이 없는 많은 미국인이 이제는 정부의 지원을 모색하고 있다(Chen, 2010; Reuters, 2010). 그러나 이러한 지원 서비스의 대부분은 이제 온라인으로 신청해야 한다(Bertot & Jaeger, 2012; Jaeger & Bertot, 2011). 공공도서관은 전자 정부 서비스를 제공할 수 있는 유리한 위치에 있기 때문에, 특히 도서관 외부에서 인터넷에 접속할 수 없는 이용자들 사이에서 공공도서관의 컴퓨터 사용이 높다(Becker et al., 2010). 따라서 경기 침체는 디지털 격차를 악화시키고 사회 서비스 신청 건수를 증가시킴으로써 공공도서관 이용을 크게 늘리고 있다(Bertot & Jaeger, 2012; Gehner, 2010; Holt & Holt, 2010; Kinney, 2010).

간단히 말하면, 강력한 정치적, 정책적 역풍에 직면해 있음에도 불구하고 공공도서관은 정보, 교육, 사회 서비스, 자원, 기술의 접근에 중요한 중심지이며, 장기간의 경기 침체가 시작된 이후로 중요성이 더욱 높아지고 있다. 제6장에서는 정치인, 정책 입안자, 도서관을 정기적으로 이용하지 않는 일반인들에게 도서관의 이러한 모든 공헌의 가치를 명확히 나타내는 전략에 대해 자세히 설명하지만, 다음 장에서는 웹이 등장한 이후 공공도서관이 제공하는 내용과 이용 방법의 진화에 대해 좀 더 심도 있게 다룬다. 지난 20년간 공공도서관이 지역사회에 제공할 수 있는 혁신적인 교육, 서비스, 자원, 파트너십, 기술에 대한 접근은 그 어느 때보다 지역사회에 중요한 존재가 되고 있다. 신자유주의 경제와 신보수주의 거버넌스의 서사(narrative)와는 현저히 대조적으로, 공공도서관은 현대의 교육, 고용, 정부 활동에 대한 참여를 위해 필요한 인터넷 기술의 접근이나 사용 능력이 없는 이용자의 생활에서 점점 더 중심적인 존재가 되고 있다.

제 5 장

공공도서관의 변화와 지역사회의 변화

1990년대 인터넷이 등장한 후, 공공도서관은 빠르게 미국 전역의 지역사회에서 무료 공공 인터넷 접속을 제공하는 선도적인 기관이 되었다. 2002년에는 거의 모든 공공도서관이 공공 접속을 제공했다(Bertot, McDermott, Lincoln, Real & Peterson, 2012). 10년 후에도 이 역할의 중요성은 줄어들지 않았다. 가장 최근의 '공공도서관 자금 및 기술 접근 조사'(Public Library Funding and Technology Access Survey) 데이터에 따르면, 응답 도서관의 62.1%가 지역사회에서 인터넷 접속의 유일한 제공자로 밝혀졌다(Bertot, McDermott, Lincoln, Real & Peterson, 2012). 따라서 이러한 중요한 서비스 제공을 통해 도서관은 "사회경제적 지위, 교육, 지리, 연령, 능력, 언어 또는 기타 요인에 따라 인터넷 접속을 쉽게 이용할 수 있는 미국인과 그렇지 않은 미국인 간의 격차"로 정의되는 "디지털 격차"를 해소하는 다리 역할을 하고 있다(Jer, Bertot, Thompson, Katz, DeCoster, 2012, p. 3).

그러나 액세스의 개념은 하드웨어와 인터넷 접속의 양방향 제공(물리적 접근), 온라인 환경을 효과적으로 탐색하는 사용자의 능력(지적 접근), 기존 참조 프레임 내에서 기술과 그것이 제공하는 정보를 이해하는 사용자의 능력(사회적 접근)을 모두 포함하기 때문에 보기만큼 간단하지 않다((Burnett, Jaeger, & Thompson, 2008). 물리적 접근은 기본적이고 친숙한 개념으로, 이 경우 기술과 정보라는 무언가에 도달할 수 있는 능력이다. 정보에 대한 물리적 접근은 일반적으로 인쇄, 전자, 구두(verbal) 또는 기타 통신수단을 통해 전달되는 문서 또는 정보를 구체화한 다른 형식에 대한 접근으로 인식되며, 문자 그대로 찾고 있는 정보에 도달하는 과정이다(Svenonius, 2000). 정보 접근에 대한 대부분의 담론은 정보를 담고 있는 물리적 구조, 정보를 담고 있는 전자 구조 및 정보에 도달하기 위해 이동하는 경로와 같은 물리적 문제에 초점을 맞추는 경향이 있다(Jaeger & Bowman, 2005). 물리적인 접근은 필수적인 전제 조건이기는 하지만 완전한 접근에는 불충분하다. "기술에 대한 접근이 정보에 대한 접근과 같다는 것은 자주 일어나는 잘못된 가설이다"(McCreadie & Rice, 1999, p. 51). 사용자가 정보를 얻을 수 있는 능력과 해당 사용자가 특정 목표를 달성하기 위해 정보를 활용할 수 있는 능력은 매우 다른 것이다(Culnan, 1983, 1984, 1985).

다음 수준의 접근은 지적 접근, 즉 정보를 이해하는 능력이다. 지적 접근은 물리적 접근이 이루어진 후 정보 자체에 접근하는 것으로 이해할 수 있다(Svenonius, 2000). 정보에 대한 지적 접근은 "지적 콘텐츠와 그 콘텐츠에 대한 경로를 이해할 수 있는 동등한 기회를 수반"한다(Jaeger & Bowman, 2005, p. 68). 지적 접근의 문제는 정보를 찾는 사람들에게 정보가 어떻게 제시되는지 이해하는 것과 그러한 제시가 정보 추구 과정에 미치는 영향을 이해하는 것을 포함한다. 정보에 대한 지적 접근에는 정보가 분류, 조직, 표시 및 표현되는 수단이 포함된다.

사회적 접근(social access)은 사회적 맥락에서 정보를 소통하고 사용할 수 있는 가장 진보된 수준의 접근 능력이다(Burnett, Jaeger, & Thompson, 2008). 이러한 사회적 맥락은 엔터테인먼트 목적의 개인적 소통에서 교육 및 업무 환경, 민주적 참여에 이르기까지 다양할 수 있다. 정보를 전달할 수 있는 능력 없이 정보를 얻고 이해하는 것은 정보를 통한 사회적 참여를 저해한다. 또한 사람들은 사회적 맥락에서 정보를 교환할 수 있는 상황에서 더 강한 공동체 의식과 소속감을 얻게 된다(Johnson, 2010; Williamson & Roberts, 2010). 이제 많은 맥락에서 사회적 접근은 의사소통을 위해 정보 기술에 크게 의존하고 있다. 사회적 접근은 정보 기술에 대한 개별 사용자의 태도와 사용자가 정보 기술을 사용하여 사회적 상호작용에 참여할 수 있는 능력에 따라 달라진다.

도서관은 이러한 접근의 측면에 적절한 주의를 기울이지 못하면 디지털 격차를 해소하고 디지털 포용을 촉진하는 능력을 손상할 위험이 있다. 논란의 여지가 있기는 하지만, 가장 쉽게 유지할 수 있는 물리적 접근 제공조차도 이러한 접근을 얻기 위해 공공도서관을 찾는 이용자 수가 증가함에 따라 발생하는 요구를 충족하기 위해 어려움을 겪으면서 도서관에 과제가 발생한다. 상당수의 공공도서관에서 공공 인터넷 워크스테이션(60.2%)과 무선 인터넷 액세스(74.1%) 모두에서 사용이 증가하고 있다(Bertot, McDermott, Lincoln, Real, & Peterson, 2012). 도서관은 제공하는 공공 단말기 수를 늘리고 연결 속도를 강화하여 늘어나는 요구에 대응하고 있다. 그림 5.1은 지난 15년 동안 공공 액세스 단말기의 평균 수치의 증가를 보여준다. 이 분야에서 수년간 적당한 증가세를 보인 후, 지난 두 번의 조사 기간 중 공공 액세스 단말기의 수는 평균 14.2대에서 16.4대로 증가했다. 또한 공공도서관에서의 연결 속도 증가 비율이 1.5Mbps 이상이며(2009-2010년 51.8%, 2010-2011년 60.3%에서 69.7%로 증가), 어떤 경우에는 10Mbps 이상이다(2010-2011년 24.9%에서 31.2%로 증가).

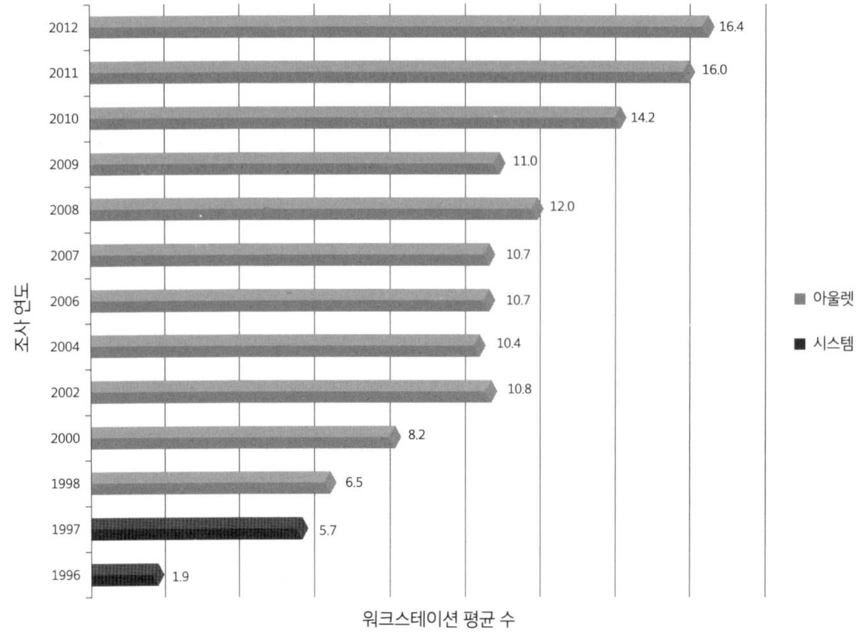

그림 5.1. 공공 접근 워크스테이션 평균 수, 1998-2012

출처: Public Library Funding and Technology Access Surveys, 1998-2012 (http://ipac.umd.edu).

이러한 개선에도 불구하고 공공도서관의 기존 자원은 꾸준히 증가하는 대중의 수요를 따라잡기에 항상 충분한 것은 아니다. 도서관은 공공 액세스 컴퓨터와 대역폭이 증가했다고 보고했지만, 41.4%의 도서관은 연결 속도가 일부 또는 전부 부족하다고 보고했으며(2010-2011년 44.9%, 2009-2010년 45.1%에서 감소), 65.4%의 도서관은 수요의 일부 또는 전부를 충족할 공공 액세스 컴퓨터가 감소했다고 보고했다(2010-2011년 76.2%, 2009-2010년 73.5%에서 감소). 표 5.1과 5.2는 이용자의 요구를 충족시키기 위한 인터넷 연결과 공공 액세스 단말기의 적절성에 대한 최근의 추세를 보여준다.

표 5.1. 인터넷 연결 적절성, 2010-2012 (%)

	2010	2011	2012
이용자의 요구를 충족시키기에 불충분함	14.7	13.3	13.0
때때로 이용자의 요구를 충족시키기에 충분함	30.4	31.6	28.4
항상 이용자의 요구를 충족시키기에 충분함	54.4	54.6	58.3

출처: Public Library Funding and Technology Access Surveys, 2010-2012 (http://ipac.umd.edu.).

표 5.2. 공공 워크스테이션의 적절성, 2010-2012 (%)

	2010	2011	2012
이용자의 요구를 충족시키기에 불충분함	18.2	17.1	13.4
때때로 이용자의 요구를 충족시키기에 충분함	55.3	59.1	52.1
항상 이용자의 요구를 충족시키기에 충분함	26.5	23.8	34.6

출처: Public Library Funding and Technology Access Surveys, 2010-2012 (http://ipac.umd.edu.).

도서관은 공공 액세스 기술 인프라를 유지, 지속 및 개선하는 데 드는 비용 요소(77.9%, 2010-2011년에 보고된 78.8%와 유사하고 2009-2010년에 보고된 79.8%에서 약간 감소)를 과제로 보고했다. 많은 도서관이 직면한 또 다른 과제는 직원이 도서관 내에서 수행하는 다른 다양한 역할에 병행하여 공공 액세스 기술 관련으로 발생하는 여러 문제를 처리해야 한다는 것이다. 기술 지원은 도서관장(50.4%) 또는 공공 서비스 직원(37.6%)이 제공하는 경우가 가장 많으며, 전담 기술 직원의 부재로 업데이트 및 수리를 원하는 만큼 신속히 또는 자주 하지 않아 이용자 사이에 불만이 커지고 있다. 안타깝게도 최근 정규직 직원 수가 증가한 도서관이 9.2%에 불과하여 상당수의 도서관이 이러한 특정 상황을 해결할 수 있을 것 같지 않다.

그러나 강력한 공공 액세스 인프라를 유지하는 것은 도서관에서 제공하는 인터넷 지원 서비스의 한 구성 요소에 불과하다. 공공도서관은 현재 네 가지 중요한 영역에서 디지털 포용 커뮤니티를 만드는 데 기여하고 있다(Bertot, Gorham, Jaeger, & Taylor, 2012):

- 온라인 콘텐츠 및 자원에 대한 접근
- 다양한 형식의 기술 교육
- 취업 관련 요구에 대한 지원

• 전자 정부 지원

이 4개의 영역은 분명히 중첩되어 있으며 서로 분리해서 이해할 수 없다. 예를 들어, 이용자가 전자책을 효과적으로 사용하거나, 온라인으로 일자리를 신청하거나, 정부 웹사이트를 탐색하기 전에 기술 교육이 매우 필요할 수 있다. 따라서 공공도서관이 디지털 포용을 어떻게 촉진할 것인지에 대한 논의는 공공도서관이 지역사회에 제공하는 특정 인터넷 지원 서비스에 대한 논의에 앞서 이루어져야 한다.

'디지털 격차, 디지털 문해력, 디지털 포용'이라는 용어는 현재 도서관 관련 정책 논의에서 정착되어 있지만, 그것의 중요성이 항상 명확하게 서술되어 있지는 않다. "디지털 격차와 디지털 문해력이 문제라면, 디지털 포용이 제안된 해결책이며, 이는 개인이나 그룹이 정보통신 기술에 접근하여 이용할 수 있는 능력을 의미한다"(Jaeger, Bertot, Thompson, Katz, & DeCoster, 2012, p. 6). 그러므로 공공도서관은 디지털 문해력 훈련에 대한 헌신과 경험에 크게 근거해 제안된 해결책을 실행할 수 있는 수단이 된다.

현재 이해되는 바와 같이, 디지털 문해력은 "21세기 문해력"과 밀접하게 연관되어 있고, 기술 문해력, 정보 문해력, 미디어 창의성, 사회적 역량 및 책임의 실타래를 함께 엮어내는 대단히 중요한 용어이다(Adeyemon, 2009). 국가광대역계획에는 디지털 문해력에 대해 다음과 같이 설명하였다.

> 표준적인 정의는 없지만 디지털 문해력은 일반적으로 [정보통신 기술]을 사용하여 정보를 검색, 평가, 작성, 전달하는 것에 관련된 다양한 스킬을 말한다. 이는 사람들이 컴퓨터를 사용하여 정보를 검색하고, 찾은 정보를 해석하고, 그 정보의 품질을 판단하기 위해 사용하는 기술적인 스킬과 인지적 스킬의 총합이다. 또한, 블로그, 자비출판 문서와 프레젠테이션, 공동 소셜 네트워킹 플랫폼을 통해 인터넷을 사용하여 소통하고 협업하는 능력도 포함된다(FCC, 2010, p. 90).

디지털 문해력은 정보에 대한 접근성을 촉진함으로써 시민 참여, 교육의 성공, 경제 성장 및 혁신의 이상과 밀접하게 연결되어 있다(Scott, 2011). 공공도서관은 이러한 이상에 대한 오랜 노력으로 "모든 사람에게 디지털 기회를 보장하는 데 필요한 21세기 문해력과 기술 자원에 대한 강력한 접근성을 결합하는 방법에 대한 진화하는 국가적 대화"에 참여하기에 특히 적합하다(Clark & Viser, 2011).

국가광대역계획에서는 공공도서관을 "소극적 인터넷 사용자와 신규 사용자가 인터넷을 탐색하고, 인터넷을 편하게 사용하고, 콘텐츠의 검색, 이용, 생성에 필요한 스킬을 익힐 수 있는 무료 인터넷 접속 장소"로서 평가한다(FCC, 2010, p. 176). 최근 데이터에 의하면 이러한 특징 부여의 정확성을 확인해준다. 도서관의 82.7%가 비공식적인 사용 지원을 제공하고, 44.3%가 공식적인 기술 훈련 클래스를 제공하고, 34.8%가 일대일 훈련을 제공하고, 29.5%가 온라인 훈련 매뉴얼을 제공한다. 다만, 9.8%만이 기술 훈련을 전혀 제공하지 않아 도서관이 디지털 포용 커뮤니티 개발에 상당한 공헌을 하고 있다는 생각을 더욱 뒷받침한다. 도서관은 기술 훈련을 제공함으로써 수요가 높은 서비스를 제공하고 있다. 공공도서관의 36.3%가 과거 1년간 이러한 서비스 이용이 증가했다고 보고했다(2010-2011년 27.6%, 2009-2010년 26.3%).

그러나 모든 기술과 관련된 문제에서와 마찬가지로 끊임없이 진화해야 할 필요성이 강하게 있다. 몇 년 전만 해도 도서관에서 기본적인 컴퓨터 클래스를 제공하는 것으로 충분했지만 지금은 그렇지 않으며, 도서관은 이제 디지털 문해력에 대한 더 광범위한 관점을 취해 주도적으로 실시하는 데 대한 합의가 높아지고 있다(California ICT Digital Literacy Leadership Council, 2010; Clark & Visser, 2011; Jaeger, Bertot, Thompson, Katz, & DeCoster, 2012). 도서관에서 현재 제공하는 정식 기술 훈련 클래스의 종류가 점점 더 다양해지고 있는 것은 이러한 진화를 보여준다. 가장 자주 제공되는 것은 일반적인 컴퓨터 스킬 클래스(87.0%), 일반적인 인터넷 사용 클래스(86.5%), 일반적인 온라인 및 웹 검색 클래스(75.6%), 일반적인 소프트웨어 사용 클래스(73.3%)이지만, 다음과 같은 점에도 주목할 가치가 있다.

- 49.2%가 온라인 구직 활동과 경력 관련 정보 클래스를 제공하고,
- 39.4%는 블로그, 트위터, 페이스북, 유튜브와 같은 소셜 미디어 클래스를 제공한다.

도서관이 더 전문적인 분야에서 연수(training)를 제공하기 시작하면서 흥미로운 의문이 생긴다. 도서관의 목표가 디지털 포용의 촉진일 경우, 이 목표를 달성하기 위해 어떤 서비스를 제공해야 하는지 어떻게 판단해야 할 것인가? 현재 많은 도서관이 직면하고 있는 자원과 예산의 제약을 고려할 경우, 서비스 제공에 관한 선택은 서비스를 제공하는 지역사회를 세밀하게 이해한 후 신중하게 검토해야 한다(Scott, 2011). 현시점에서 전자정부 지원과 고용 관련 지원이라는 두 분야가 특정되어 있고, 도서관은 이를 디지털 포용의 지역사회 개발의 중심으로 자리매김하고 있다. 이러한 두 분야는 Bertot, Gorham,

Jaeger와 Taylor에 의해 특정되었다(2012). 그러나 아래에서 논의하듯이 이러한 각 영역에서 서비스를 제공하기 위해서는 극복해야 할 과제가 있다.

1. 전자 정부 지원

지방, 주, 연방 차원의 정부 정보가 온라인에서 점점 더 이용할 수 있게 되면서 공공도서관은 전자 정부, 훈련 및 지원을 위한 주요한 또는 유일한 접근점으로 기능하는 경우가 많아진다(Bertot & Jaeger, 2012). 지방 정부 차원에서만 해도 공공도서관에서 가장 일반적인 전자 정부 활동으로는 법원 절차 검색, 지방구획설정위원회(local zoning board)에 대한 정보 제출, 계획 허가 신청, 부동산 및 평가자 데이터베이스 검색, 학교에 입학 전 학생 등록, 운전면허 교육 프로그램 수강, 허가 신청, 공무원 면회 일정 설정, 수수료 및 세금 납부, 기타 다수의 지방 정부 기능을 온라인으로 완료하는 것 등이 있다(Jaeger, 2009).

정부 정보에 대한 접근과 전자 정부 접근의 보증인으로서 역할을 하는 것은 공공도서관의 확립된 사회적 역할의 자연스러운 연장이다. "공공도서관은 자유롭고 개방적인 정보에 대한 접근과 교환의 신뢰할 수 있는 정보원으로 문화적인 뿌리를 내린 곳 중 하나이다."(Jaeger & Burnett, 2005, p. 487) 이러한 역사에도 불구하고, 공공도서관은 특히 초기에는 전자 정부 서비스 제공에 많은 어려움을 겪었다. 어려움은 주로 정부 기관이 새로운 책임에 대한 적절한 통지나 지침을 도서관에 제공하지 않고 웹사이트에 대해 질문이 있는 이용자를 공공도서관으로 유도했기 때문이다(Bertot et al., 2006a, 2006b).

그 후 새롭게 전개된 세 가지 국면이 동시에 일어나 공공도서관이 이러한 역할을 맡는 것이 더욱 중요해졌다. (1) 대침체(Great Recession)로 인해 다양한 주와 연방의 다양한 사회 서비스를 받을 수 있는 인구의 비율이 증가했다(Taylor et al., 2012), (2) 정부의 정보와 서비스는 점점 온라인으로만 이용할 수 있게 되었고, (3) 정부 기관은 일반 시민의 전자 정부 관련 문의에 대응할 수 있는 '최전선'의 인원수를 줄였다. 첫 번째 전개 국면으로 인해 점점 더 많은 사람이, 후자의 두 가지 국면으로 인해 직접적인 영향을 받게 되었다.

예를 들어, 플로리다 아동가족부는 AccessFlorida 온라인 신청 시스템을 시행하여 개별사회사업가와 지원 제공업체의 수를 3,000개 이상 줄였고, 그 결과 사용자가 지원을 요청할 수 있는 기관 직원이 거의 완전히 부족하게 되었다(Gibson, Bertot, & McClure,

2009). 이러한 국면이 전개된 이후 정부 기관은 이용자가 전자 정부의 신청서와 양식을 작성하고 온라인에서 정부 정보를 검색하는 데 도움을 제공하기 위해 공공도서관에 의존하게 되었다(Jaeger, 2009; Jaeger & Bertot, 2009).

전자 정부 접근, 지원 및 교육은 이제 직원 시간과 기술 자원에 대한 가장 큰 요구 사항 중 하나이며, 연방 기관은 막대한 비용을 절약하고 공공도서관 인프라에 막대한 세금을 부과한다(Jaeger, Bertot, Thompson, Katz, DeCoster, 2012; Jaeger, Taylor et al., 2012). 최근 설문조사 데이터는 공공도서관이 현재 수행하고 있는 전자 정부 서비스 역할의 여러 측면을 다음과 같이 강조한다.

- 도서관의 96.6%가 전자 정부 서비스를 신청하거나 이용하는 고객에게 지원을 제공한다고 답했다(2010~2011년 80.7%, 2009~2010년 78.7%에 비해 크게 증가)
- 도서관의 70.7%가 직원이 이용자에게 정부의 양식을 작성하는 데 도움을 제공한다고 답했다(2010~2011년 67.8%, 2009~2010년 63.3%에서 증가)
- 거의 모든 공공도서관(91.8%)이 국민에게 전자 정부 웹사이트에 접속하고 사용하는 방법을 이해하도록 지원한다고 답했다(2010~2011년 89.7%, 2009~2010년 88.8%에서 증가).

「모든 사람들을 위한 기회(Opportunity for All)」 연구에서는 도서관 이용자가 이러한 서비스를 이용하고 있는 것으로 밝혀졌다(Becker et al., 2010). "2,600만 명 이상의 사람들이 공공도서관 컴퓨터를 사용하여 정부 또는 법률에 관한 정보를 입수하거나 정부 서비스에 접근했다. 이 가운데 58%가 사회보장 서류, 세금 신고 양식, 연방건강보험프로그램(Medicare) 등록 서류와 같은 정부 양식을 내려받았다. 이러한 사람들의 거의 절반이 도서관의 컴퓨터를 사용하여 정부 양식을 제출했다."(p. 4)

그러나 전자 정부 서비스의 제공을 복잡하게 만드는 다양한 요인이 작용하고 있다. 도서관 이용자는 전자 정부에 참가할 준비가 되어 있지 않다. 최근 몇 년 동안 더욱 분명해진 것은 전자 정부 서비스를 이용하기 위해서는 몇 가지 '전제 조건'이 있으며, 더 중요한 것은 공공도서관 사서는 이용자가 이러한 전제 조건을 모두 충족한다고 가정해서는 안 된다는 점이다. 컴퓨터와 인터넷에 대한 접근성 부족은 일반인들이 전자 정부의 지원을 받기 위해 도서관을 찾는 이유 중 하나일 뿐이다. 추가적인 이유는 다음과 같다.

① 온라인 서비스 및 자원을 사용하기 위한 기술(skill) 부족

② 연방 정부, 주 정부 및 지방 정부 서비스의 차이나 어느 기관이 어느 전자 정부 서비스를 담당하는 기관인지 구별할 수 없게 되는 시민의 이해 부족

③ 안내 없이 온라인 상호작용에 참여하는 것에 대한 불편함

④ 일반적으로 정부 웹사이트 특히, 전자 정부 서비스의 접근성과 유용성의 결여로 인해 전자 정부 서비스의 이용 불가능

⑤ 신뢰, 언어, 문화 등 전자 정부 서비스의 접근과 이용에 대한 다양한 사회적 장벽(Bertot et al., 2006a, 2006b; Heanue, 2001; Jaeger, 2009; Jaeger & Bertot, 2009).

이러한 각각의 이유만으로도 성공적인 전자 정부와의 상호작용을 방해할 수 있다. 그러나 사용자가 이러한 방해 요소 중 두 가지 이상을 보이는 상황에서는 어려움이 증폭된다(예, 영어 실력이 부족한 최근 이민자는 이 나라의 정부 구조에 익숙하지 않을 수 있음). 사서들은 이용자가 제시한 특정 전자 정부의 요구에 주의를 집중하기 전에 그러한 문제를 해결해야 하며, 이를 위해서는 추가적인 시간과 자원을 투자해야 한다.

또한 전자 정부의 특성 자체가 도전 과제를 제기한다. 사서의 관점에서 볼 때, 전자 정부 서비스 제공에 내재한 복잡성의 상당 부분은 정부 기관이 아직 통일된 전자 정부 접근 방식을 채택하지 않았기 때문에 일어난다. 그러므로 정부 기관은 다양한 시스템, 기술 및 양식에 정통할 필요가 있고, 특정 서비스를 제공하는 책임을 어느 기관이 지고 있는지 파악해 둘 필요가 있다. 이러한 복잡성에도 불구하고 현재 대부분의 도서관이 직면한 결정은 전자 정부 서비스의 제공 여부가 아니라 어느 전자정부의 서비스를 제공할 것인가이다. 최종적으로 도서관의 예산 및 지역사회의 요구 등의 요소로 구성된 지역 서비스 맥락이 이러한 결정을 좌우할 것이다. 이러한 요소의 유동성 및 정부 기관이 일반 시민과의 온라인 참여를 점점 선호하게 됨에 따라 전자 정부의 지속적인 진화를 고려할 때 도서관은 정기적으로 이러한 결정을 재검토하고 필요에 따라 전자 정부 서비스 역할의 매개변수를 재정의해야 한다.

2. 취업 지원

대침체(Great Recession)로 인해 사회 서비스 신청에 도움을 구하고자 도서관을 찾는 사람들이 늘어났지만, 장기적인 실업의 물결도 밀려왔다. 노동통계국(BLS)이 실시한 가구를 대상으로 한 월별 조사인 Current Population Survey에 따르면, 연간 실업률은 2010년에 10.6%로 정점을 찍었고, 2012년 9월까지 8%를 넘어섰다. 공공도서관은 직장 복귀에 어려움을 겪는 사람들에게 도움을 제공하고자 노력하는 가운데 오늘날에도 여전히 이러한 느리고 정체된 회복의 영향을 계속 느끼고 있다.

공공도서관은 실직하거나 구직 중인 개인에게 서비스를 제공해온 오랜 역사가 있다(Taylor et al., 2012). 그러나 현재의 경제 혼란기를 이제까지와 다소 다르게 만드는 것은 정보통신 기술의 발전으로 인해 구직 과정의 상당 부분이 온라인으로 전환되었다는 점이다. 따라서 현재 고용 시장에서 디지털 문해력 기술은 단순히 유익할 뿐만 아니라 매우 중요한 경우가 많다.

구직에 대한 인터넷의 가장 확실한 이점은 온라인 전용 채용 공고와 입사 지원서에 액세스할 수 있다는 점이지만, 숨겨진 이점으로는 기업의 배경을 조사하고, 원하는 직책의 평균 급여에 액세스하고, 이력서와 면접 팁을 찾을 수 있다는 것에 있다. 이러한 이점은 인터넷에 접속할 수 없는 사람들은 이러한 혜택을 찾아볼 생각도 하지 못할 것이고, 상당한 시간 투자 없이는 오프라인에서 찾기에 어려움을 겪을 것이다(Taylor et al., 2012, p. 197).

이러한 발전으로 인해 도서관이 이 분야에서 제공하는 서비스의 범위가 크게 확대되었다. 2010년 '모든 사람을 위한 기회' 연구에 따르면 3,000만 명이 도서관의 컴퓨터와 인터넷 접속을 이용하여 구직 활동을 하였으며, 370만 명이 도서관 컴퓨터를 통해 지원한 직위에 실제로 채용된 것으로 추정되었다(Becker et al., 2010). 최신 설문조사 데이터에 따르면 다음과 같은 사실이 밝혀졌다.

- 도서관의 92.2%가 일자리 데이터베이스 및 기타 일자리 자원에 대한 액세스를 제공한다고 답했다(2010~2011년 90.1%, 2009~2010년 88.2%에서 증가);
- 도서관의 76.0%가 고객에게 온라인 입사 지원서를 작성하는 데 도움을 제공한다고 답했다(2010~2011년 71.9%, 2009~2010년 67.1%에서 증가)
- 도서관의 77.5%가 이용자의 이력서 및 기타 취업 자료를 작성하는 데 도움이

되는 소프트웨어 및 기타 리소스를 제공한다고 답했다(2010~2011년 74.5%, 2009~2010년 68.9%에서 증가)

이 데이터에서 입증된 바와 같이, 공공도서관이 제공하는 취업 관련 서비스는 특히 가정에 고속 인터넷이나 컴퓨터 접속이 없는 사람들과 중요한 디지털 문해력 스킬이 부족한 사람들에게는 특히 중요하다. 또한, 공공도서관은 야간과 주말에도 개관하므로 평일에만 제공하는 다른 취업 서비스에 접근할 수 없는 개인의 요구를 더 충분히 충족시킬 수 있다.

3. 공통 과제

그러나 공공도서관이 전자 정부와 고용 관련 서비스를 효과적으로 제공할 수 있는 능력은 적절한 공공 접근 인프라와 이러한 추가적인 책임을 맡을 수 있는 충분한 직원의 존재에 달려 있다. 너무 많은 도서관이 부족한 수의 공공 액세스 컴퓨터와 느린 인터넷 연결에 만족해야 한다는 사실은 위에서 논의되었지만, 이러한 부족은 전자 정부 또는 고용 관련 서비스를 위해 도서관을 찾는 개인에게 특별한 어려움을 야기한다. 느린 연결 속도로 인해 대역폭이 많이 필요한 정부 양식과 구직 신청서를 작성하는 것이 힘들 수 있으며(특히 사용량이 가장 많은 시간에) 도서관에서 컴퓨터에 시간제한을 부과하여 이용자가 긴 양식과 신청서를 작성하는 것을 방해할 수 있다.

적절한 직원과 충분한 전문지식을 갖춘 직원의 부족도 두 영역 모두에서 과제가 되고 있다. 예산 문제로 인해 많은 도서관에서 전반적으로 직원을 감축한 시기에, 자주 복잡한 전자 정부 및 고용 절차를 이용자에게 안내할 사서의 가용성은 보장되지 않으며, 이러한 영역 중 하나에 대한 전문지식을 갖춘 사서의 가용성은 더더욱 보장되지 않는다. 인력 문제와 관련하여, 공공도서관의 49.8%는 이용자의 구직 활동을 효과적으로 지원하기에는 직원이 부족하다고 응답하였고, 도서관의 44.9%는 이용자의 전자 정부 요구를 만족시키기에는 마찬가지로 어려움을 겪고 있다고 응답했다. 그러나 조사 데이터에 따르면 두 영역 모두에서 직원 관련 문제를 응답한 도서관의 수가 점진적으로 감소하는 추세를 보인다. 이는 도서관이 지역사회 내에서 수행하는 역할의 핵심 요소로 이러한 서비스 제공을 점점 더 많이 받아들이고 있음을 시사한다(Bertot, McDermott, Lincoln, Real, Peterson, 2012).

공공도서관의 전자 정부 및 고용 관련 서비스 역할에 대한 간략한 검토는 이러한 역할을 광범위하게 정의하는 경향이 높아지는 것을 부각한다. 그 결과, 이러한 서비스의 제공이 도서관 이용자에게 인터넷에 접속할 수 있는 수단을 제공한다고 하는 범위를 훨씬 넘어서는 것으로 확장된다. 이 분야에서 도서관 서비스의 가치는 주로 정부 혜택(예, Medicaid, WIC)의 신청에서 온라인 구인 포털을 통한 이력서 작성에 이르기까지 복잡한 프로세스를 통해 이용자를 안내하는 직원의 지도와 전문성에서 비롯된다. 공공도서관 사서가 중개자로서 역할을 하는 다른 관련 분야로 비상 대응 및 재난 복구가 있다(Jaeger et al., 2006; Jaeger & Bertot, 2011). 온라인에서 이용할 수 있는 정보와 서비스의 양과 종류가 계속 증가함에 따라 도서관의 현재 인터넷 지원 서비스의 역할이 지속적으로 확장될 것으로 예상할 수 있다.

4. 새로운 서비스 패러다임

공공도서관이 제공하는 서비스 종류의 변화를 되돌아보는 것은 중요하지만, 도서관이 이러한 서비스를 제공하는 방법에 관해 어떻게 진화하였는지, 그리고 계속 진화하고 있는지를 살펴보는 것은 마찬가지로 중요하다. 특히 (1) 웹 2.0 및 모바일 기술의 등장과 (2) 공공도서관, 커뮤니티 조직, 정부 기관 간의 연계 강화라는 두 가지 주요 진전은 현재 공공도서관이 주요 서비스를 제공하는 방식을 형성했다.

신흥 기술

미국 전역의 도서관에서 무료 인터넷 접속이 보편화되자마자 도서관은 이러한 접속을 확장하는 다양한 기술을 도입하였으며 도서관 내에 실제로 있는 이용자에게 더 많은 서비스를 제공하고자 할 뿐만 아니라 온라인으로 이용자(및 잠재적인 이용자)와 연결하고자 노력하였다. 점점 더 많은 도서관이 이용자에게 인터넷 지원 자원에 접속할 수 있는 다양한 수단을 제공한다. 최근 통계에 따르면 공공도서관의 49.0%가 모바일 기기(예: 노트북, 넷북 등)에 대한 접속을 제공하고 39.1%가 전자책 리더기(예, Kindle, Nook)에 대한 접속을 제공하는 것으로 나타났다. 이는 모바일 기술이 사람들의 일상생활에 얼마나 중심이 되고 있는지를 보여준다. 2012년 4월 Pew Internet and the American Life의 보고서에 따르면 18세 이상 성인의 57%가 노트북을, 19%가 전자책 리더기를, 19%가 태블릿 컴퓨터를 가지고 있다(Zickuhr & Smith, 2012). 이러한 기기의 인기가 높아지는 것과 같은 시기에 데스크톱 컴퓨터 소유율은 감소했다. 도서관은 이러한 기기에 대한 액세스를 제공함으로써 이용자들의 선호도 변화를 인식하고 있다는 것을 보여주고 있다.

모바일 기기 사용의 급증도 두드러지고 있으며, 성인의 63%가 현재 휴대전화, 노트북, 전자책 리더기 또는 태블릿 컴퓨터를 사용하여 무선으로 온라인에 접속한다(Zickuhr & Smith, 2012). 따라서 도서관은 모바일 기기에 대한 액세스를 제공하는 것 외에도 "웹사이트와 온라인 목록에 대한 모바일 액세스를 제공함으로써 기존 서비스를 촉진 및 확장하고, 이동 중 모바일 참조 서비스를 제공하며, 전자책, 저널, 비디오, 오디오북 및 멀티미디어 콘텐츠에 대한 모바일 액세스를 제공함으로써 기존 서비스를 홍보하고 확장하는" 서비스를 설계하고 제공하는 경우가 늘고 있다(Vollmer, 2010, pp. 2-3). 구체적으로는 다음과 같다.

- 도시 지역 도서관의 36.1%(지방 도서관에서는 9.3%)가 모바일 기기 접근을 위해 웹사이트를 최적화한다.
- 도시 지역 도서관의 31.9%(지방 도서관에서는 6.5%)가 도서관 서비스 및 콘텐츠에 접근할 수 있는 스캔된 코드(예, QR 코드)를 사용한다.
- 도시 지역 도서관의 27.8%(지방 도서관에서는 3.7%)가 도서관 서비스 및 콘텐츠에 접근할 수 있는 스마트폰 앱을 개발한다.

전통적으로 가정에서 광대역 및 컴퓨팅 서비스에 접근하지 못했던 계층이 모바일 폰을 통해 인터넷에 접속하는 점을 감안하면(Rainie, 2010), 도서관에서는 모바일 기기별 서비스를 제공함으로써 도서관이 아니면 온라인 서비스를 이용할 수 없었던 일반인들과 연결할 수 있게 되었다.

마찬가지로 공공도서관의 웹 2.0 기술("인터넷의 연결성을 활용하여 사람과 콘텐츠의 네트워킹을 지원하는 다양한 웹 기반 플랫폼, 애플리케이션 및 기술")의 사용 증가는 비전통적인 수단을 통해 고객과 연결하려는 의지를 보여준다(Reddick & Aikins, 2012, p. I). 모바일 기기 및 기술과 마찬가지로 도서관은 이용자에게 웹 2.0 기술에 대한 액세스를 제공하고, 이러한 기술을 사용하여 도서관 문을 두드리지 않을 수도 있는 이용자와 연결한다. 약 62%의 도서관이 다양한 소셜 미디어 서비스와 자원에 대한 접근을 제공한다고 밝혔다. 이러한 서비스와 리소스는 수요가 많다. 2013년 1월 Pew Internet and the American Life 보고서에 따르면 도서관의 컴퓨터나 무선 네트워크를 통해 인터넷에 액세스한다고 답한 미국인의 26% 중 35%가 소셜 네트워킹 사이트를 방문했다(Zickuht, Rainey, & Purcell, 2013).

도서관은 접근성을 제공하는 것 외에도 아웃리치 활동에 Web 2.0 기술을 점점 더 많이 사용하고 있다.

- 공공도서관의 70.7%가 소셜 네트워킹 도구(예: Facebook)를 사용하여 도서관 이용자, 일반 대중과 연결하고 마케팅 목적으로 사용한다고 답했다.
- 공공도서관의 45.6%가 커뮤니케이션 도구(예: Blogger, WordPress, Vox, Twitter)를 사용하여 대중에게 다가간다고 답했다.
- 37.3%가 사진 사이트(예: Flickr, Zoom)를 사용한다고 답했다.
- 27.5%가 동영상 공유 도구(예: YouTube, Vimeo, Openfilm)를 사용한다.

온라인 성인의 66%가 소셜 미디어 플랫폼을 사용한다는 점을 고려한다면(Smith, 2011), 이러한 방식으로 아웃리치를 실시하기로 한 결정은 타당한 것으로 보인다. 새로운 커뮤니케이션 수단을 수용할 수 있는 능력은 정보의 개방적 교환을 촉진하려는 지속적인 의지를 강조하기 때문에 도서관이 소셜 미디어에 참여하려는 의지는 대중의 신뢰에 긍정적인 영향을 미친다(ALA, 2012b).

파트너십

이 책의 저자들은 지속적인 연구를 통해 지역사회 단체 및 정부 기관과 파트너십을 체결하여 전자 정부 및 고용 관련 서비스를 제공하는 전국의 도서관을 파악할 수 있었다. 파트너십의 성장은 적어도 부분적으로는 필요성 때문에 탄생했다. 이러한 기관들이 예산 제약으로 어려움을 겪고 있는 상황에서, 일반국민은 지역사회의 도서관이 이러한 부가 서비스를 한 번에 제공하기를 점점 더 기대한다. 파트너십은 공공도서관이 직원과 자원을 늘리지 않고도 서비스에 대한 수요 증가를 충족할 수 있는 수단 중 하나이다.

특히 전자 정부 영역에서 파트너십이 점점 더 보편화되고 있다. 최신 조사 데이터에 따르면, 응답 도서관의 30.9%(2009-2010년 20.5.%, 2010-2011년 24.7%)가 전자 정부 서비스를 제공하기 위해 정부 기관, 비영리 단체 및 기타 기관과 파트너십을 맺은 것으로 나타났다. 위에서 논의했듯이, 주 및 지방 차원의 정부 기관은 지난 10년간 다양한 서비스에 대한 책임을 점차 공공도서관으로 옮기고 있으며, 도서관이 이러한 추가 책임을 맡는 데 따른 비용을 상쇄할 자금을 제공하지 않았다. 또한, 많은 경우 정부 기관 및 지역사회 단체와의 협업은 공공도서관이 자체적으로 제공하기 어렵거나 불가능한 서비스를 제공할 수 있는 기회를 제공한다.

이하에서는 공공도서관, 정부 기관, 비영리 단체 간에 이루어지고 있는 기존 파트너십 가운데 몇 가지에 대해 자세히 설명하고, 각 기관이 커뮤니티의 특정 요구를 충족시키기 위해 어떤 독자적인 방법으로 노력하는지를 소개한다. 3개의 파트너십은 이민자에 대한 서비스 제공에 중점을 두고, 2개는 사회 서비스 제공에 중점을 두고 있다.

특히 이민 관련 서비스는 미국시민권이민국(USCIS)이 핵심 서비스의 온라인화를 진행하고 있기 때문에 파트너십을 맺기에 절호의 토양이 되고 있다. 그러나 많은 이민자는 전자 정부에 접근하고 이해하고 사용할 수단이 없기 때문에 이 분야에서 도서관이 중개 역할을 할 수 있는 능력이 특히 중요하게 되었다.

2000년 **코네티컷주의 하트퍼드 공공도서관**(HPL)은 점점 더 다양해지는 이민자 그룹이 시민권을 확보하고 언어 능력을 갖추도록 돕는 것을 주된 목표로 하는 프로그램인 The American Place(TAP)를 만들었다(Naficy, 2009). HPL은 지역 자원을 활용한 혁신적인 파트너십을 형성하고 조성 자금을 확보함으로써 미국시민권이민국(USCIS), 지역 학교구(local school district), 비영리 기관을 포함하여 대상 인구에 접근하는 커뮤니티 전체의 접근 방식을 만들기 위한 조치를 강구했다. 예를 들어, 2010년에 HPL은 하트포드 공립학교와 지역사회 단체의 자원봉사자에게 교육 공학의 사용법을 훈련하여 시민교육 클래스를 주도하고, 컴퓨터 기반 자율 학습 과정을 통해 이용자를 지도할 수 있도록 했다. 또한 TAP은 연방 정부와 협력하여 새로 귀화한 시민을 위한 여권 서비스와 유권자 등록을 제공했다.

TAP은 온라인에서도 대면에서도 사람들과 연결을 목표로 한다. USCIS 웹사이트를 탐색하는 것이 많은 이민자들에게 큰 도전이라는 점을 인식하고, TAP은 "정보를 간소화"하여 도서관 직원, 이민 이용자 및 특정 인구층을 지원하는 지역 조직을 지원한다(Naficy, 2009, p. 166). TAP의 웹사이트에서는 이민의 경험에 관련된 다양한 카테고리에 정보를 분류하고 있다. 그 가운데에는 주택 정보 및 도시의 웹사이트와 같은 중요한 지역사회 정보 링크를 게재한 "Welcome to Hartford" 섹션을 포함하고 있다.

텍사스주의 오스틴 공립 도서관(Austin Public Library, APL)은 1998년 당시 이민법 변경이 지역 주민에게 미치는 영향을 조사한 태스크포스의 권고에 따라 2000년에 새로운 이민자 프로그램(NIP)을 만들었다. APL은 처음에 3개의 APL 분관에 영어 · 시민권센터(English and citizenship center)를 개설했다. 그러나 몇 년 후에 NIP는 8개 지점으로 확장되었고, 연구 센터는 프로그램의 확장된 사명을 더 잘 반영하기 위해 신규이민자센터(New Immigrant Centers, NICs)로 이름을 변경하였으며, 시는 주변 지역의 인구 구성 변화에 대응하여 이중 언어 능력이 있는 도서관 직원 수를 늘렸다(Miranda-Murillo, 2006).

NIC는 컴퓨터와 인터넷 접속을 제공하는 학습센터를 병설하는 외에도 영어 회화 프로그램과 제2 언어로서의 영어(ESL) 클래스를 제공한다. 이 프로그램이 시작된 이후 APL은 오스틴 커뮤니티 칼리지(Austin Community College) 및 오스틴독립학교구(Austin Independent School District)와 협력하여 ESL 수업을 제공했다. TAP은 또한 이민자들의 영어 실력 향상을 돕는 인터넷 기반 도구와 USCIS 정보 및 국제 뉴스의 링크를 제공하는 웹사이트를 통해 온라인상에서의 존재감을 유지한다.

1977년에 설립된 **뉴욕 퀸즈버러공공도서관**(Queens Borough Public Library, QBPL)이 운영하는 New Americans Project(NAP)는 ESL 클래스, 문화 예술 프로그램, 대처기술(coping skills) 프로그램, 다양한 언어의 컬렉션 개발을 통해 이민자들에게 더 나은 서비스를 제공하는 선구적인 노력이었다(Carnesi & Fiol, 2000). 자체 직원의 언어적 다양성(Winkel, 2007)으로 해서 QBPL은 광범위한 파트너들이 속한 네트워크의 단체와 협력하여 다양한 언어와 폭넓은 주제의 프로그램을 제공할 수 있었다. QBPL은 프로그램을 통해 이민자들에게 다가가는 것 외에도 자체 웹사이트상에 다수의 시민권 및 이민 자료를 편찬했다. 여기에는 다양한 지역사회의 단체(예, 튀르키예문화센터, 가톨릭자선단체 등)와 뉴욕시 교육청이 제공하는 시민권 및 ESL 클래스의 추천 목록이 포함되어 있다. 또한, QBPL을 통해 저렴하거나 무료의 사회복지서비스(social and human services)를 제공하는 기관의 커뮤니티 리소스 데이터베이스도 이용할 수 있으며, 제공되는 서비스, 장소, 대상 그룹, 언어, 민족 그룹별로 검색할 수 있다.

이민다양성비자복권(Diversity Visa Lottery)의 신청 절차에 대한 지원에 중심을 둔 시장실 산하 이민사무국과의 협력관계는 성공적인 전자 정부 협업의 대표적인 사례이다. 미 국무부가 신청 절차를 온라인으로 완료하도록 의무화한 직후, 시의 이민사무국은 전자 신청 시스템이 "컴퓨터를 이용할 수 없는 저소득 이민자에게 새로운 장애를 만들었다"는 인식하에 QBPL과 이민국 간의 협력관계가 구상됐다(Yaniv, 2005). 이민사무국에서 준비한 자세한 지침은 QBPL 웹사이트에 공개되어 이민자들이 전자 정부 서비스의 실제 제공자로부터 정확한 정보를 받을 수 있도록 했다. QBPL은 신청자들이 도서관 컴퓨터를 사용하여 신청서를 작성하도록 장려하는 것 외에도 다양한 분관에서 이민자들이 신청서에 첨부하는 사진의 스캔을 지원받을 수 있도록 지정된 시간을 마련했다.

특정 지역사회의 요구를 충족시키는 사회 서비스를 제공하기 위해 혁신적인 파트너십도 또한 구축되고 있다. “볼티마켓“(Baltimarket)은 **볼티모어시 에녹 프랫 프리 도서관시스템**(Baltimore City Enoch Pratt Free Library System), 볼티모어시 보건국(Baltimore City Health Department), 메릴랜드예술대학(Maryland Institute College of Art), 산토니슈퍼마켓(Santoni's Super Market)이 협력하여 현재 서비스가 부족한 “식료품 사막”(food deserts)에 살고 있는 볼티모어 주민에게 신선하고 건강한 음식을 제공하는 것을 주된 목표로 한다. 주민은 볼티마켓을 통해 지역 도서관 지점에서 온라인으로 식료품을 주문한 다음 지정된 픽업 날짜에 식품을 수령할 수 있다. 각 파트너는 명확하게 정의된 역할을 한다. 도서관은 온라인 주문을 용이하게 하기 위한 공간과 컴퓨터를 제공하고, 식료품점은 도서관에 식료품을 배달하며, 지방 정부는 프로그램을 감독하고 다양한 파트너 간의 커뮤니케이션이 원활하게 이루어지도록 한다.

이 온라인 식료품 주문 시스템이 대형 식료품 체인점에서 운영하는 시스템과 차별화되는 점은 디지털 격차의 빈곤한 쪽에 있는 사람들을 위해 만들어진 편의시설이라는 것이다. 프로그램 현장에서 컴퓨터를 이용할 수 있고, 온라인 식료품 주문 시스템을 사용하는 데 1:1 지원을 제공해주는 인력도 있으므로 집에서 온라인 주문 시스템을 사용할 수 없거나 불편함이 있는 사람들이 프로그램에 더 쉽게 접근할 수 있다.

2009년 7월, **플로리다의 알라추아 카운티 도서관지구**(Alachua County Library District in Florida)는 플로리다주 아동 · 가족국 지방사무소, 강력한 가족을 위한 파트너십(Partnership for Strong Families), 케이시 패밀리 프로그램(Casey Family Programs)과 협력하여 주변 지역사회를 위한 원스톱 리소스가 되도록 설계된 새로운 시설인 “the Library Partnership”을 개설했다(Blumenstein, 2009). 이 지구에는 4,500제곱피트가 할당된 도서관 외에도 아동 복지에 중점을 둔 사회 서비스를 제공하는 약 40개의 비영리 단체와 지방 정부 기관이 있다. 파트너로 플로리다지역인력위원회(FloridaWorks), 알라추아 카운티 주택국(Alachua County Housing Authority), 자선단체 공동모금(United Way), 헤드 스타트(Head Start)가 있다.

'도서관 파트너십'(Library Partnership)의 직원들은 전자 정부 교육 서비스 및 리소스 개발에 대한 도서관의 오랜 노력을 바탕으로 플로리다의 많은 사회 서비스 기관에서 현재 의무화하고 있는 온라인 양식과 신청서에 개인이 액세스할 수 있도록 지원한다. 아동 복지 문제가 보건, 고용, 교육, 문해력 등 다른 중요한 사회문제와 얽혀 있는 방식 때문에 이 파트너십은 강력한 전자 정부 서비스 제공을 아동과 그 가족의 요구를 더 잘 해결하기 위한 좀 더 광범위한 협력적 노력의 한 구성 요소로 보고 있다. '도서관 파트너십'의 성공은 빈곤에 초점을 맞춘 또 다른 '도서관 파트너십' 사이트 건설로 이어지고 있다. 사회 서비스에 대한 예산 삭감으로 인해 협력관계 기관이 '도서관 파트너십'과 새로운 장소 모두에 직원으로 배치할 수 있는 능력에 압박을 받고 있지만, 협력기관들은 좀 더 제한적으로 참여할 의향이 있다.

공공도서관이 점점 더 무의미해지고 있다는 비판에도 불구하고, 이러한 파트너십이 입증하는 것은 전국의 지역사회에서 도서관의 역할이 감소하지 않고 오히려 진화하고 있다는 것이다. 이제 도서관의 가치는 도서관의 네 벽 안에서 이용할 수 있는 인쇄된 정보보다는 대중과 일상생활의 중심이 되는 정보를 연결하기 위해 제공하는 무수히 많은 서비스에 더 큰 가치를 두고 있다. 왓슨(Watson, 2010)이 관찰한 바와 같이, "도서관의 경우... 비전과 목적을 자원의 제공으로부터 사람에 관한 것으로 전환하여 학습 환경에 실제로 기여해야 한다"(p. 51), 파트너십은 경제적인 필요성에 의해서 탄생하지만, 도서관과 그 외의 조직이 중요한 서비스를 제공하는 수단을 변화시킬 수 있는 분명한 잠재력을 보여주고 있다. 비용 절감보다는 이러한 잠재력을 실현하는 것이 최종적으로 이러한 파트너십의 가장 큰 기여가 될 수 있다.

5. 서비스 역할 확대의 영향

도서관이 현재 무엇을 어떻게 하고 있는지를 좀 더 깊이 이해한 다음, 이 책에서는 이러한 변화가 공공도서관의 이용과 인식에 어떠한 영향을 주었는지 살펴볼 것이다. 흥미롭게도 공공도서관이 지역사회에서 인터넷 접속과 교육의 핵심 제공자가 되는 동시에, 이 나라에서 점점 더 무의미해진다는 비난에 반복해서 직면하고 있다는 것이다. 그러나 도서관 이용에 대한 데이터는 놀라울 정도로 다른 이야기를 들려준다. 이전의 장에서는 도서관의 이용 증가를 보여주는 다양한 데이터 포인트가 논의되었지만, 여기서도 몇 가지를 반복해서 설명할 가치가 있다.

- 2006년과 2008년 사이에 도서관 카드를 소지한 미국인의 수는 5%, 도서관 직접 방문은 10%, 도서관 웹사이트 방문은 17% 각각 증가했다(Davis, 2009, 2011).
- 현재의 장기 경기 침체 속에서 구직 활동, 사회 서비스, 이메일 접속, 오락 및 기타 목적을 위한 공공도서관 및 도서관 컴퓨터 이용이 상당히 증가했다. 2009년에는 1,400만 명 이상이 인터넷 접속만을 위해 도서관 컴퓨터를 정기적으로 사용하는 것으로 간주되었다(c. Hill, 2009a).
- 경기 침체가 시작된 이후 대부분의 도서관에서는 전체 이용률이 약 25% 증가했고, 일부 도서관은 실제로 최대 500%까지 증가한 이용률을 감당해야 했다(Sigler et al., 2011).

공공도서관 이용이 엄청나게 증가하자 많은 인쇄 매체, 라디오, 텔레비전 언론매체의 관심을 끌었으며, 대침체 초기 몇 년 동안 전국의 언론매체는 도서관이 급증하는 지역사회의 요구를 충족시키기 위해 기울인 엄청난 노력(yeoman efforts)에 대한 이야기를 들려주기 시작했다(예, Carlton, 2009; CNN, 2009; Gwinn, 2009; Jackson, 2009; Van Sant, 2009).

도서관 이용의 이러한 의미 있는 증가의 핵심적인 이유는 모든 수준의 정보 접근에 이용자를 연결하기 위해 시도한다는 사실이다. 컴퓨터와 그와 관련된 인터넷 기술에 접근이 불충분하거나 접근 수단이 없는 사람들에게 물리적인 접근을 보장한다. 훈련과 지원은 디지털 문해력이 제한적이거나 전혀 없는 이용자들을 위해 지적인 접근성을 촉진한다. 현재 도서관이 참여하는 광범위한 사회 서비스, 파트너십, 교육 프로그램 및 아웃리치 활동은 정보를 좀 더 넓은 커뮤니티의 맥락에 통합함으로써 정보에 대한 사회적 접근을 촉진하는 데 도움을 준다.

도서관의 전체 이용량의 긍정적인 추세에 더해서, 공공도서관은 다양한 인구 통계(예, 연령, 수입, 인종, 교육 수준)는 광범위한 개인에게 여전히 중요한 존재라는 충분한 증거도 있다. '모든 사람을 위한 기회'(the Opportunity for All) 보고서의 몇 가지 통계만으로도 이러한 점을 나타내기에 충분할 것이다.

- 연령: 청소년(14세~24세)은 전체 이용자의 4분의 1을 차지하지만, 두 번째와 세 번째로 큰 이용자 집단은 중년층(45세~54세)과 65세 이상의 노년층이다.

- 소득: "대체로, 연방 빈곤선(4인 가족의 경우 연간 2만2,000달러) 이하에서 생활하는 가구의 44%가 공공도서관 컴퓨터와 인터넷 접속을 사용했다"(p. 2).
- 인종: 혼혈인과 하와이 원주민 · 태평양 섬 주민이 도서관에서 공공 접속 인터넷의 이용률이 가장 높다.
- 교육 수준: 고등학교 졸업 이하의 교육 수준을 가진 개인과 대학 또는 2년제 학위를 소지한 개인은 고등학교 졸업자에 비해 도서관 컴퓨터 클래스를 들을 가능성이 높다(Becker et al., 2010).

이러한 통계는 현재 도서관에서 제공하는 인터넷 지원 서비스(Internet-enabled services)를 사회의 일부 계층만이 아니라, 다양한 요구와 관심을 가진 광범위한 개인이 찾고 있음을 보여준다.

최근 많은 도서관에서 이용이 증가하고 있는 것과 도서관이 정부 기관 및 비영리 단체와 협력하여 개선된 많은 혁신적인 서비스를 제공함으로써 지역사회가 혜택을 얻고 있는 것은 전국의 도서관에서 일어나고 있는 긍정적인 발전이 옹호 활동의 수단으로서 도움이 될 수 있음을 보여준다. 예를 들어, 도서관은 파트너십을 통해 기존의 내부 자원, 특히 인터넷 접속, 기술 훈련 및 지식이 풍부한 직원을 활용하여 일반 시민에게 전자 정부 서비스를 제공하는 데 중요한 역할을 한다. 도서관이 이러한 수요가 높은 서비스를 어떻게 제공하는지에 대한 설명은 도서관이 자금 증액을 위해 호소할 때의 근거 마련에 도움이 된다.

> 공공도서관은 교육, 접근성, 형평성, 포용성, 참여를 통해, 그리고 단순히 존재함으로써 우리가 살고 있는 지역사회를 강화하고 있다. 안타깝게도, 대부분의 이용자와 비이용자 모두는 여전히 공공도서관을 주로 책 저장소로 생각한다. 지역사회 구축에서 우리의 역할을 이해하고, 그 역할을 명확히 표현하는 것은 우리가 하는 일에 필수적이다(Scott, 2011).

그러나 이후 장에서 논의하겠지만, 도서관은 정책 입안자뿐만 아니라 일반 대중에게 자신의 가치를 입증하는 데 여전히 어려움을 겪고 있다.

정치적, 정책적 맥락에서 가치를 입증하려는 이러한 고전은 도서관에 대한 지원을 늘릴 수 있는 중요한 기회를 놓치는 결과를 초래할 수 있다. 대표적인 사례로 걸프 해안과 남동부 전역의 공공도서관이 2004년과 2005년 카트리나, 윌마, 이반 데니스, 리타 등

허리케인 시즌 동안 특히 파괴적인 피해를 보았을 때와 그 이후에 지역사회를 지원하기 위해 놀라울 정도로 성공적으로 노력했던 것을 들 수 있다. 인터넷 기반 기술과 지원을 제공하는 공공도서관은 허리케인 피난민과 파괴된 지역의 사람들을 위해 다음과 같은 중요한 역할을 했다.

- 실종자 및 이재민 가족, 친구, 애완동물을 찾기
- 연방비상관리청(FEMA) 양식과 보험 청구서를 내려받고 작성하기
- 해당 지역사회의 상황에 대한 정보를 검색하고, 해당 지역의 사진과 지도 확인하기
- 개인 주택과 직장의 상태를 확인하기(Bertot et al., 2006a, 2006b).

예를 들어, 한 소규모 지역사회에서는 카트리나가 상륙한 후 한 달 동안 뉴올리언스에서 대피한 사람들이 4만5,000건 이상의 FEMA 및 보험 청구를 완료하는 데 도서관의 컴퓨터가 사용되었다고 보고했다. 많은 커뮤니티에서 도서관은 "신의 선물"과 같은 칭찬을 받았으며, 이는 대참사적 폭풍에 대비하거나 대응하고 복구하는 데 있어 도서관이 미친 긍정적인 영향의 규모를 잘 보여준다(Bertot et al., 2006b). 또한 공공도서관은 피해를 본 지역사회 전체를 위해 다음과 같은 막대한 서비스를 제공했다.

- 비상 대비 가이드 작성 및 배포, 재난 대비 워크숍 개최, 자원봉사 프로그램 조정 등을 통해 대비 지원
- 허리케인 발생 중 및 발생 후 비상 정보 참고 서비스 제공
- 허리케인 발생 중 및 발생 후 대피소 제공
- 전자 기기 충전 및 처방약 냉장 보관
- 식량, 의료품, 지붕 방수포 및 기타 많은 필수품 제공
- FEMA 및 국가방위군을 포함한 구호 기관 및 정부 기관과 협력하여 필요한 곳에 구호품을 전달 (Jaeger, Langa, et al., 2006).

2004년과 2005년 허리케인 시즌 동안 공공도서관이 지역사회를 도왔던 수많은 방법

은 심지어 도서관을 이용하지 않는 사람들까지도 도서관이 지역사회의 중심이며 인터넷 접속 제공의 중심이라는 생각을 갖게 하는 데 도움이 되었다(Jaeger & Fleischmann, 2007).

이러한 재난 발생 시 도서관이 지역사회를 돕는 모습은 지역사회가 비상 상황에 대응할 수 있는 전자 도구의 개발을 형성하는 데 도움이 되었다(Jaeger, Fleischmann, Preece, Shneiderman, Wu, & Qu, 2007; Jaeger, Shneiderman, Fleischmann, Preece, Qu, & Wu, 2007). 그 후 몇 년 동안 도서관의 역할을 토네이도 발생과 홍수, 산불, 가뭄, 심지어 2012년 동부 해안의 강한 직선 바람을 동반하는 폭풍(derecho)까지, 여러 종류와 규모의 재난에 대처하도록 지역사회를 돕는 일로 확대되었다(Cook, 2012). 이러한 노력 중 많은 부분이 전국적인 주목을 받지는 못했지만, 2012년 가을에 슈퍼 허리케인 샌디로 인해 피해를 본 뉴저지, 뉴욕, 코네티컷과 다른 지역의 해안 지역사회를 돕기 위해 공공도서관이 수행한 활동은 언론에서 상당한 주목을 받았다.

불행히도, 도서관계와 전문 단체는 이러한 성공을 근거로 하여 정책과 자금 면에서 정부 지원 확대를 주장할 수 없었다. 사실, 도서관 직원들이 이러한 분야에서 거둔 성공을 알리는 데 관성이 있었기 때문에 당황한 연방비상관리청(FEMA)은 언론 보도와 달리 도서관이 허리케인 대응에 유용한 역할을 하지 못했다고 주장함으로써 카트리나 대응에 대한 엄청난 실패를 덮으려고 했다(Bier, 2006; Chertoff, 2005; White House, 2006). FEMA가 의회에서의 평가를 높이기 위해 허위 정보를 이용하는 캠페인에 관여하지 않고 이를 반박하지 않아 공공도서관은 승리를 눈앞에 두고 패배했고, 현대 사회에서 도서관의 중요성을 분명히 보여줄 기회를 잃었다. 오히려, 의회 의원들은 지난 2년간 제공된 지역사회에 대한 도서관의 대단한 서비스에 대해 아무런 교훈도 얻지 못하고 사건에서 떠나갔다.

도서관과 지역사회에 대한 이러한 이야기를 정치적, 정책적 맥락에서 전달하지 못한 것은 결코 예외가 아니다. 전자 정부의 실현과 대침체 속의 서비스 제공, 지역사회 고유의 요구를 충족시키는 혁신적인 파트너십 구축 등 그 밖의 여러 면에서 도서관이 수행하는 역할을 실제로 증명하지 못함으로써 이 현상이 반복되고 있다. 정치적 담론에 참여하는 것에 대한 비생산적이고 비이성적인 두려움으로 도서관은 정치적인 자리에서 성공 이야기를 말하는 것조차 두려워하게 되어 심각한 결과를 초래했다. 그러나 도서관은 이러한 마비 상태, 즉 공포심을 극복해야 한다. 도서관의 가치를 보여주고 정책과 정치 프로세스에 직접 관여하는 능력은 의심할 여지 없이 도서관의 미래 지원에 큰 영향을 미칠 것이다.

제 6 장

공공재의 참여와 가치평가

신보수주의 정치와 신자유주의 경제의 이념은 공공도서관과 같은 공공재 기관이 정치 및 정책 결정 과정에 직접적이고 적극적으로 참여하고 정치 관계자에게 의미 있는 언어로 가치를 표현함으로써 옹호해야 하는 입장에 놓이게 한다. 불행하게도 도서관은 이러한 요구를 만족시키기 위한 유효한 방법을 찾아내지 못했으며, 이는 재정 지원과 정치 결정에 부정적인 영향을 초래했다. 정책 결정 과정에 참여하려는 충분치 않은 대처로 인한 정치적 및 정책적 결과와 함께 지배적인 정치 및 경제 이념에 대해 도서관이 보인 주요 반응은 가치를 주장하는 것이었다. 현재의 정치적 환경에서 공공 서비스가 자금을 받기 위해서는 전제 조건으로서 가치를 증명하는 것이 요구되고 있으며, 공공도서관은 교육과 지역사회 지원의 가치를 정량화하는 어려운 과제에 직면해 있다. 대부분 도서관과 국가 기관은 도서관의 가치에 대해 데이터 기반의 증명이 아니라 도서관의 가치에 관한 주장을 하여 도움이 되지 않게 후퇴했다.

여론에 기초하면 공공도서관은 필요한 정책적, 정치적 및 재정적 지원을 모두 받을 수 있는 위치에 있는 것으로 보인다. 2006년 전국 조사에서는 국민의 71%가 공공도서관이 자금을 유효하게 활용하고 있다고 응답했고, 국민의 52%가 지역 도서관에 추가 지원이 필요한 경우는 세금 인상에 찬성하는 것을 알 수 있었다(Wooden, 2006). 7년 후, 또 다른 전국 조사에서 공공도서관에 대한 지지가 더욱 높아지고 있는 것으로 나타났다. 16세 이상의 미국인 중 91%가 공공도서관이 지역사회에 중요하다고 생각하고, 76%가 공공도서관은 가족에게 중요하다고 답했다(Zickuhr, Rainie, & Purcell, 2013). 2013년 조사에 응한 응답자의 59%가 과거 1년간 공공도서관을 직접 방문 또는 온라인으로 방문한 적이 있다고 응답했다. 이와는 대조적으로 같은 조사에서 응답자의 26%가 정부 전체에 대해 긍정적인 생각을 가지고 있는 것을 알 수 있었다.

국민의 다수는 도서관이 지역사회와 가족에게 중요하고, 세금 인상을 통해서라도 도서관은 필요한 자금을 지원받아야 한다고 압도적으로 말했다. 이러한 견해가 공무원에게 적절하게 전달되지 않을 경우, 혹은 공무원이 이러한 신념을 공유하지 않을 경우, 도서관에 대한 국민의 지지는 정치, 정책 또는 자금에 대한 지지로 이어지지 않는다. 그리고 유감스럽게도 자금이 부족하다는 것은 흔히 있는 일이 되었다. 2013년 조사에 따르면, 사서의 48%는 지방 정부가 지역사회에서 도서관의 가치를 중시한다고 느끼고 있으며, 44%는 지방 정부가 공공도서관에 대해 중립적이라고 느끼고 있으며, 8%는 지방 정부가 도서관을 지역사회의 일부로 지원하지 않고 도서관을 중시하지 않는다고 느끼고 있는 것으로 나타났다(Schwartz, 2013). 이 수치는 대다수의 지방 정부(52%)가 공공도서관을 그다지 지지하지 않는 것으로 보이며, 도서관을 지역사회에서 가치 있는 존재로 인식하고 있는 것으로 생각되는 48%의 지방 정부도 아직 충분한 지원을 하지 않을 가능성이 있음을 나타낸다. “공공도서관은 사랑받는 기관이지만, 찬사만으로는 살아남을 수 없다”(Wooden, 2006, p. 4).

도서관에 대한 일관된 높은 수준의 지지가, 도서관이 요구하는 수준의 자금을 제공받고, 정치적 논의에서 존경받고, 지원한다는 정책 결정의 혜택을 받는 결과로 바뀌지 않는 이유를 묻는 것은 매우 타당한 질문이다. 그 해답은 아마도 도서관 옹호 활동의 영역 내에 있을 것이다. “우리의 옹호 활동은 도서관이 필수적이고 중요한 지역사회 서비스라는 것을 공무원들에게 확신시키는 것이다. 그렇지 않으면, 가치가 있다고 인식되는 다른 서비스와 마찬가지로 도서관 예산은 중요하다고 여겨지는 서비스보다 더 큰 삭감을 겪게 될 것이다”(Dougherty, 2011, p. 46). 이러한 견해는 맞지만 별로 새로운 것은 아니다. 공공도서관이 적절한 지원을 받기 위해 정부 구조를 탐색하는 과정에서 직면하는 어려움은 거의 1세기 전부터 알려져왔다(Hinton, 1938). 지역, 주, 국가 정치에서 공공도서관 지원을 위한 로비 활동에 관한 책 가운데 상당수는 수년간 같은 메시지를 전해왔다(예, Abbott-Hoduski, 2003; Halsey, 2003; Josey, 1980; Josey & Shearer, 1990; Turner, 1997). 중요한 문제는 도서관 옹호 활동이 계속해서 부족하기 때문이다.

1. 다른 사람이 들을 수 있게 생각을 말하기

제1장에서는 현대 정치 세계에서 공공도서관의 위치를 설명하기 위해 아르킬로코스

(Archilocus)의 다음 인용문을 참조했다. "여우는 많은 것을 알고 있지만 고슴도치는 하나의 큰 것을 알고 있다." 공공도서관이 직면한 정치, 정책, 옹호 및 자금 조달 문제의 대부분은, 고슴도치가 지배하는 정치 및 정책 결정 세계에서의 여우와 같은 상황과 결부된다. 공공도서관은 현재 극심한 당파성과 굳건한 이념으로 정치적 환경 속에서 존재하기 위해 고군분투하고 있다. 이러한 환경은 고슴도치에게는 호의적이지만 변수와 그늘을 생각하는 여우에게는 호의적이지 않다.

정치인, 뉴스 캐스터, 미디어 평론가, 심지어 일반 지식인에 관한 연구에 따르면, 그들은 압도적으로 고슴도치에 가깝고, 고슴도치이기 때문에 더 많은 관심과 방송 시간을 얻는다는 사실이 입증되었다(Silver, 2012a; Tetlock, 2006). 고슴도치의 결정적인 요소는 어떤 새로운 정보라도 받아들여 그것을 자신들이 신봉하는 이념에 맞게 뒷받침하는 방식으로 만드는 능력이다. 반대 견해를 가진 극단적인 당파주의자들에게 동일한 정보를 주게 되면, 양측은 모두 새로운 정보를 그들 각자의 이념에 맞게 만들 것이다(Silver, 2012a).

유권자가 심하게 분열되어 있는 상황에서, 정치인과 정책 입안자는 고슴도치라는 이유로 국민의 특정 층으로부터 지지를 받는다. 주류의 "뉴스" 채널과 사이트 전체가 특정 극단에 치우친 당파적 시각에서 그날의 사건을 보도하는 것에 전념하며, 다양한 정치적 신념을 가진 고슴도치의 목소리를 전달하는 플랫폼을 제공한다. 결과적으로, 비록 그들이 서로 경쟁하는 정치적 이념을 가진 고슴도치일지라도 공적인 담론은 고슴도치에 의해 지배되어왔다.

대조적으로 공공도서관은 상상할 수 있는 한, 가장 여우 같은 기관이다. 도서관에 대한 지금까지의 역사적 장에서 보여주었듯이, 공공도서관은 지역사회의 요구가 발생할 때 그것을 만족시키기 위해 계속해서 변화만 했으며, 이용자를 위해 무엇을 할 것인지를 지속해서 재정의해왔다. 공공도서관은 광범위한 정보 요구를 충족시키기 위해 다양한 분야의 정보원과 자료를 수집하고, 다양한 관점과 의견에 대한 표현의 자유와 접근의 자유를 지지하는 입장을 반복해서 취했다. 또한, 도서관 담론은 자기 성찰과 자기 의문으로 완전히 숨이 막힐 정도로 꽉 차 있다. 그러나 적응력과 자기 성찰의 조합은 절대적이고 확고한 확신을 가지고 활동하는 사람들에게는 약점으로 인식되기 쉽다.

따라서 공공도서관은 극도로 여우와 같은 성질을 가짐으로 인해, 대다수 정치인과 정치 평론가, 정치 및 정책 결정 과정에 대한 다른 주요 대중의 목소리를 가진 고슴도치 같은 성격과는 상반된다. 여우는 본질적으로 정치적 관점과 관계없이 공공 리더에게 도전하는데, 공공 리더는 이론과 원대한 설명을 통합하는 데 집중하는 고슴도치 같은 경향이 있기 때문이다 (Cuban, 1995). 이러한 긴장은 신보수주의 정치사상과 신자유주의 경제사상을 신봉하는 정치인과 정책 입안자의 공공도서관에 대한 적대감에 더해 발생한다.

이러한 이념과 고슴도치를 지지하는 담론의 조합에서 비롯된 결정은 2013년 포브스(Forbes) 잡지 기사에서 볼 수 있다. 제4장에서 살펴본 바와 같이, 포브스는 2012년에 문헌정보학 석사 학위(MLS)를 최악의 석사 학위로 명명하여 큰 소동을 일으켰다(Smith, 2012). 그들은 이러한 결정의 근거로 매우 결함이 있는 방법론을 사용했다는 이유로 비판을 받았다(Bertot, Jaeger, & Sarin, 2012). 1년 후, 포브스는 MLS에 대해 정확히 동일한 방법론을 사용하여 동일한 결론을 내렸다. "낮은 급여 순위와 성장 순위 추정은 문헌정보학을 현재 취직에 가장 적합하지 않은 석사 학위로 만든다"(Smith, 2013, n.p.). 그러나 포브스는 진정한 고슴도치 스타일로 전년도 기사에 대한 부정적인 반응을 자신들의 정확성을 뒷받침하는 것으로 받아들였다. 도서관에서 일하고 싶은 사람의 취업 전망이 "상당히 제한적"이라는 점을 지적하며, 그 대신 MLS를 사용하여 빅데이터 관련 기업에서 일할 것을 강력히 권장한다. 이는 포브스가 "상당히 존경할 만한" 커리어 선택이라고 간주하는 것이다(Smith, 2013, n.p.). 이러한 구분은 공공도서관에 대한 신보수주의의 정치적 편견과 신자유주의의 경제적 편견을 보여주는데, 도서관에서 일하는 것은 최악의 선택이지만 기업에서 일함으로써 자신을 구제할 수 있다는 편견도 보여준다. 안타깝게도 이러한 태도와 이념은 공공도서관이 옹호 활동에 참여하지 않으면 안되는 정치적, 지적 환경의 핵심적인 측면이다.

2. 공공재는 어디로 가는가?

공공도서관과 옹호 간의 관계를 조사하기 위한 출발점으로, 공공재의 기관으로서 공공도서관의 본질을 고려하는 것은 가치가 있다. 공공재에는 깨끗한 공기와 물, 경찰서와 소방서, 의료, 국방, 공교육과 공공도서관 외에도 많이 있다. 이들은 일반적으로 경제적 관점에서 생각될 수 있지만, 민주적이고 건전한 사회의 기반이다. 공공재에는 모든 사람에게 열려 있다는 것(비배제성), 어떤 사람이 사용해도 다른 사람이 사용하는 데 제한이 없다는 것(비경합성)이라는 2가지 중요한 속성이 있다.

경제학자에게 공공재는 공적 자본과 공적 노동의 기본 투입을 사용하여 서비스(운영시간, 이용할 수 있는 서비스, 리소스 및 자료)를 제공하고, 그다음으로 범죄 해결, 응급

환자 구조, 학생 성취도 시험 점수 및 도서관 대출 데이터 등 눈에 보이는 성과로 측정된다. 그러나 사용된 성과 측정은 서비스의 효율성이나 생산성을 정확하게 나타내지는 못한다. 측정된 성과는 일반인들의 참여와 노력에 크게 의존하기 때문이다(De Witte & Geys, 2011, 2013). 예를 들어, 교사는 학생들을 표준화된 테스트에 대비하도록 충분히 준비시키는 것은 가능하지만, 시험 전에 학생들이 공부하는지, 수면을 충분하게 취하는지 여부는 통제할 수 없다.

공공재에 가까운 것은 공유풀 자원(common-pool resource)으로 배제할 수는 없지만 제한적이다 (Apesteguia & Maier-Rigaud, 2006). 공공 공원의 나무에서 과일을 따는 것은 공유풀 자원의 한 예이다. 과일은 누구나 가져갈 수 있지만 마지막 과일을 따면 다음 봄이 되어서야 구할 있다. 공유풀 자원과 달리 도서관의 자료와 교육(training)은 도서관이 적절한 자원을 제공할 수 없을 정도로 자금이 부족하지 않은 한 고갈되는 자원이 아니다.

공공도서관은 몇 가지 독특하고 동등하게 중요한 방식으로 공공재로 볼 수 있다. 첫째, "도서관은 사회 전체에 이로운 중요한 기능을 수행한다"(Ramey, 2013, n.p.). 공화 정부(republican government)와 관련된 정치 철학은 역사적으로 교육받은 국민을 전제로 해왔으며, 이는 국민이 스스로 교육할 수 있는 수단을 보유하는 것에 전적으로 의존한다 (Sandel, 1996). 많은 나라에서 공공도서관은 이러한 필요를 충족하기 위해 존재하는 유일한 기관(entity)이다. 개인적으로, 이용자들은 도서관이 제공하는 기회를 통해 삶을 향상할 수 있는 많은 기회를 가진다. 더욱이 지역사회는 이용자 개인에게 제공되는 이러한 기회와 도서관의 지역사회, 즉 시설, 자원 및 서비스를 구축하는 데에서 혜택을 받는다. 따라서 도서관과 전혀 관련이 없는 개인도 더 나은 교육을 받고, 좀 더 연결성을 갖춘 지역사회에서 생활하는 혜택을 받을 수 있다. 둘째, "공공도서관은 고전적인 경제적 의미에서 공공재이다"(Ramey, 2013, n.p.). 간단히 말하면, 공공도서관은 지역사회의 모든 구성원에게 열려 있으며 주로 지방의 공적 자금에 의해 비용이 조달되고 있어 지역사회의 일부 구성원이 도서관을 이용한다고 해도 다른 이용자가 동등한 혜택을 받지 못하는 일은 없다. 셋째, 공공도서관은 공공재의 이상과 연결되어 있다(Ramey, 2013, n.p.). 공공도서관은 지역사회, 공교육, 실력주의, 시민권, 시민 참여 등을 포함한 민주주의의 기본과 불가분의 관계에 있다. "공공도서관은 항상 사람들을 중심에 두고 있다. 사람과 자원의 연결, 사람과 기술의 연결, 사람들과 사람들의 연결"이다(Kent, 1996, p. 214).

이전의 장에서 자세히 설명했듯이, 신보수주의 정치 이념과 신자유주의 경제 이념이 결합하여 많은 정치인과 정책 입안자들 사이에서 공공재 제도에 대한 불신을 조성했다.

공공도서관은 순수한 공공재이며, 특히 경제적 측면에서 이익을 정량화하기가 매우 어려운 공공재로서 오랫동안 생각해온 것만으로는 미국의 정치적, 경제적 상황에서 지지를 얻기에는 충분하지 않다.

3. 혼란에는 비용이 따른다

여러 면에서 공공도서관을 위한 효과적인 전국적인 옹호 전략을 수립하는 것은 달성 불가능해 보일 수 있다. 미국에는 공공도서관이 매우 많고 각각의 상황이 매우 다양해서 일반적인 옹호 전략으로는 다양한 상황과 요구를 모두 담아낼 수 없다(Lyons, 2013). 공공도서관은 또한 자금 조달, 정규 직원 수, 문헌정보학 석사 학위(MLS)를 보유한 직원 비율, 인터넷 접속의 품질, 지역사회에 서비스를 제공하는 능력 등 큰 영향을 미치는 기타 요인에도 매우 큰 차이를 보인다(Sin, 2011). 그러나 모든 공공도서관에 유효한 지원 메시지를 작성하는 명확한 방법이 있다. 이용할 수 있는 자료, 자원, 프로그램, 아웃리치 등 도서관 서비스의 양은 지역사회 구성원의 도서관 이용 빈도와 도서관의 중요성에 대한 인식에 긍정적인 영향을 준다(Sin, 2012). 이와 같이 공공도서관은 구성과 요구 사항에서 크게 다르지만, 자금과 정치적 지원이 많을수록 지역사회에 대한 서비스가 향상된다는 사실은 동일하다(Lyons, 2013).

현지의 도서관 지원 단체, 주립도서관 조직, 전문 단체, 전국 도서관 조직은 모두 공공도서관을 옹호하기 위해 노력하고 있으며, 이러한 노력 중 상당수는 오랫동안 지속되어 왔다. 앞서 언급했듯이 미국도서관협회는 수십 년 전에 도서관을 대신하여 로비 활동을 하기 위해 워싱턴사무소를 설치했다. 유감스럽게도 도서관 옹호에 대한 몇 가지 주요 과제가 도서관 전문가에게 방해가 되고 있다.

- 도서관 옹호 활동에서는 공공도서관이 맥도날드 레스토랑보다 많고, 월마트보다 5배 더 많다고 하는 자주 인용되는 통계와 같이 지역사회에서 도서관의 역할과 아무런 관련이 없는 비교를 자주 사용한다(Lyons, 2009). 이러한 종류의 통계는 관심을 끌 수 있지만 이용자나 지역사회에 대한 도서관의 중요성에 대해서는 아무것도 보여주지 않는다.
- 많은 사서는 옹호 활동이 자신의 직업의 일부이거나 관련성이 없다고 생각하며, 도서관을 위한 옹호 활동에 참여하면 고용에 부정적인 영향을 미칠까봐 두려워한다

(Jaeger, Gorham, Sarin, & Bertot, in press).

- 마케팅 훈련이나 로비 문화가 부족하면 도서관이 서비스를 마케팅하는 능력과 의지에 한계가 있다. 그러나 공공 서비스 기관에 대한 기대는 점점 높아지고 있다(Parker, Kaufman-Scarborough, & Parker, 2007).
- 소수의 문헌정보학 MLS 프로그램만이 학생들에게 옹호 활동, 로비 또는 마케팅 과정을 선택 과목으로 수강할 수 있는 기회를 제공한다(Hussey & Velasquez, 2011).
- 우리는 과거 경험으로부터 별로 배우지 못했다. 1990-1992년의 경기 불황은 공공도서관에 대침체(Great Recession)와 유사한 경제적 영향을 미쳤다. 그 결과, 미국도서관협회는 지역 언론의 주목을 받기 위해 전국을 순회해야 했고, 1991년 여름에는 워싱턴D.C.에서 전국 언론의 주목을 받기 위해 대규모의 전국 집회를 열었다. 그러나 사서들은 과거의 이러한 옹호 활동을 신속하게 배우지 않았다(Dougherty, 2011).
- 앞에서 논의한 자기 자신의 목소리를 내지 않는 것은 심각한 문제이다. "우리는 자신들의 공적을 소리 높여 칭찬하지 않는다. 우리는 자신들의 이야기를 충분히 설득력 있게 말하지 않는다. 우리는 자신들의 성취에 대한 공로를 인정하지 않으며, 정보화 시대의 대중의 심장이자 영혼이라는 우리의 위치를 확실히 주장하지 않는다."(Kent, 1996, p.212).
- 위에서 자세히 설명했듯이 중립의 입장은 본질적으로 도서관이 자신을 의미 있는 방식으로 옹호하는 능력을 약화하도록 설계되어 있다(Jaeger, Gorham, Sarin, & Bertot, in press).
- 도서관의 옹호 활동과 슬로건은 대부분 안전하고 논란의 여지가 없는 내용이었다(예, "읽으세요" 등). 그러나 효과적인 옹호에는 "우리가 너무 과하다고 비판받을 수 있기 때문만이 아니라 궁극적으로 결과를 통제할 수 없기 때문에 진정한 용기가 필요하다"(Hummel, 2012, p. 5).
- 이와 동일한 안전한 옹호 활동과 슬로건은 도서관이 하는 일을 충분히 전달하지 못한다. 사서들은 독서를 중심으로 한 캠페인에 수십 년간의 노력을 기울였지만, 공공도서관이 지역사회에 제공하는 방대한 공헌을 더 잘 전달하는 캠페인을 만들기보다는 도서관과 도서관이 하는 특정 역할 간의 연관성을 만드는 것에 매우 성공적이었다.

지난 수십 년간 도서관에 친절하지 않았던 정치인들에게는 이념적인 이유 이외에도 여러 가지 이유가 있었다. 정치를 대상으로 한 공공도서관에 관한 설문조사에서 대다수는 부적절한 마케팅, 옹호 활동 부족, 운영 구조의 차이, 정부와의 고립 등으로 인해 도서관 스스로가 지원을 해치고 있다고 생각한다(Wooden, 2006). 이러한 문제 중 대부분은 위에서 열거한 항목에 반영되어 있다.

공평하게 말해서, 도서관 옹호 활동의 성공은 도서관의 통제를 벗어난 여러 요소에 달려 있다. 도서관은 일반적으로 정치에서 지배적인 목소리를 내는 사람들에게 서비스를 제공하지 않는다. 공공도서관은 빈곤층, 이민자, 도시 거주자, 노숙자, 어린이, 실업자, 장애인, 저학력자 등에게 매우 중요하지만, 이들은 모두 정치적 결정에서 특히 충분한 목소리를 갖지 않은 사람들이다. 이들 각 그룹이 자신을 위해 로비 활동을 하는 능력은 가처분 소득과 정치적 기술 모두의 부족으로 방해를 받는다. 게다가 로비스트들이 어떤 문제를 다룰지, 그 문제를 어떻게 구성할지 결정할 때 일반적으로 이러한 유명세가 낮은 그룹의 이해관계는 고려되지 않기 때문에 로비스트들이 옹호하는 정책 변화의 의도된 수혜자가 될 가능성이 작다. “K 스트리트가 반영되는 권력의 회랑”에서 그들의 목소리는 거의 항상 들리지 않는다(Baumgartner et al., 2009).

또한 도서관을 성공적으로 옹호하는 능력은 이해관계자에게 정부의 예산 정보와 과정의 투명성 확보에 달려 있다(Hussey & Velasquez, 2011). 재정과 정책 결정이 도서관과 그 지지자에게 결정이 내려진다고 하는 경고 혹은 결정이 어떻게 내려질 것인지에 대한 정보가 전혀 없는 형태로 이루어지는 경우, 옹호 활동은 거의 불가능하게 된다. 공공의 이익을 위한 기관에 대해 정치적으로 호의적인 감정을 품는 경향이 없을 뿐만 아니라 도서관에 영향을 미치는 결정을 내리는 정책 입안자나 정치인은 일반적으로 도서관이 실제로 무엇을 하는지에 대해서도 거의 모른다. 예를 들어, 도서관 자금 제공의 삭감 혹은 도서관 분관의 폐쇄를 지지하는 정치인은 일반적으로 도서관의 사회경제적 공헌을 인식하지 못한다(Svendsen, 2013).

전자 정부 분야는 이러한 무지의 깊이를 선명하게 보여주는 사례이다. 전자 정부가 출현한 후 공공도서관은 정부의 여러 부분에 접근할 수 있는 인프라와 훈련을 제공했다(Milam, 2001). 점점 더 많은 것들이 온라인으로 이동함에 따라 정부는 인프라에 대한 비용을 제공했지만, 도서관이 떠맡은 공공 정보의 배포와 관리 등의 임무에는 주의를 기울이지 않았다(Shuler, 2002). 정치인과 정부 기관은 전자 정부를 사용하는 것을 좋아하고, 그것이 정부에 가져오는 절감 효과를 좋아하지만, 그것이 도서관에 초래하는 부담에 대해서는 전혀 깨닫지 못하고 있다. 결과적으로 이러한 책임은 가장 낮은 정치적 수준인 지방의 공공도서관에까지 내려왔고, 어느 수준의 정부로부터도 지원이 없었다(Jaeger & Bertot, 2011).

연방통신위원회(FCC)의 2010년 전국광대역계획(FCC's 2010 National Broadband Plan)은 그와 같은 무지가 특정 정책 입안에 미치는 영향을 명확하게 보여준다. 이 계획에서는 "공공컴퓨팅센터, 건강진료소, 커뮤니티 칼리지, 학교, 커뮤니티센터, 도서관, 박물관 및 기타 공공 액세스 포인트"라고 명명된 다양한 기관에서 광대역 액세스를 확대하는 것에 대해 논의했다(p. 10). 그러나 공공 접근을 제공하는 것은 항상 도서관과 학교의 책임이었고, 공공도서관은 미국 지역사회의 3분의 2 이상에서 유일하게 무료 공공 컴퓨터와 인터넷 접속을 제공하고 있다(Bertot, Gorham, Jaeger, & Taylor, 2012; Strover, Chapman, & Waters, 2004). 공공컴퓨팅센터에 대한 아이디어는 클린턴 정부 시절의 실패한 프로그램과 직접적으로 유사하다. 커뮤니티기술센터(CTC)는 도서관에서 제공하는 지원이나 훈련을 받지 않고 컴퓨터에 접근할 수 있는 장소였지만 놀랍지 않게도 이 프로그램은 컴퓨터 사용률이 낮아 실패했다(Strover, Chapman, & Waters, 2004). 공공도서관과 전자 정부 사이의 이러한 상호관계와 같은 불합리한 정책 상황은 정치 및 정책 결정권자가 도서관에 대해 생각하는 방식(더 정확하게는 도서관에 대해 생각하지 않는 방식)과 도서관이 지역사회로부터 받는 기대와 정치 및 정책의 결과로서 기대되는 것 사이에 벌어지는 완전한 단절로 인해 발생할 수 있다.

공공도서관은 일반적으로 "세상의 힘이라기보다는 물리적 실체로 여겨지며", "그 존재가 사회 각계각층의 모든 사람에게 매일 가능하게 하는 행동, 상호작용 및 변화"보다는 "장서"라는 관점에서 생각된다(Hummel, 2012, p. 4). 이러한 물리적 초점은 자금 조달을 위한 고려에 큰 영향을 준다. 예산 삭감에 대한 담론에서 공공도서관의 "도서관" 부분은 일반적으로 예산 삭감을 지지하는 사람들에 의해 강조된다. 이는 도서관을 무의미하게 만드는 데 있어 구글이나 기타 인터넷 제품의 역할을 강조한다. 그러나 공공도서관은 이름의 "공공"이라는 부분 때문에 대체 불가능한 지역사회 기관이다(Kent, 1996). 더 심각한 점은 공공도서관의 지원을 옹호하는 사람들은 공공도서관이 지역사회에 방대한 공헌을 하고 있다는 것을 잘 알고 있음에도 불구하고 대개 "공공"보다 "도서관"을 강조하는 경향이 있다.

공공도서관이 직면한 가장 어렵지만 매우 필요한 과제는 현재의 정치 환경에 적합한 언어로 도서관의 가치와 도서관이 지원되어야 하는 이유를 설명하는 옹호 전략으로 정치와 정책 결정 과정에 참여하는 것이다. 공공도서관이 지역사회 구성원을 참여시키는 방법을 모색하는 것을 그들의 사명의 핵심으로 여기는 것처럼(Kranich, 2010), 정치 과정에 참여하는 것도 마찬가지로 사명의 핵심으로 여기는 법을 배워야 한다. 후자가 없다면 전자는 점점 더 어려워질 것이다.

4. 가치 명시, 가치 입증

신보수주의 정치 환경과 신자유주의 경제 환경의 결과로 효과적인 옹호 활동은 가치를 입증하는 데 달려 있다. 도서관은 사회에 대한 가치를 측정하고, 그 가치를 명확하게 표현할 수 있는 다양한 방법을 찾을 필요가 있다. 도서관은 모든 시민에게 지식과 정보를 제공한다는 도서관의 역사적 이상과 지역사회 구성원의 실질적인 현재의 수요와 요구를 결합하여 많은 사람이 찾는 절실히 필요한 자원과 지원을 제공한다. 도서관은 점점 더 교육, 정부 참여, 고용, 기타 명시된 지역사회의 요구 사항을 해결하고 충족하기 위해, 도서관이 아니면 달리 이용할 수 없는 자원, 서비스, 공간, 아웃리치 및 전문 지식을 결합해 제공하는 경우가 많아지고 있다.

투자수익률(ROI)과 같은 가치에 대한 비즈니스 지표를 강조하고 경제적 기여를 증명하기 위해 정량화 가능한 사회적 재화를 추구하는 정책 환경에서, 공공도서관은 자금 지원과 정책 결정에서 도서관이 받는 지원 수준을 결정하는 정치인이나 정책 입안자들이 공감할 수 있는 방법과 언어로 자신이 하는 모든 일의 가치를 표현하고 입증해야 하는 크나큰 과제에 직면해 있다.

공공도서관의 활동 대부분은 경제적 이익보다는 사회적 이익을 가져오는 것으로 명시적으로 의도되어 있다. 예를 들어, 지역사회 공간은 지역사회 의식을 구축하기 위한 것이다.

지역사회의 의식을 구축하기 위한 서비스, 자원, 또는 프로그램에서 경제적 가치를 활용하는 방법을 찾아내는 것은 상당한 도전이다. 그러나 그렇게 하는 것은 모든 사회 서비스로부터 경제적 공헌을 추구하는 정책 입안자의 요구를 충족시키는 도서관의 능력에는 중요하다. 이러한 도전은 앞에서 자세히 설명한 바와 같이, 대부분 정치인이 공공도서관의 역사, 목표 또는 활동과 잘 맞지 않는 비즈니스의 관점에서 가치에 접근한다는 사실로 인해 더욱 악화하고 있다. 공공도서관은 사용 가능한 데이터를 통해 입증한다면, 많은 가치가 있으며 시작할 수 있는 몇 가지 명확한 곳이 있다.

가치를 측정하고 입증하려면 먼저 공공도서관이 제공하는 가치가 무엇을 의미하는지 파악할 필요가 있다. 가치는 여러 가지 방식으로 정의될 수 있지만, 신보수주의 정치 및 신자유주의 경제 이념을 따르는 사람들의 가치에 대한 기대를 포함한 대부분의 가치 연관성은 금전적 또는 경제적 의미로 이를 언급한다. 옥스퍼드 영어사전에서 가치의 정의는 평가적이라는 뜻이며, 판단을 내리는 사람의 관점에서 사물, 사람 또는 사물의 재료, 이점, 합계, 중요성을 강조한다(Oxford English Dictionary, 2013a). 따라서 "가치" 자체는 정의를 내리는 사람들의 사고 과정에 따라 변화하는 주관적인 용어이다. 가치는 물리적인 아이템이든 추상적인 아이디어이든 어떤 것의 타고난 특성을 반영한다.

문헌정보학 분야에서 사용되는 가치라는 단어의 의미를 고려할 때, 도서관이 사회에 대하여 어떻게 그 가치를 보여주는지에 대한 다양한 관점을 제시한다. 그러나 문헌정보학에서의 논의는 추상적으로 존재하지 않으며, 가치에 대한 다른 관점과 정책 및 자금 지원을 결정하는 사람들이 가지고 있는 가치에 대한 기대에 크게 영향을 받는다. 표 6.1은 이와 같은 다양하고 종종 상반되는 관점들에 대한 개요를 제공한다.

표 6.1. 관점에 따른 가치의 선택된 표현

분야	가치
문헌정보학	제품은 의뢰인 · 고객에 의해 소비된다. 도서관이 하는 일 도서관 자료 이용의 이점 투자수익률(ROI) 사서의 공리(librarian's axiom)
교육	교육의 구성 요소와 종류의 초점 교사 평가 표준화된 테스트
경제	금전적 가치 교환 금액
비즈니스	가치 창출 투자수익률(ROI) 공공재

출처: Jaeger, Bertot, Kodama, Katz, & Decoster (2011)

도서관의 가치를 표현하는 방법을 결정하는 어려움의 일부는 도서관이 하는 일의 본질과 관련이 있다. 공공도서관은 교육 기관이며, 교육 기관이 하는 일의 대부분은 수치로 정량화하기 매우 어렵다. 또한, 공립학교와 마찬가지로 공공도서관의 자금은 주로 지방자치단체에서 세금으로 할당된다. 따라서 도서관과 학교는 가치에 대한 정의가 비슷할 것으로 예상할 수 있다. 유감스럽게도 다른 교육 기관의 지표는 도서관의 가치를 표현하고 실증하는 수단을 만드는 데 그다지 도움이 되지 않는다.

교육적 관점에서 가치는 직업 교육이나 이중 언어 교육과 같은 전문교육 또는 취학 전 교육이나 고등 교육과 같은 보충 교육 형태에 대해 계산되는 것이 가장 많다(Labaree, 1997). 교육의 다양한 개별 요소의 평가와 가치의 결정에 중점을 둔다. 낙오아동방지법(No Child Left Behind, Common Core) 및 수많은 주(state) 차원의 교육 능력 시험의 기초가 되는 기본능력을 측정하기 위한 표준화 테스트 동향은 이 접근 방식을 반영했다. 전형적인 K-12 공교육의 가치는 교사 평가, 표준 테스트 및 유사한 지표를 통해 평가되지만, 전체로서 결정되거나 추진되는 경우는 많지 않다(Rothstein & Jacobsen, 2006). 이러한 평가는 교사가 교실에서 해야 할 일에 상당한 제약을 줄 수 있지만, 모든 교사와 학생을 정량적으로 측정할 수 있는 구체적인 기준을 만들어냈다.

학교는 도서관 및 다른 공공부문 또는 비영리 기간과 마찬가지로 자기 평가 또는 홍보에서 비즈니스 용어를 도입하는 것이 늦었을지도 모른다. 그러나 숫자와 사업적인 것처럼 보이는 평가에 기초한 지표를 사용함으로써 학교는 신보수주의 정치 및 신자유주의 경제 이념의 지지자들로부터 재정 지원을 요구하는 데 있어 도서관보다 더 나은 성과를 거두었다. 그러나 도서관으로부터 이용자가 얼마나 많은 것을 배웠는지 또는 성취에 대한 미리 정해진 지표에 얼마나 잘 부합하는지를 판단하기 위해 평가 테스트를 실시할 수는 없다. 가치에 대한 교육적 접근 방식은 도서관에 큰 도움이 되지 않기 때문에 또 다른 선택지는 재정적 의미에서의 가치와 가장 밀접하게 연결되어 있는 비즈니스 및 경제적 관점을 배우는 것이다.

실제로 도서관의 가치는 종종 비즈니스 모델의 관점에서 자주 볼 수 있다(Sykes, 2003; Van Moorsel, 2005). 도서관의 가치에 대한 이러한 접근 방식은 이용자를 "U 클라이언트" 또는 "U 고객"으로 간주하고 도서관을 사업체로 취급한다는 생각이 널리 받아들여지고 있는 것에서도 분명하다(Van Moorsel, 2005). 도서관은 도서관 이용자 · 클라이언트가 제품(예, 책과 컴퓨터 등)과 서비스(예, 워크숍과 수업 등)을 소비하는 장소로 간주된다. 이러한 접근 방식에서는 가치는 이들 제품이나 서비스의 사용 · 비사용의 양에 따라 측정될 수 있다. "제품 · 서비스의 가치는 고객의 사용에 의해 결정된다. 사용되지 않으면 제품 · 서비스에 가치는 없다."(Van Moorsel, 2005, p. 29) 도서관이 사회에 대하여 더 널리 그 가치를 증명하기 위해서는 관계하는 모든 당사자, 즉 도서관 이용자와 도서관 자체가 경제적 "가치"에 대하여 동일한 정의와 개념을 가질 필요가 있다.

문헌정보학의 문헌에서 가치의 정의를 살펴보면, 정보를 찾을 때 이용자와 이용자의 요구 사항이 중요하다는 것을 알 수 있다. 이용자가 가치 있는 서비스 또는 상품으로 간주하는 것은 도서관 직원에게 가장 중요한 것이어야 한다. 도서관을 비즈니스 관점에서 보면, 도서관과 사서의 임무는 이용자를 만족시키고, 도서관에 발을 들인 이용자가 원하는 것, 즉 소설, 컴퓨터 접속, 정부 정보, 클래스 또는 기타 자원이나 서비스 등 원하는 것을 제공하는 것이다. 그러므로 가치 관점에서 보면 도서관의 가치가 "고객의 삶"에 미치는 영향에 있다고 주장할 수 있다.

당연한 것이지만, 이용자를 고객으로 대하고, 그와 같이 부른다는 사고방식은 사서들 사이에서 보편적으로 받아들여지는 개념과는 거리가 멀다(Auld, 2004; Budd, 1997). 1998년 미국도서관협회가 발행하는 「American Libraries」는 공공도서관을 서점처럼 운영하는 것의 장점을 주장하는 기사를 게재했다(Coffman & Varek, 1998). 그 후 도서관은 이 기사에서 소개된 많은 아이디어를 도입했지만, 저자가 모방할 만한 서비스 모델로 꼽은 전국 규모의 서점 체인은 대부분 문을 닫았고, 그런 서점 체인은 모방할 모델이 아니라는 것을 보여준다. 예를 들어, 2003년 런던의 도서관 시스템은 "아이디어 스토어"(idea stores)라는 이름을 붙인 도서관을 열었다. 이것은 소매업의 원칙을 모델로 한 브랜드의 힘이 높은 도서관에서 고객 서비스 전문가는 있지만 이상하게도 직원 중에 훈련받은 사서는 없었다(Ezard, 2003).

도서관의 가치를 측정하기 위한 최근의 여러 가지 제안들은 도서관 문헌 내의 전통적인 접근 방식에 훨씬 더 가까이 다가갔다. 그러한 제안된 접근 방식에는 도서관이 지역사회의 신뢰를 구축하는 방식(Brown, 2001), 삶의 질에 기여하는 방식(McCook & Brand, 2001), 이용자에게 도움을 주는 방식(Durrance & Fisher, 2005), 삶을 변화시키는 방식(c. Hill, 2009b), 사회 자본을 창출하는 방식(Johnson, 2010)을 문서화하기 위한 정성적 지표가 포함된다. 이러한 모든 접근 방식이 도서관의 실제 가치를 문서화할 수 있을지도 모르지만, 도서관의 중요성에 대한 정성적 설명에 의존하기 때문에 현재의 데이터 주도의 정치 환경에서는 주목받지 못할 가능성이 크다. 이러한 가치에 대한 설명은 가치의 증명이 아니라 주장과 너무 유사하다고 여겨지기 때문에 긴축 재정의 시대에는 공감을 얻지 못할 것이다.

5. 도서관의 가치 탐색

옥스퍼드 영어사전에는 가치에 대한 두 번째 정의를 "사물의 물질적 또는 금전적 가치; 어떤 교환 수단 또는 유사한 성격의 다른 기준으로 추정할 수 있는 금액"이라고 제시한다(Oxford English Dictionary, 2013b). 사물은 모호한 용어이기 때문에, 경제적 성공의 필수 요소로 여겨져온 정보 및 데이터와 같은 무형 자산의 금전적 가치를 그 자체로 상품으로 진화시키는 개념으로 연결하기 쉽다.

정보와 지식과 같은 무형의 개념을 화폐화하는 것은 비즈니스와 경제적 관점에서 복잡한 문제를 일으켰다. 이러한 개념의 금전적 가치를 측정할 수 있는 오랜 시간 검증된 공식은 없지만, 확실히 정보에는 가치가 있으며, 그 가치는 적시성, 품질, 개인 및 · 또는 사회적 필요성, 기타 다양한 요인에 따라 달라질 수 있다(Kingma, 2001). 해당 정보, 지식 및 · 또는 데이터가 상품의 창출로 이어진다면, 아마도 금전적 수치를 제안할 수도 있다. 하지만 정보 자체가 상품이 되면, 수용되고 검증되며 신뢰할 수 있는 재정적 가치를 부과하는 것이 매우 어려워진다. 특히, 도서관이 정보에 대한 접근을 제공하는 것은 적어도 도서관의 핵심 기능의 하나이기 때문에 어려움을 겪는 영역이다.

재정적 척도 측면에서 사회적 기관의 가치를 강조하는 풍조에서 도서관 문헌에 제시된 대부분의 가치 개념은 공공도서관의 활동과 서비스, 자원, 이용자, 지역사회, 사회에 대한 공헌을 달러 수치로 성공적으로 변환하지 못한다. 도서관에 투자수익률(ROI) 개념을 적용하면 이러한 불일치가 강조된다. ROI 개념은 기업이 제품의 개발에서부터 생산, 마케팅, 판매에 이르기까지 모든 비용을 계산하기 위해 자주 사용되는 지표이다. ROI는 제품 또는 서비스 판매 후에 연구, 설계, 개발, 구현, 평가 및 마케팅에 소비된 총 노력과 자원의 합계를 빼고 계산된다. 가치에 관한 이와 같은 사고방식은 가치의 정의를 경제적인 관점의 방향으로 이끈다. 이러한 접근 방식에서 정보 전문가나 사서의 가치는 자신이 할 수 있거나 할 수 있는 일에 따라 가치를 유지할 수 없고, 자신이 실제로 하는 일에 따라 가치를 유지한다(Sykes, 2003). 따라서 결과는 정보 전문가나 사서의 가치를 정의하는 데 중요한 측면이다. 정보 전문가가 조직, 비즈니스 또는 도시와 같은 더 큰 지역사회에 어떻게 기여하는지가 그들의 가치를 결정한다. 이러한 접근 방식은 도서관과 자료 이용에 따른 이점에 대한 추정치와 수집 및 도서관 운영 비용을 비교하는 연구에서 확인할 수 있다(Matthews, 2007).

투자수익률(ROI)을 결정하기 위한 일반적인 계산식은 "가격에서 비용을 뺀 후 매출로 나누기"로 요약할 수 있다(O'Neil & Hansen, 2001, pp. 708–710). ROI가 긍정적이면 제품에 대한 초기 비용 지출이 가치 있는 투자였음을 증명한다. 미국도서관협회(ALA)의 '어려운 경제에서의 옹호 활동 툴킷'(Advocating in a Tough Economy Toolkit 2009)은 이러한 유형의 ROI 도구 사용을 주장한다. 이 비즈니스 모델을 따라 ALA만이 아니라 여러 도서관이 정보 제품의 비용 삭감 효과를 강조하기 위해 ROI 계산기를 작성했다.

- 콜로라도주의 공공도서관을 위한 도서관연구서비스(Library Research Service)에서 만든 동료 기반 ROI 계산기(http://www.lrs.org/public/roi/calculator.php). 콜로라도주의 공공도서관은 4개의 기본 범주를 사용하여 유사한 도서관 시스템에서 선택하여 지역사회에 대한 금전적 이익을 계산할 수 있다.
- 메인주립도서관(Maine State Library, http://www.maine.gov/msl/services/calculator.htm)에서 만든 범주를 기반으로 총 12개의 범주를 사용하였으며, 도서관연구서비스는 납세자가 도서관에서 제공하는 세금에 대한 수익을 추산할 수 있도록 약간 더 복잡한 ROI 계산기를 만들었다.
- ALA의 '도서관가치계산기'(Library Value Calculator, http://www.ala.org/ala/issuesadvocacy/advocacy/advocacyuniversity/toolkt/makingthecase/library_calculator.dm)는 매사추세츠도서관협회에서 만든 것으로, 18개의 범주를 사용해 납세자의 환급액을 계산한다.

세금의 투자를 지역사회의 수익과 비교하여 이론적으로 계산하는 데 명확한 시각적 정보를 제공하지만, 해당 범주에 사용된 평가 시스템을 확인하려면 복잡한 문제가 발생한다.

도서관의 재정적 가치를 증명하기 위해 이 세 가지 주요 투자수익률(ROI) 계산기의 사례를 사용하면, 도서의 비용에 대해서는 아마존(Amazon), 전자책 다운로드 비용에 대해서는 반즈앤노블(Barnes and Noble)과 같은 단일 출처의 가격이 가치를 측정하는 일반적인 방법인 것으로 보인다(http://www.swissarmylibrarian.net/librarycalculator/valuecalc_costs.html).

사용된 출처는 비용을 측정하는 좋은 시작점이 된다. 그러나 앞서 언급한 ROI 계산기는 실제로는 비용을 평균화하지 않는다. 왜냐하면 평균화는 정의상 복수의 출처를 측정하는 것을 나타내기 때문이다. 또한, 어느 계산기도 감소하는 가치, 감가상각, 인플레이션 또는 기타 비용 변동을 조정하지 않는다. 비용 평가는 고정되어 있으며, 이는 도서관의 커뮤니티 가치를 옹호하는 데 확실히 도움이 되지만 반드시 ROI의 정확한 척도는 아니다. 모든 계산기의 유용성은 위젯(widget)으로 도서관 활동을 기계적으로 계산하고 측정하는 것이며, 지역사회에 제공되는 도서관 정보, 서비스, 프로그램 및 아웃리치의 중요성을 보여주지 못한다는 사실로 해서 최종적으로는 무력화된다.

이 문제는 부분적으로는 공공도서관과 문헌정보학(LIS) 연구 커뮤니티가 '공공도서관을 위한 산출 측정'(Zweizig and Rodger, 1982)과 도서관이 생산 또는 추가한 제품의 가치가 아니라 도서관 자원의 양과 이용자가 여러 자원을 소비하는 정도를 강조하는 산출 측정을 기반으로 하는 후속 평가 접근 방식과 같은 노력을 통해 초래된 문제이다. 실제로 이러한 초기 노력은 현재 도서관 · 박물관기구(IMLS)에서 관리하는 전국공공도서관 통계 수집 활동의 발전에 중요한 역할을 했다(IMLS, 2011b). 따라서 오늘날에도 어느 정도 남아 있는 주요 도서관 평가 틀은 자료(인쇄, 디지털 및 기타)가 얼마나 자주 이용되는지와 리소스(공공 액세스 컴퓨터 등)가 얼마나 자주 사용되는지를 측정하는데, 이는 더 많이 사용하는 것이 덜 사용되는 것보다 더 큰 가치가 있다는 가정을 전제로 한다. 그러나 이러한 기계적 측정은 이용이 이용자와 지역사회에 미치는 영향이나 도서관이 자료의 저장소라기보다 사회적 기관으로서 도서관이 제공하는 것의 고유성에 대해서는 전혀 보여주지 않는다.

이러한 조치는 긴축이 지역사회 재창조를 위한 배경이 될 수 있다는 사실을 고려하면, 이러한 대책은 긴축 시대의 가치 입증과는 동떨어져 있는 것처럼 보인다. 교육 자금 조달은 긴축 환경에서 지역사회가 직면한 주요 문제 중 하나이며, 일부 지역사회는 문해율과 중퇴율 분야에서 수많은 과제에 직면해 있다(National Center for Education Statistics, 2009). 건강과 웰빙, 고용, 경제 개발 등의 분야에서도 기타 지역사회 문제가 존재한다(Seattle Foundation, 2009). 오늘날의 제약이 있는 재정 환경에서 문제는 종래의 접근 방식으로 이러한 과제에 각각 대처하는 것이 아니라 공공도서관, 학교 및 기타 지역사회 조직과 같은 지역의 자산을 재고하고 동원하여 이러한 과제에 대처하는 것이다. "스마트 시티"라고 불리는 이 움직임은 개방형 정부, 참여 활동, 크라우드 소싱 및 기타 기술을 혁신적으로 조합하여 지역사회에 이익을 가져오는 것이다. 이러한 맥락에서 공공도서관의 역할을 명확한 목표와 측정할 수 있는 목적을 가진 적극적인 참가자로 파악해서 가치를 입증할 필요가 있다. 어느 도시계획학자는 공공도서관은 사람들을 도심에 끌어들이고 '지역 상인을 위한 사업을 확대시키는' 도시 지역의 '유연한 경제 엔진'이라고 불렀다(Senville, 2009, p. 18). 이는 공공도서관을 스마트시티의 핵심 개념으로 만드는 것이다.

따라서 공공도서관이 취할 수 있는 선택지의 하나는 가치 창출에 중점을 두는 것이다. 결국 "경쟁 우위를 확보하기 위해 기업은 업계 경쟁사보다 더 많은 가치를 창출해야 한다"(Lin & Lin, 2006, p. 93). 도서관이 정보 보급 분야에서 엄청난 경쟁을 벌인다는 인식이 널리 퍼져 있지만, 공공도서관만큼 포괄적인 풍부한 정보와 정보 이용을 위한 교육을 제공하는 조직은 없다. 검색 엔진이나 기타 인터넷 리소스에는 정보원의 이용이나 선택에 관한 교육, 문해력 훈련 또는 가이던스를 제공할 능력이 없다(Waller, 2009). 그러나 도서관의 수입원은 지역사회의 자금에서 나오기 때문에, 비즈니스 분석가가 예를 들어 구글(Google)의 가치를 측정하는 것과 같은 방법으로 도서관의 재정적 가치를 실증적으로 증명할 방법이 없다.

도서관과 구글(Google) 등의 정보 지향 기업 사이에 유사점을 찾을 수는 있지만, 도서관은 사람들이 정보 검색을 도울 수 있는 물리적인 장소를 제공할 뿐만 아니라, 특정 주제에 대한 지식이 제한적이거나 전혀 없는 사람들이 리소스에 접근하기도 하고, 정보 전문가의 전문 지식과 지식을 활용하여 정보 관련 목표를 달성하는 데 필요한 기술과 문해력을 개발할 수 있는 장소를 제공한다. 대조적으로, 정보의 위치탐지기(locator)로서 구글이 보편적으로 쓰이려면, 사이트에 접속할 수 있는 기술에 대한 액세스는 말할 것도 없고, 일정 수준의 기술 지식과 정보 문해력의 필요를 전제로 한다.

공공도서관은 이용자 · 소비자(일반시민)에게 제품(정보에 접근)을 제공하는 조직으로 볼 수 있고, 이용자 · 소비자는 이미 도서관에 대한 선입견(좋은지, 나쁜지, 중립적인지)을 가지고 있기 때문에, 도서관은 제품을 제공하는 다른 조직과 마찬가지로 스스로를 브랜드화하고 마케팅하는 방법에 대해 적극적인 자세를 취해야 한다. "지역의 도서관을 떠올릴 때 주민들이 기억하는 도서관의 핵심 메시지나 그림이 있어야 한다"(McClure, Feldman, & Ryan, 2006, pp. 152-153)

이러한 조치를 하려면, 사서들이 도서관 마케팅에 대해 본질적으로 가지고 있는 저항감을 극복해야 한다(Jaeger, Bertot, Kodama, Katz, & DeCoster, 2011; Jaeger, Gorham, Sarin, & Bertot, in press; Parker, Kaufman-Scarborough, & Parker, 2007). 브랜딩과 가치 창출을 포함한 사업 계획을 수립함으로써 도서관은 기존의 확립된 제품 라인을 강화하고, 이를 통해 공공에 대한 재정적 및 기타 공헌을 강조할 수 있다. "결국 브랜드는 소비자가 제품에 대해 머릿속에 가지고 있는 정보(실제적이든 상상적이든, 지적이든, 감정적이든)와 다름이 없다." 따라서 브랜딩과 마케팅 활동은 공공도서관이 시장에서 가치(지각된 가치나 실제의 가치)를 정의하고 창출하는 데 도움이 될 수 있는 잠재력을 가지고 있으며, 이는 정치인이나 정책 입안자에게 가치를 입증하는 기반으로 활용될 수 있다.

그러나 동시에 도서관계는 실증적 평가의 사용을 강화하고 교육, 고용 및 경제 개발, 건강 및 웰빙과 같은 지역사회 과제에 대한 공공도서관의 공헌을 측정해야 한다. 공공도서관은 가치를 입증하기 위해 장기간 투입(자원 투자)과 산출(이용 가능한 자원 및 이용된 자원)의 측정에 의존해 왔다(Jaeger, Bertot, Kodama, Katz, & DeCoster, 2011). 이것들은 어디까지나 기준에 불과하지만, 더 중요한 것은 주요 산출 통계가 하강 추세를 나타내고 있다는 것이다(Swan et al., 2013). 서사적으로 공공도서관은 전통적으로 이용 증가를 가치와 동일시해왔다. 하지만 도서관 방문과 같은 중요 분야에서 보듯이 이용이 감소하면 어떻게 될 것인가? 이는 가치의 저하를 의미하는가? 산출 측정은 제한적이며 도서관 서비스 이용이 문해력, 지역사회의 건강, 21세기 노동력 구축 및 지역사회에 대한 기타 많은 중요한 공헌에 미치는 영향에 대한 중요한 질문에 답하지 못한다.

이러한 시도와 한계에도 불구하고, 도서관은 정보와 같은 무형 자산을 정량화하려고 할 때 경제학자와 동일한 문제에 직면한다. "경제학자들은 정보를 불확실성을 줄이는 현상으로 정의하고, 일반적으로 교환 가치의 관점에서 연구한다"(Repo, 1989, p. 68). 그러나 공공재로서의 정보는 경제학의 더 광범위한 연구에서 어느 정도 주목을 받고 있다.

> [공공재] ... 개별적으로 판매할 수 있는 단위로 나눌 수 없다. 한 사람이 소비해도 다른 사람이 사용할 수 있는 양이 줄어들지 않는다. ... 공공재의 일반적인 예로는 거리나 도로, 국가 안보, 공공도서관이 있다. 공공재와 민간재(private goods)의 경계가 정확히 어디에 있는지 정의하기는 어렵지만, 이용 가능한 많은 정보 제품이나 서비스가 공공재의 특성을 어느 정도 가지고 있다는 것은 분명하다.

정치인과 정책 입안자는 투자수익률(ROI) 계산기와 기타 비즈니스 기반 지표에 익숙하고 수월하기 때문에, 이러한 도구를 사용하여 공공도서관의 가치를 정량화하는 것이 유용한 방법일 수 있다. 그러나 지역사회의 가치를 진정으로 계산하려면 공공도서관은 정보 및 지식 공유, 기술, 문해력 교육, 숙제 도움, 회의 공간, 취업 자원 등 재정적으로 정의할 수 없는 성질을 가진 도서관이 제공하는 서비스의 측정 기준을 채택해야 한다.

공공도서관의 경제적 가치를 측정하고 표현할 수 있는 큰 잠재력을 분명히 제공하는 분야의 하나는 교육, 기술에 대한 문해력, 구직, 사회복지 서비스 신청 및 기타 경제에 대한 측정 가능한 공헌을 지원하는 인터넷 지원 서비스 리소스이다. 예를 들어, 도서관이 신청하고 받은 일자리와 사회 서비스 수를 표현할 수 있다면, 경제에 직원을 추가하고, 동시에 실업 수당에 대한 필요성을 줄이고 납세자 수를 늘리는 동시에 사회 서비스를 신청하는 사람들을 돕기 위해 도서관 외부의 특정 정부 기관에 대한 필요성을 줄이는 등 실제 경제적 가치를 보여줄 수 있다. 2010년 연구에 따르면 3,000만 명이 도서관 컴퓨터와 인터넷 접속을 이용해 일자리를 찾았고, 놀랍게도 370만 명이 도서관 컴퓨터를 통해 지원한 직위에 채용된 것으로 추정된다(Becker et al., 2010). 지속적인 경기 침체에서 공공도서관이 기여한 막대한 공헌은 기록되어야 하며, 자금 조달 결정을 내리는 사람들에게 입증되어야 한다. 이러한 유형의 숫자를 보여줌으로써 도서관은 정책 입안자의 언어로 말할 수 있게 될지도 모른다. 정책 입안자는 현재 교통 신호조차도 입증 가능한 경제 공헌을 해야 하는 환경에 있다.

인터넷 지원 서비스와 리소스의 잠재력이 정책 입안자에게 도서관의 가치를 입증하는 열쇠라는 점은 문헌정보학 자체의 일부 분야에서 도서관에서의 인터넷에 대한 강한 저항이 표명된 점을 감안할 때 특히 아이러니하다. 그러나 시간이 지남에 따라 공공도서관의 성격이 변화한다는 것은 변화하는 사회적 요구와 경제적 상황에 적응할 수 있었다는 것을 의미한다. 인터넷은 이러한 진화 능력의 증거이다. 우리가 공공도서관이라고 부르는 기관의 정의는 특정 시대의 사회적, 경제적 환경에 따라 바뀌고 변화할 수 있지만, 이용자나 지역사회에서 공공도서관의 중요성은 명백하고 틀림없다.

인터넷을 활용한 공공도서관의 역할은 정치인 및 정책 입안자와 소통하는 데 필수적인 경제 언어로 도서관이 가치를 명확히 표현하고 실증하는 방법에 대한 명확한 예를 나타내고 있다. 궁극적으로 도서관 가치를 데이터에 기초하여 입증해도 최종적으로는 신보수주의 정치 이념이나 신자유주의 경제 이념에 의해 만들어진 공공도서관에 대한 모든 저항을 극복할 수는 없을 것이다. 그러나 도서관이 바로 해를 입지 않도록 할 수는 없더라도, 정치적으로 참여하고 데이터에 기초한 옹호 활동을 벌이는 것은 적어도 정치인과 정책 입안자가 도서관에 해로운 결정을 내리는 것을 어렵게 만들 것이다.

제 7 장

도서관의 가치 입증과 지지를 위한 옹호 활동

앞의 여러 장에서 보여준 바와 같이, 공공도서관 실무자, 교육자, 연구자, 학생 및 이용자가 정책 입안, 정치 및 자금 지원 프로세스에 관여하여 공공도서관을 지원하는 결과를 옹호할 수 있는 기회는 적지 않다. 정책이나 정치 또는 자금 조달에 참여하기 위한 많은 레시피가 제공되었지만, 이상하게도 이러한 요소를 무관한 것으로 취급하는 경향이 있으며, 제안된 접근 방식 중 일부는 옹호 입장을 뒷받침하기 위해 실제 데이터와 연결하는 경우가 거의 없다. 이러한 조정의 부족은 도서관을 대신하여 정책 결정, 정치 및 자금 지원 프로세스에 영향을 주고자 하는 기관에도 반영된다. 예를 들어, 미국도서관협회(ALA)는 정책과 정치에 영향을 미치기 위해 노력하는 전국 조직의 여러 부분을 포함하여 정부 관계 업무를 보는 워싱턴사무소(Washington Office of Government Relations), 입법위원회(Committee on Legislation), 도서관옹호사무소(Office for Library Advocacy), 연방도서관입법및옹호네트워크(Federal Library Legislative and Advocacy Network)를 운영하고 있다. 이렇게 많은 목소리를 낸다고 해서 일관되거나 조정된 접근 방식이 도출되는 것은 아니다.

도서관 옹호 활동은 공공도서관과 도서관 전문가 및 이용자의 최대 이익을 더 잘 옹호하기 위해 여러 수준에서 조정하고 일관성을 유지해야 한다.

- 메시지는 도서관 전문가와 도서관 지지자들의 목소리를 통해 일관되게 전달해야 한다.
- 의사 결정자와 지역사회 구성원에 대한 아웃리치 지원은 동시에 이루어져야 하며 관련이 있어야 한다.

- 메시지는 커뮤니티 구성원과 의사 결정자에게 이해하기 쉬운 용어로 제시되어야 한다.
- 메시지는 의사 결정자가 이해할 수 있는 데이터를 기반으로 작성되어야 한다.
- 정책, 정치, 자금은 상호 연관된 일련의 문제로 파악할 필요가 있다.

이러한 목표를 달성하는 것은 생각보다 훨씬 복잡하며, 이것은 공공도서관이 정책, 정치, 자금 지원에 대한 결정에 긍정적인 영향을 미치는 데 계속 어려움을 겪는 이유일 수 있다.

미국도서관협회(ALA)의 '도서관옹호자핸드북(Library Advocate's Handbook 2003)'은 옹호를 목표와 목적을 정의하고, 맥락을 평가하며, 과제를 식별하고, 메시지를 전달하고, 작업 계획을 수립하고, 결과를 평가하는 과정으로 설명한다. 이러한 접근 방식은 추상적으로는 합리적이지만, 도서관이 정치 및 정책 과정에서 직면하는 가장 큰 문제는 참여에 대해 체계적이지 않은 것과는 관계가 없다. 문제는 정치, 정책, 옹호, 역사, 서비스 등을 공공도서관의 전체 그림으로 통합하여 보여주지 않는 방식으로 참여하는 것과 관련이 있다. 도서관의 가치를 입증하고 도서관의 지원을 옹호하는 궁극적인 목표는 현재의 정치 및 정책 담론을 공공도서관과 그 기여를 훨씬 더 지지하는 환경으로 바꾸는 것이다.

1. 등대를 넘어

정책 입안 과정에 적극적으로 참여하고 정치적 담론의 언어로 데이터에 기초한 가치 입증을 활용하는 공공도서관 옹호는 정책 및 자금 결정에 따른 도서관 위상의 향상을 위해 도움이 될 것이다. 그러나 이러한 노력은 일반인들이 공공도서관의 모든 기여를 더 잘 이해할 수 있도록 돕기 위한 좀 더 광범위한 참여와 함께 이루어져야 한다.

조사에서는 국민의 91%가 공공도서관이 지역사회에 중요하다고 믿는다는 결과가 나타났지만, 놀랍게도 응답자의 불과 22%만이 공공도서관에서 제공하는 서비스 대부분 또는 전부를 알고 있다는 사실이 드러났다(Zickuhr, Rainie, & Purcell, 2013). 공공도서관은 공공도서관의 비이용자가 적어도 도서관의 기여를 이해할 수 있도록, 그리고 도서관 이용자가 공공도서관의 모든 측면을 이용할 수 있도록 옹호 및 마케팅 이니셔티브를 분명히 적용해야 한다. 이러한 참여에는 공공도서관이 공공재의 범위 내에서 구상되는 방식을 전환하려는 노력도 포함되어야 한다. 일반적으로 이해되는 개념은 공공도서관의 기여 범위에 큰 해를 끼친다.

누군가 공공재(public goods)라는 개념을 설명하려고 할 때, 특히 교과서에서는 등대가 예로 사용될 가능성이 높다. 등대는 주로 물 위에서 식량이나 기타 필수품이나 승객을 안전하게 수송할 수 있도록 하는 동시에 일반인들 모두에게 큰 사회적 이익을 가져다준다. 반면에 또한 선주의 투자를 보호함으로써 선박의 운항을 장려한다. 등대가 없으면 수송량이 줄어들거나 아예 없어지기 때문에 많은 상품의 가격이 크게 상승하거나 전혀 구할 수 없게 될 것이다. 수송량이 줄어들면 항구가 있는 도시는 자체 경제를 지탱하는 데 어려움을 겪을 수도 있다. 그러나 등대의 건설에는 비용이 많이 들고 선박을 소유한 대부분의 개인과 기업에는 너무 고액이다.

정부가 등대를 건설하는 것은 등대가 국민과 경제에 많은 중요한 점에서 이익을 가져오기 때문이다. 등대는 공공재의 명확한 예이다. 그러나 등대는 하나의 공공재일 뿐이며 모든 공공재를 등대와 동등한 것으로 생각하는 것은 일부 공공재가 공공에 최대한 공헌하는 잠재력의 발휘를 제한하는 역할을 한다. 등대를 건설하고 운영하는 데 드는 비용은 한 척의 배가 등대를 통과하는 경우와 100척의 배가 등대를 통과하는 경우가 어느 날이든 동일하다. 등대를 몇 번을 사용하더라도 투입량의 결과는 동일하다. 또한 등대의 예산을 대폭 확대한다고 해서 등대가 지역사회에 공헌하는 바는 크게 바뀌지는 않는다. 등대는 공공재이지만 공공재의 범위는 한계가 있다.

공공도서관은 여러 가지 방법으로 지역사회를 돕고, 도서관이 하지 않았다면 지역사회에 존재하지 않았을 많은 자원과 서비스를 제공한다. 등대와는 대조적으로 공공도서관은 매우 다른 유형의 공공재이다. 공공도서관이 공공재에 공헌하는 것은 고정적이지 않다. 공공도서관의 자금이 풍부하고 안정적일수록 더 많은 사람을 도울 수 있고, 더 많은 서비스와 리소스, 자료를 제공할 수 있으며, 더 많은 지역사회 파트너십을 구축할 수 있다. 그리고 지역사회에 더 큰 영향을 미칠 수 있다. 공공도서관이 창출하는 공공재의 규모는 도서관에 대한 지원의 양에 따라 커진다. 공공도서관은 충분한 지원이 제공되기만 한다면, 그 리소스와 직원들의 스킬 덕분에 사회 서비스, 긴급 대응과 복구, 전자 정부, 디지털 문해력과 포용, 직업훈련 및 기타 지역사회의 건전성을 키우는 수많은 공헌의 중심지가 될 수 있다. 간단히 말해, 공공도서관은 자금의 비례적인 증가를 통해 적응하고 확장할 수 있는 공공재이다. 공공도서관은 본질적으로 여우와 같은 특성으로 인해 매우 독특한 공공재이다.

공공도서관의 영향을 적절히 전달하기 위해서는 공공재로서 공공도서관의 본질을 더 잘 파악할 수 있는 용어가 필요하다. 공공도서관은 단순한 공공재 이상이다. 공공도서관은 지역사회의 재화이다. 공공도서관에 대한 지원이 많을수록 지역사회에 대한 가치를 창출하고 더 많은 지역사회 구성원의 지원도 늘어난다. 이는 공공재 중에서 매우 드문 속성이다. 공원에서 신호등까지 대부분의 공공재에는 지역사회를 지원할 수 있는 식별 가능한 상한선이 명확하게 정해져 있기 때문이다. 경제학자들이 공공재와 공유자원을 구별하는 것처럼, 공공도서관이 독특한 종류의 공공재, 즉 지역사회의 재화(community good)라는 본질은 우리의 옹호 활동을 통해 소중하게 여겨져야 한다.

공공도서관의 본질을 지역사회의 재화로 설명하는 것은 공공도서관을 더 효과적으로 옹호하는 데 필수적인 부분이지만, 그것은 단지 논쟁의 일부일 뿐이다. 도서관이 스스로에 대해 가지고 있는 그림, 즉 옹호 활동에서 외부에 제시되는 이미지는 모자이크가 아니라 단지 일련의 조각일 뿐이다. 이 책이 공공도서관과 관련된 정치, 정책, 옹호, 역사, 서비스를 하나로 모은 최초의 시도라는 사실은 도서관이 그동안 지역사회를 위해 무엇을 하는지, 그리고 그 기여를 어떻게 표현하면 도서관에 대한 지원을 촉진할 수 있는지를 통합한 초상화를 만들어내는 데 실패했음을 보여준다. 지역사회의 재화로서의 공공도서관이 논쟁의 핵심(linchpin)이 될 수 있지만, 옹호 활동에서는 공공도서관의 본질과 공헌을 통합된 전체로서 제시해야 한다.

2. 공공재로서 다시 주장, 지역사회의 재화로서 주장

도서관의 공공재로서의 기여에 대한 좀 더 상세하고 뉘앙스가 풍부한 설명을 작성하고, 이 설명을 배포하는 것은 공공도서관의 성공에 도움이 되는 정책과 자금 결정을 옹호하는 효과를 높이는 기초가 된다. 정치인과 정책 입안자는 일반적으로 자신의 결정이 장기적으로 실생활에 미치는 영향에 초점을 맞추지 않는다. 그들은 “자신의 정책 선택의 실제적 결과를 인식하기 위해” 문제에 대한 교육을 받아야 한다(Greenberg & Dratel, 2005, xxiii). 정책 입안자와 정치인이 도서관에 대한 결정의 파급성을 이해하지 못하는 경우가 많다는 사실은 도서관이 스스로를 드러내는 방식 때문이다. 공공도서관의 옹호 활동은 자금 지원과 정책의 선택이 공공도서관에 어느 정도 영향을 주고, 지역사회의 재화로서 효과적으로 기능할 수 있는지를 훨씬 더 잘 설명해야 한다. 정치인과 정책 입안자가 자신의 선택이 공공도서관이 지역사회에 공헌하는 능력을 확대하거나 제한할 수 있다는 것을 이해한다면, 정책과 정치적 선택이 다르게 이루어질 수도 있다. 이 책의 전반에 걸쳐 논의된 자료를 바탕으로 공공도서관을 대신하여 정치, 정책 입안, 자금 지원 과정에 지속적이고 생산적으로 참여하려는 철저한 접근 방식은 다음과 같이 시작할 수 있다.

① 지역사회의 이익을 표현하기 위해 의미 있는 데이터를 만들고 사용하기.

도서관은 가치에 관한 주장에 의존하는 대신, 의사 결정권자에게 의미 있는 용어로 가치를 입증하는 방법을 배워야 한다(Jaeger, Bertot, Kodama, Katz, & DeCoster, 2011). 가치를 입증하기 위해 다양한 수단을 결합할 수 있다. 여기에는 도서관 자료 이용의 경제적 이익 분석, 투자수익률(ROI), 사서의 공리(Axiom), 이용자가 소비하는 상품의 측정, 지역사회를 지원하는 방법으로서 도서관에 자금을 지원하는 것의 더 큰 사회적 이익 등이 포함된다. 공공도서관의 활동과 영향은 긴축 재정의 왕국에서 왕국의 화폐인 데이터와 언어를 통해 전달되어야 한다(Jaeger, Gorham, Sarin, & Bertot, in press).

② 목소리를 높인다. 공공도서관은 강력하고 조율된 목소리로 자신을 대변하는 법을 배워야 한다. 공공도서관은 마케팅(예, 지역사회에 판매 등)을 통해 도서관의 가치와 기여도를 동시에 전달하고 도서관에 긍정적인 영향을 미치는 정책(예. 정책 과정에서의 로비 활동 등)을 옹호함으로써 영향을 미칠 가능성이 더 높아진다(Nelson, 2006).

③ 모든 도서관 직원에게 옹호할 수 있는 권한 부여.

이 책의 한 저자는 공공도서관 직원에게서 옹호에 대해 훈련하는 과정에서 일선 사서들이 옹호 활동을 자신의 업무로 여기지 않는다는 말을 여러 차례 들었지만, 많은 사서들은 정반대의 생각을 갖고 있다. 한 공공도서관 사서는 최근 이러한 훈련 세션 중 한 곳에서 다음과 같이 말했다. “옹호는 제가 할 일의 일부가 아닙니다. 그것은 도서관 관장의 일이지만 제 일의 일부는 아닙니다. 사실 제가 옹호 활동을 하려고 했다면 관장은 제가 그 발가락을 밟았다고 화를 낼 것이라고 확신합니다”(Jaeger, Gorham, Sarin, & Bertot, in press, n.p.). 도서관 직원 전원이 도서관의 이익을 옹호하는 옹호자가 될 수 있는 권한을 부여하면 교육받은 지지의 목소리가 크게 높아질 것이다.

④ 도서관을 위해 옹호할 다른 사람의 목소리를 독려하기.

효과적인 도서관 옹호자는 수탁자(trustees), 도서관 후원자(friends of the library), 이용자, 도서관 파트너, 지역사회 구성원, 지역사회 리더, 교육자, 은퇴한 도서관 직원 등을 들 수 있다.

⑤ 여러 가지 방안을 사용하여 담론에 참여하기.

성공적인 옹호 캠페인에는 지역사회의 고위층 구성원의 지원, 조직된 위원회, 지역 행사를 위한 연설자 대표단, 여론 조사, 홍보, 지원과 참여를 가장 기대할 수 있는 그룹에 초점을 두는 것, 지역 언론에 게재하는 객원 사설, 지역 정치인의 지지 성명, 도서관의 정보 테이블, 광고, 대학, 주택 소유자 및 공동주택 협회, 유명인, 노동조합, 상공회의소의 지지 등이 포함될 수 있다(Imhoff, 2006).

⑥ 새로운 기술과 도구를 사용하여 옹호하기.

뉴욕시가 도서관 기금을 크게 삭감하여 45개 공공도서관 지점을 폐쇄해야 할 상황을 고려했을 때, 도시사서연합(Urban Librarians Unite)의 창립자이자 뉴욕시 사서인 크리스티안 자브리스키(Christian Zabriskie)는 허핑턴 포스트(Huffington Post)에 그러한 폐쇄로 인해 개인과 커뮤니티에 미칠 수 있는 잠재적 피해에 대해 명확하고 감동적인 설명을 썼다(Zabriskie, 2013). 이런 채널을 통해 자신의 메시지를 전파하자 그 메시지는 소셜 미디어에서 다루어졌고, 심지어 일부 유명인이 공유해 팔로워들에게 도서관 지원을 옹호하도록 촉구했다.

⑦ 교육받고 계속 참여하기.

앞서 논의한 여러 가지 이유로 대다수의 공공도서관 사서는 역사적으로 정치 및 정책 과정에서 단절된 대신에 중립적인 입장에 집착해왔다(Jaeger, Gorham, Sarin, & Bertot, in press). 이 접근 방식은 현재 요구되는 것과는 정반대이다. 모두가 어디에나 존재하는 미디어를 이용해 자신의 관점을 주장하고 있다면 공공도서관도 자신의 목소리를 들려줄 기회를 얻기 위해 정보를 제공하고 목소리를 내야 한다.

⑧ 의도하지 않은 영향이 있는지 찾아보기.

공공도서관에 대한 정치적, 정책적 결정의 많은 결과는 결정을 내리는 사람들의 의도가 아니며, 그들에게 도서관은 거의 고려 대상이 되지 않는다. 그 결과, 저작권법과 국가 안보 지침과 같은 많은 법률이 공공도서관에 의도치 않게 큰 영향을 미친다(Jaeger, Bertot, & Gorham, 2013). 정책, 정치, 자금 지원 과정에 대한 교육과 참여의 핵심은 도서관에 의도치 않은 중대한 결과를 초래할 수 있는 결정에 대한 관용을 의미한다.

⑨ 정치와 정책, 자금, 옹호, 역사, 서비스를 상호 연관된 시스템으로 인식하기.

공공도서관에 미치는 영향은 "기술의 사용이 증가하고 있다"는 예와 같은 개별적인 요인 또는 "경제가 나빠서 기술의 사용이 증가하고 있다"는 예와 같이 제한된 상관관계로 보는 경우가 너무 많다. 기본적인 상관관계는 사실일 수 있지만, 전체 큰 그림에는 많은 요인 간의 상호 관계가 포함되어 있다. 이러한 요인을 복잡한 시스템으로 보지 않고 그에 따라 옹호하면 잘못된 결과를 주장할 위험이 상당히 커진다.

⑩ 적어도 공공도서관 전문가 쪽에서는 의사 결정권자나 지역사회 구성원이 어느 정도는 지성인이라는 점을 전제로 한 용어로 말하기.

맥도날드나 월마트 매장, 지피루브센터(Jiffy Lube Center)보다 도서관이 얼마나 더 많은지와 같은 반짝이는 산만함은 공공도서관에 진정한 가치가 있거나 그 가치가 무엇인지 사람들을 설득하는 데 거의 도움이 되지 않는다.

⑪ 자금 조달 결정의 의미에 대해 솔직하게 말하기.

도서관은 가능한 한 많은 구성원이 "도서관의 지출을 이해할 수 있도록 해야 한다"(Holt, 2013, p. 68). 공공도서관은 지역사회의 요구에 응하기 위해 효과적으로 자금을 사용하고 있다는 점을 전달해야 하지만, 동시에 자금 부족으로 인해 서비스와 자원에 부정적인 변화가 초래된다는 점도 보여줘야 한다.

⑫ 도서관이 개인과 지역사회에 어떤 의미를 갖는지 보여주는 메시지 만들기.

사람들 대다수가 심지어 정기적으로 도서관을 이용하는 사람들조차도 도서관이 제공하는 서비스와 지역사회에 대한 공헌의 전체 범위를 알지 못한다(Zickuhr, Rainie, & Purcell, 2013). 도서관에서 하는 모든 일과 그것이 중요한 이유를 전달하는 것은 옹호 활동을 개선하기 위한 핵심 요소이다.

⑬ 다양한 의사 결정권자와 이해관계자 그룹의 관심사에 따라 다른 메시지 만들기.

공공도서관이 개인과 지역사회에 공헌하는 범위가 넓어서 잠재적인 메시지 범위도 똑같이 넓다. 다양한 그룹의 주요 초점에 맞춰 조정된 보완적인 메시지는 단일의 획일적인 메시지에 흔들리지 않는 다양한 그룹의 지지를 얻을 수 있다.

⑭ 공공도서관을 더 넓은 사회 시스템의 고유한 일부로서 사례 만들기.

도서관은 완전히 고유한 공공재, 즉 지역사회의 재화이다. 새로운 또는 시급한 지역사회의 요구가 생기면 이를 충족시키기 위해 스스로를 바꿀 수 있는 카멜레온이다. 이러한 완전히 고유한 특성은 도서관 옹호의 핵심이 되어야 한다. 공공도서관은 진정으로 대체할 수 있는 존재가 아니며, 정책 입안자, 정치인과 지역사회 구성원에게 이 사실을 상기시키는 것은 부끄러운 일이 아니다.

이러한 단계는 대화를 시작하기 위한 논리적인 출발점으로 제시된다. 공공도서관이 현재 직면한 옹호와 가치의 입증 과제가 너무 커서 정확한 해답은 많은 시행착오를 거쳐야 분명해질 것이다. 예를 들어, 정치, 정책 및 자금 지원 논의에서 공공도서관의 가치를 가장 잘 구성하고 입증하는 방법의 문제는 몇 가지 주요 질문에 대한 대답에 달려 있다.

- 도서관은 정치인과 정책 입안자가 메시지를 이해할 수 있도록 새로운 공공 철학의 언어를 어떻게 사용하여 도서관의 기여를 전달할 수 있을 것인가?
- 중립적 발언은 정치인과 정책 입안자의 마음속에서 우리들의 가치에 어떤 영향을 미칠 것인가?

- 모든 도서관 전문가의 교육에 옹호 원칙을 도입하기 위해 문헌정보학 석사 학위(MLS) 프로그램, 전문 조직, 지속 교육 프로그램을 어떻게 설계하면 좋을 것인가?
- 도서관이 그 가치를 증명하는 데 가장 도움이 되는 데이터를 제공하기 위해 도서관학자는 어떤 연구 주제를 추구할 수 있을 것인가?
- 도서관은 자금 조달 결정을 형성하는 가치에 대한 인식에 어떻게 영향을 미칠 수 있는가?
- 도서관과 민주주의 사이의 철학적 유대를 좀 더 의미 있는 형태로 전달하고 구체적인 영향을 보여주려면 어떻게 해야 하는가?
- 도서관은 신자유주의 경제 이념과 신보수주의 정치 이념이 만들어낸 이야기에 어떻게 대항할 수 있을 것인가?

이러한 질문에 답하기란 쉽지 않을 것이다. 하지만 중요한 것은 지금까지 해오던 것보다 훨씬 더 일관되게 열심히 노력하고 옹호 활동을 시작하는 것이다. 왜냐하면 시도해보고실패에서 배우는 것은 전혀 시도하지 않는 것보다 부정적인 결과가 적기 때문이다.

3. 우리는 모두 혼자인가?

위에서 언급한 중점 영역과 추가 질문 사항은 공공도서관과 그 지지자들이 정치, 정책 입안 및 자금 지원 과정에 효과적으로 참여하기 위한 접근 방식의 핵심 부분으로 제시된 것이다. 그러나 정책, 정치, 자금 조달의 맥락에서 계획과 전략 수립만으로는 공공도서관에 대한 지원을 지속하는 데 성공을 보증할 수 없다. 도서관은 도서관과 그 목표에 다소 적대적일 수 있는 환경에서 기여와 관련성을 명확히 해야 한다.

기술에 대한 인식 변화로 인해 도서관을 이용하지 않는 사람들 사이에서 도서관에 대한 무관심이 생겨났다. 공공도서관을 매장할 준비가 된 많은 미디어 논평가는 도서관을 이용한 적이 없거나 지금 도서관 내부에서 무슨 일이 일어나고 있는지 전혀 알지 못한다고 인정한다(Rosenblum, 2013). 그들은 주로 부유하고 교육받은 계층으로, 공공도서관이 제공하는 지역사회의 재화를 이해하지 못하는 사람들이다(Zabriskie, 2013). 사실, 이러한 만연하지만 근거 없는 비판을 반박하는 것은 그 자체로 힘든 일처럼 보일 수 있다(Meade, 2013). 그럼에도 불구하고 사회적, 교육적, 상업적 활동을 점점 더 온라인으로 옮겨간 부유층은 크고 목소리 높은 세력이다. 서점, 음악 매장, 비디오점 등 공공도서관과 유사한 지역사회의 공간과 학습을 위한 역할을 하던 민간 부문은 지난 10년 동안 대부분 자취를 감추었다(DePillis, 2013).

인터넷 시대의 첫 20년은 많은 사회 제도가 이전에 생각했던 것만큼 영속적이지 않을 수 있음을 보여주었다. 공공도서관은 "민주주의의 무기고"로 알려진 미국의 또 다른 지역, 즉 현재는 러스트 벨트(Rust Belt)라고 불리는, 이전에는 활기가 넘쳤으나 지금은 황폐한 공업지대가 최근 수십 년까지 이 나라를 특징짓는 요소의 하나이며, 국가의 장래 성공 열쇠의 하나라고 여겨졌다는 사실을 기억하는 것이 현명할 것이다(McClelland, 2013). 공공도서관의 역사적 중요성과 공공도서관에 대한 국민의 호의만으로는 정치적, 정책적 자금 지원 면에서 긍정적인 결과를 보증하기에는 충분하지 않다.

지난 20년 동안 국가 정치 구조에 상당히 큰 변화가 일어나면서 국가의 정치 담론을 바꾸는 것이 더욱 어려워졌다. 앞에서 논의된 신자유주의 경제와 신보수주의 정치 이념이 국가 통치의 핵심으로 부상한 데다 국가 공직에 대한 선거 구조의 변화로 국가 차원에서 훨씬 덜 역동적인 대화로 이어졌다.

1992년에는 어느 선거에서도 어느 정당이나 현실적으로 승리할 가능성이 있는 격전 지역에서 선출된 하원의원이 103명이었으나, 이제 격전지는 35개만 남았다(Silver, 2012b). 대조적으로 242개 선거구는 극단으로 당파적이며, 한 정당에 꾸준히 압승을 안겨준다. 이는 주로 하원의 의석을 재구성하는 정당을 "안전하게" 하기 위한 것에서 비롯된 것으로, 이는 하원의원의 대다수가 예비선거에서만 의석을 차지하기 위한 실질적인 도전에 직면하게 됨을 의미한다. 예비선거에 집중하는 것은 총선에서 주류 유권자를 만족시키기보다는 다수 정당의 지지 기반을 만족시키는 것에 관한 경쟁을 만들어 당파성을 부추기는 역할을 한다.

정치자금 모금과 선거 캠페인 자금 지출의 증가, 특히 네거티브 광고에 대한 지출의 증가는 중도 유권자들의 정치에 관한 관심을 억제하는 역할을 해왔다(Pearlstein, 2012). 부정적이고 이념적인 광고는 극단적으로 당파적인 지지층을 활기차게 하는 동시에 온건한 유권자를 멀리하고 당선자의 당파성을 더욱 강화함으로써 선거일의 유권자 구성을 바꾼다. 온건한 유권자에 대한 무시가 커지면서 선거는 공유지의 비극이 되었고, 정치인의 이기심이 정치 시스템의 기능을 방해하는 당파성을 받아들이게 되었다. 사회적 문제를 해결하는 능력은 서로 다른 관점을 가진 행위자들의 협력에 달려 있으며, 이는 다른 관점을 가진 사람들을 책임지게 하고 참여시키는 능력을 바탕으로 한다(Young, 2006). 당연하게도 선거를 더 당파적으로 만들고 주류 유권자에게 덜 매력적으로 만드는 것은 서로 다른 다양한 이해관계자 간의 협력을 촉진하는 데 거의 도움이 되지 않는다.

워싱턴의 극단적 당파적 분위기는 정계의 양 진영 의원들을 양극화시켰으며, 이전에는 합의된 지지를 받았던 기관과 프로그램이 이념으로 인한 방해, 필리버스터, 반감의 대상이 되었다 (Mann & Ornstein, 2012). 새로운 정책은 거부될 가능성이 높고, 정당은 단순히 정치적 이득을 위해 기존 법률을 적극적으로 파괴하려는 것으로 보일 수 있다 (Sargent, 2013). "모든 아이디어가 차량의 범퍼 스티커에 맞을 것으로 기대하는 당파는 현실을 지나치게 단순화했다는 사실을 받아들이기 전까지 여러 단계의 슬픔을 겪게 될 것이다"(Silver, 2012a, p. 452). 예전에는 거의 완벽한 합의를 누렸던 공공도서관 등의 사회 제도조차도 이러한 환경에서는 당파적 문제로 바뀌었다.

의회의 변화에 대한 저항은 의원들의 나이와 임기 기간과도 관련이 있다. 같은 인물이 권력의 자리를 유지한다고 해서 다른 결과가 나올 가능성이 없다. 2011년, 의회의 공화당 의원의 평균 연령은 56세였고, 민주당 의원의 평균 연령은 60.8세로, 10년 전보다 약 5년 증가했다. 2013년 당시 87세였던 존 딩겔(John Dingell) 의원은 인생의 3분의 2 이상을 의회에서 보냈다. 선거구 재편은 선거구를 더욱 당파적으로 만들고 임기 제한 운동을 종식하는 데 도움이 되었을 뿐만 아니라, 재선이 더 쉬워져 국회의원이 재임하는 기간이 연장되었다. 따라서 재임하는 횟수가 늘어 의회 의원들이 훨씬 더 오래 재임하고, 재임 중에는 지위가 더욱 굳건해지게 되었다(Cillizza, 2013a).

의회의 고착되고 당파적인 성격은 또한 어떤 법안을 가결하는 능력에 악영향을 미쳤다. 제112회 의회는 기록이 남기 이전의 어느 의회보다 적은 법률을 통과시켰다 (Cillizza, 2013b). 제112회 의회가 기록상 다섯 번째로 높은 투표수를 기록했음에도 불구하고 이러한 역사적 수준의 비생산성이 발생했다. 이러한 투표의 대부분은 당파적 이유로 이루어졌으며 실패할 운명이었다. 제112대 의회에서 건강보험개혁법(Affordable Care Act)을 폐지하기 위해 60표 이상이 투표된 것도 그중 하나이다(Milbank, 2013). 2013년 후반, 워싱턴의 한 노련한 기자가 특수 이익단체, 정치 활동 단체의 거대한 영향력과 정부에서 은퇴한 후의 고수입의 컨설턴트직 약속이 의회에 법안 가결의 동기부여가 되지 않는 영속적인 부유층 지배계층을 지탱하기 위해 어떻게 결탁하고 있는지를 상술한 책을 출판했다(Leibovich, 2013).

그러한 당파적이고 고착된 환경에 들어가는 것은 모든 지역사회 지향 집단에 매우 위험할 수 있다. 예를 들어, 기후과학자들은 지구온난화를 줄이는 데 도움이 되는 정책과 자금 조달 결정을 옹호하기 위해 정치적 싸움에 직접 참여하려고 했지만, 정치나 정책 결정에 제대로 참여하지 못해 자신의 입지를 손상시켰다. 기온 상승이나 이상 기후가 두드러지는데도 불구하고 기후 변화를 믿는 미국인의 수는 실제 감소하고 있다. 기후과학자들은 정치인처럼 정책 과정에 관여하지 않았기 때문에 국민에게 영향을 미치지 않는 주장을 펼쳐왔다(Silver, 2012a). 과학적 증거는 일반적으로 흑백을 가리거나 100% 정확도로 표현할 수 없기 때문에, 극단적인 당파적 분위기는 과학적 증거를 불확실하고 혼란스러운 것으로 보이게 한다. 보수적 정치인과 정치 집단은 과학 연구의 탐구적 성질을 환경의 실제적이고 지속적인 변화와 혼동하여 많은 국민에게 지구온난화가 더 많은 연구 자금을 추구하는 과학의 무의미한 칼날일 뿐이라고 설득하는 데 성공했다.

4. 책임 떠넘기기

지구온난화의 예에서 알 수 있듯이 정치와 정책 결정의 세계에서 더 나은 참여는 쉽지 않으며 위험이 없는 것도 아니다. 그러나 정치 및 정책 입안 과정에 참여하느냐의 여부는 선택의 문제가 아니다. 아무것도 변하지 않는 것은 최악의 선택이다. 다른 정부 기관은 수동적인 공공도서관이 많은 책임과 의무를 위임할 수 있는 장소라는 것을 알게 되었다(Jaeger & Bertot, 2011). 더욱 악의적인 것은 최근 몇 년 동안의 사건들은 무관심과 제한적인 참여가 도서관을 황폐화하는 정치, 도서관 활동을 제약하는 동시에 도서관에 추가적인 책임을 요구하는 정책, 그리고 도서관을 고갈시키는 자금 지원 결정으로 이어졌다는 것을 보여주었다.

도서관과 그 지지자들은 정치, 정책 입안, 자금 조달 과정에만 관여해서는 안 된다. 모든 사람에게 모든 것이 된다는 생각에 기초하지 않는 방식으로 그렇게 해야 한다. 공공도서관은 지역사회의 재화로서의 고유한 특성으로 인해 광범위하고 적응이 가능한 방식으로 지역사회에 봉사할 수 있지만, 모든 사람에게 모든 것이 되려고 노력하는 것은 자금 부족만큼이나 큰 문제이다. 다른 정부 기관이 공공도서관에 맡기는 모든 업무를 떠맡아 지속적인 지원을 정당화하려 한다면 결국에는 마비 상태에 빠지고 효과적으로 서비스를 제공할 수 없는 상황이 될 뿐이다.

대규모 정책 이니셔티브를 지원함으로써 지원을 요청하는 일이 처음에는 좋게 들리지만, 도서관 입장에서는 증가하는 책임을 감당하기 어렵고 스스로 준비하지 않은 정치투쟁에 휘말리기 때문에 이러한 접근 방식은 문제가 될 수 있다. 많은 도서관이 이미 이러한 곤경에 처해 있다. 2000년 이후로 공공도서관은 전자 정부, 사회 서비스, 세금 신고, 이민 절차, 재난 대응 및 복구, 그리고 다른 많은 분야에서 중요한 새로운 역할을 맡았지만, 보통은 이런 업무를 맡는 데 대한 추가 지원을 받지 못한 경우가 많다. 이 전략의 위험과 그에 따른 보상 부족은 2013년 여름에 입증되었다.

건강보험개혁법(Affordable Care Act)에 따라 약 700만 명이 건강 보험에 온라인으로 가입할 것으로 예상되며, 이들 중 상당수가 건강 보험에 가입하기 위해 공공도서관의 리소스와 서비스를 이용할 것으로 보인다(Eberhart, 2013). 미국 성인의 15%가 인터넷을 사용하지 않는 만큼(Zickuhr, 2013) 헬스케어의 등록을 위한 작업의 대부분은 기본적인 디지털 문해력을 가르치는 것으로 시작될 것이다. 이들 중 상당수는 현재 도서관의 컴퓨터를 사용하여 정기적으로 건강 및 웰빙 정보를 검색하는 2,800만 명의 공공도서관 이용자 외에 추가적인 이용자가 될 것이다(Pera, 2013). 미국 보건복지부는 공공도서관이 사람들에게 옵션에 대한 정보를 제공하고 등록을 돕는 데 상당한 지원을 기대하고 있지만, 도서관이 이러한 기대에 부응하도록 돕는 지원은 제공하지 않고 있다. 도서관박물관기구(IMLS) 책임자인 수전 힐드레스(Susan Hildreth)는 "이 프로그램을 지원할 연방 기금은 없다"라고 언급했다(Eberhart, 2013, n.p.).

오바마 대통령은 건강보험개혁법(Affordable Care Act) 시행을 도와준 사서들에게 감사하는 특별 영상 메시지를 녹화했지만, 미국도서관협회(ALA)는 연차 대회에서 영상을 한 번만 상영하도록 허용했다. 일반인은 이 영상을 볼 수 없었다(Morrongiello, 2013). 요약하자면 ALA와 도서관박물관기구(IMLS)에서 공공도서관을 대표하는 국가 지도자들은 추가 지원금을 받지 않고, 대중의 눈을 피해 한 번만 재생할 수 있는 녹음된 메시지로만 지원 사실을 인정받으면서, 수백만 명의 무보험자들을 상대로 새로운 온라인 정부 프로그램에 대한 정보 제공과 등록 지원을 한다는 막대한 새로운 부담을 묵인했다.

이러한 상황은 터무니없을 뿐만 아니라, 법 준수를 거부하는 주에 있는 공공도서관에서 일하는 사서들에게 엄청난 문제를 일으킬 가능성이 있다. 앞서 언급한 의회 내 공화당원들의 끊임없는 법률 폐지 시도와 더불어 공화당이 주도하는 일부 주 정부는 해당 주에서 법이 시행되지 못하도록 방해함으로써 법을 약화하려 하고 있다(Somashekhar, 2013). 이러한 노력은 소비자 보호를 제한하는 것에서부터 연방 직원이 등록을 촉진하는 것을 방지하는 것까지 다양하다. 그러나 미주리주에서 유권자들이 주 및 지방 정부 공무원이 법률 시행을 돕는 것을 금지하는 투표안을 승인했다. 이러한 조치로 주의 공공도서관 직원들이 건강보험개혁법(Affordable Care Act)에 따라 이용자가 보험에 가입하도록 돕는 것을 금지하는 주 규정과 ALA와 IMLS가 이용자를 도울 의무가 있다고 주장하는 국가적 이니셔티브 사이에 놓이게 된다. 정치에 참여하는 조직이라면 이러한 정치적 환경에서 이러한 잠재적 어려움을 예상하고 이를 중심으로 계획을 세웠을 것이다.

마찬가지로 도서관이 관여해야 할 문제가 잘 선택되지 않으면 그 결과는 해로울 것이다. 앞서 논의했듯이 아동인터넷보호법(CIPA) 소송이 그러한 예이다. 일반인들이 선호하는 법이 시행될 때까지 기다리지 않고, 그 법에 정면으로 도전하기로 한 결정은 실제 이용자의 중요한 정보에 대한 접근을 제한하는 법률의 광범위한 적용으로부터 이용자를 보호하지 못하고, 오히려 일반인들 대다수가 반대하는 콘텐츠를 방어하는 것으로 묘사되는 것을 허용했다. 일반인들에게 큰 의미가 없거나 아직 공개 토론을 할 준비가 되지 않았거나 너무 인기가 없어 성공하기 어려운 도서관계의 반려동물 문제를 다루면 지구온난화를 막기 위해 정책을 효과적으로 바꾸려는 기후과학자들의 노력과 마찬가지로 일반 대중의 지지를 약하게 할 것이다.

도서관은 다른 기관에서 부여한 모든 역할을 맡을 수 없으며, 도서관이 관여할 문제를 신중하게 선택해야 한다. 정책, 정치 및 자금 조달 프로세스에 관여하는 도서관의 중요한 지침 원칙은 관여하는 문제와 취하는 옹호 입장이 공공도서관이 서비스를 제공하는 지역사회와 직접 연결되어야 한다는 것이다. 이러한 전략적 관여의 일부는 도서관 자체 간의 차이도 고려해야 한다. 도서관마다 특정 서비스를 제공하는 실질적인 능력을 형성하는 공간, 직원, 기술 및 기타 리소스의 양이 다르다. 대도시의 공공도서관 시스템에는 수십 개의 분관, 수천 대의 컴퓨터, 수백 명의 사서가 새로운 업무에 참여할 수 있다. 반면에 2만5,000명 미만의 지역사회에 서비스를 제공하는 농촌 공공도서관은 평균적으로 미국도서관협회(ALA) 인증기관에서 석사 학위를 취득한 사서가 평균 1명(.75) 미만이고, 정규직과 파트타임 직원을 모두 포함하여 총 4명의 직원이 근무하고 있으며, 평균 연간 수입(모든 소득원에서)은 11만8,704.50달러이고, 일반적으로 주당 평균 40시간 운영되는 건물 · 분관은 한 곳이다(IMLS 2013). 확실히 평균적인 도시 도서관 시스템은 평균적인 농촌 공공도서관보다 온라인으로 건강 보험에 가입하려는 이용자의 유입에 훨씬 더 유리할 것이다.

가만히 서 있는 것이 더 이상 선택지가 되지 않는다면, 어느 방향으로 나아가야 할지의 선택은 압도적으로 보일 수 있다. 올바른 도전에 대한 계획을 세우지 않아 끔찍한 결과를 초래한 수많은 역사적 사례가 무력감을 부추긴다. 한 가지 예로, 진주만에서 일본 해군이 미군에 가한 인명, 비행기, 군함의 치명적인 손실은 미군이 잘못된 문제에 대한 계획을 세웠기 때문에 발생했다. 미군은 군사적 공격이 아니라 사보타주 작전을 두려워했기 때문에 경비 근무를 서기 쉽도록 개방된 공간에 비행기를 날개 끝과 끝을 맞대어 일직선으로 보관하고, 비슷한 이유로 군함을 서로 가까이에 계류시켰다(Wohlstetter, 1962). 미군은 모든 강조점을 잘못된 위협에 두었기 때문에 실제 위협을 가할 때 비행기와 군함을 훨씬 더 쉬운 표적으로 만들었다.

그러한 사례에 너무 얽매이면 무기력감을 촉진할 수 있는데, 공공도서관이 지금의 시점에서 무기력감에 빠지는 것은 누릴 수 없는 사치이다. 공공도서관은 행동이 절대적으로 필요한 시점에 이르렀다. 다행히도 앞으로 나아갈 길은 생각보다 더 분명하다. 지역사회의 재화로서 공공도서관이 정치, 정책 결정 및 자금 지원 과정에 효과적으로 관여할 수 있는 가장 좋은 기회는 공공도서관과 매우 밀접하게 연결된 동일한 지역사회에서 긍정적인 결과를 성공적으로 보여주는 것이다.

제 8 장

지방 정치 프로세스에서의 공공도서관

신자유주의 경제 이념과 신보수주의 정치 이념이 국가 정치를 정의해온 수십 년간의 정책은 여러 면에서 지방 정부에 그다지 호의적이지 않았다. 20년 전에 지방 정부가 "10년간 극심한 고통을 겪을 것"이라는 예측이 있었다(Osborne, 1993, p. 349). 더 많은 책임과 기대가 지방 정부로 이관되면서, 이러한 추세는 오늘날까지 계속되고 있다. 그러나 이러한 변화로 인해 지방 정부는 지역사회의 과제가 해결되고 지역사회 구축에 대한 혁신적인 접근 방식이 생성되는 정부 수준이 되었다. 공공도서관이 변화하는 정치 및 경제 환경에 적응해온 것처럼 지방 정부도 역시 마찬가지로 적응해왔다.

지방 정부는 역사적으로 공공 중심 또는 민간 중심의 운영으로 간주되어왔으며, 공공 중심 지방 정부는 공공 계획과 공공 인프라, 공공 서비스에 더 중점을 둔다(Banfield & Wilson, 1963; Wolfinger & Field, 1966). 일부 도시 관리자는 효율성을 증진하고 시민을 지방 정부의 고객으로 대우하기 위해 민간 부문 원칙을 적용했지만(Kearney, Feldman, & Scavo, 2000), 많은 지방 정부가 새로운 책임과 기대에 부응하면서 공공 집중을 확고히 유지하고 있다. 어떤 방식으로 구성되든지 간에, 지방 정부 내의 관리 혁신을 수용하는 것은 정부가 정부 서비스를 제공하기 위해 새로운 접근 방식과 기술을 쉽게 채택할지에 대한 여부를 강하게 결정하는 것으로 나타났다(Moon & Norris, 2005).

지방 정부의 혁신은 지역사회의 경제적 성공에 필수적이다. "도시는 새로운 경제 엔진이다. 또한 당파적 정치가 진정한 탈당파적 혁신과 위험 감수를 위해 뒷전으로 물러나야 하는 것이기도 하다"(Newsom & Dickey, 2013, p. 228). 단순히 주민을 유지하려면 도시가 주 정부나 연방 정부보다 더 혁신적이어야 한다는 것을 의미한다. 도시가 경쟁력을 잃게 되면 주민이 새로운 나라로 이주하기보다는 새로운 도시로 이사하는 편이 훨씬 더 쉽다. 2013년 여름에 많은 기업과 주민이 디트로이트시를 떠난 후 수백만 건의 대규모 파산 신청이 접수된 것에서 알 수 있듯이 혁신적이지 않으면 지역 경제가 사라질 수 있다. 디트로이트는 50년간 인구의 3분의 2를 잃었고, 파산 당시 버려진 건물이 7만8,000개이며 이 중 3만8,000개는 공공 위험으로 지정되었고, 빈 부지가 6만6,000개 있는 도시가 되었다.

성공적인 지방 정부는 또한 지역사회의 요구에 더욱 적극적으로 대응할 수 있다. 연방 정부의 하향식, 중앙 집중식, 대규모 관료제는 매우 규모가 큰 국가 정부의 고유한 구조로 인해 급격한 기술 및 사회적 변화의 시기에 효율적으로 대응할 수 없다(Osborne, 1993). 혁신적이고 대응력 있는 지방 정부는 훨씬 더 활기차고 연결된 커뮤니티를 만들 수 있다. 지역사회 구축, 참여 촉진, 파트너십 개발은 활기찬 지방 정부의 핵심 역할이다(Nalbandian, 1999). 이러한 적극적인 정부는 더 적극적인 시민의식을 촉진하고, 지방 수준에서 더 나은 정부 성과는 사회적 신뢰와 조직적인 지역사회 참여를 통해 촉진된다.

국가 차원에서의 과도한 당파성과 교착 상태는 지방 정부가 지역 차원의 문제 해결책을 도출하기 위해 적극적으로 나서야 할 필요성을 강화한다. 문제가 산적해 있고 연방 정부의 무대책으로 필요한 법안이 통과되기만을 기다리는 모든 지역사회는 매우 빠르게 곤경에 봉착하게 될 것이다. "미국 문제에 대한 해결책은 워싱턴D.C.에서 나오는 것이 아니다. 그 해결책은 전국의 주 및 지방 정부에서 나오는 것이다"(Osborne, 1993, p. 349). 여러 면에서, 지역사회 문제를 해결하는 데 있어 지방 정부의 역할이 커진다는 것은 미국의 지역사회 문제 해결의 뿌리로의 회귀를 의미한다.

1. 행동은 지방에서, 구축은 전국적으로

초기 미국 농촌 생활에서 헛간 사육의 전통은 필요성에서 생겨났다. 더 큰 지역사회 전체에 이익이 될 건물을 짓기 위해서는 많은 사람들의 작은 노력과 기여가 필요했다. 개척민들은 혹독한 현실의 개척지 생활로 해서 단결하여 지역사회의 요구에 대응했다. 이타주의, 보답에 대한 기대, 공통의 가치관에 대한 헌신 등이 동기가 되어 생긴 집단행동은 지역사회 내의 물리적인 구조만이 아니라 강력한 사회적 유대감을 형성하는 데 도움이 되었다. 헛간을 짓는 것의 현대판, 즉 식량 저장고의 비축에서 재해 후의 재건, 도로 수리까지 지역사회의 다양한 요구를 충족시키는 것은 현재 많은 경우 지방 정부 조직, 비영리 단체, 그리고 참여하는 지역사회의 구성원이 협력하여 대응하는 것이 필요하다.

제5장에서는 도시의 식품 사막에 신선한 식료품을 제공하는 등 지역사회에서는 이용할

수 없는 서비스를 제공하기 위해 다른 정부 기관 및 비영리 단체와 공공도서관을 기반으로 한 혁신적인 파트너십의 예를 제시했다. 이 장의 사례는 공공도서관이 지역사회에 제공하는 놀라운 서비스의 표면만 겨우 긁은 것에 지나지 않는다. 애리조나주 투산의 피마카운티공공도서관(Pima County Public Library of Tucson)에는 도서관 내 공중보건 간호사가 상주하며 무료로 기본적인 의료 서비스를 제공하고, 고객이 가진 건강 문제에 답하며, 사회 서비스 구조를 탐색하는 데 도움을 준다(Kim, 2013). 샌프란시스코의 공공도서관에는 노숙자 이용자와 마약 중독자의 회복을 돕는 사회복지사가 있다. 2000년대 초에 발생한 대규모 허리케인에 대응하는 혁신적인 역할은 이제 토네이도나 산불로부터 복구하는 등의 좀 더 흔한 재난 상황에서 지역사회를 지원하는 공공도서관의 표준 역할로 발전했다(Bishop & Veil, 2013). 전국 각지의 공공도서관은 대부분의 경우, 지역사회의 공동 협력적 파트너십의 형태로서, 그렇게 하지 않으면 무시될 가능성이 있는 다양한 규모와 형태의 지역사회 요구를 충족시키는 프로그램을 개발해왔다(Taylor et al., 언론 보도).

많은 공공도서관은 이미 시민 참여를 촉진하는 프로그램을 운영한다. 많은 공공도서관에서는 지역사회의 시민 문제를 조명하는 행사를 정기적으로 개최한다. 시민 문제에 대한 이러한 참여형 포럼은 시민의 정보 탐색, 옹호 및 자기 효능감을 높일 수 있다(Schneck-Hamlin, Han, & Schneck-Hamlin, in press). 여러 국가적 노력에서는 시민 참여를 확대하는 주요 수단으로 공공도서관에 초점을 맞추고 있다. 그중 하나가 미국도서관협회 · 하우드연구소(ALA/Harwood Institute)의 "도서관이 지역사회를 변화시키는 약속"(Promise of Libraries Transforming Communities) 이니셔티브(http://discuss.ala.org/transformignlibraries/libraries-transforming-communities)와 ALA의 "시민생활센터"(Center for Civic Life) (http://discuss.ala.org/civicengagement) 이다. 이러한 활동의 일부는 공공도서관과 기타 지역사회 재화의 다른 측면을 지원하는 결정을 옹호해야 할 필요성에 대해 이용자를 이해시키는 것이 필요하다.

공공도서관은 지역사회의 요구에 독자적으로 대응하고 있을 뿐만 아니라, 자금 면에서도 주로 지방 수준의 기관이다. 그림 8.1~8.12는 2006년과 2011년의 IMLS 데이터를 비교해 보여주고 있으며, 인구 규모나 법적 서비스 지역과 관계없이 지방 정부에서 제공하는 공공도서관 자금의 비중이 계속 증가하고 있음을 보여준다. "법이 정한 서비스 영역"은 일반적으로 (1) 공공도서관이 서비스를 제공하기 위해 설정된 지리적 구역 및 (2) 도서관이 자금을 받는 지역을 의미한다. 이 분석의 목적을 위해 도서관은 서비스 대상 인구 규모를 기준으로 6개 범주로 분류되었다. (1) 1만 명 미만, (2) 1만~2만4,999명, (3) 2만5,000~9만9,000명, (4) 10만~49만9,999명, (5) 50만~99만9,999명, (6) 100만 명 이상.

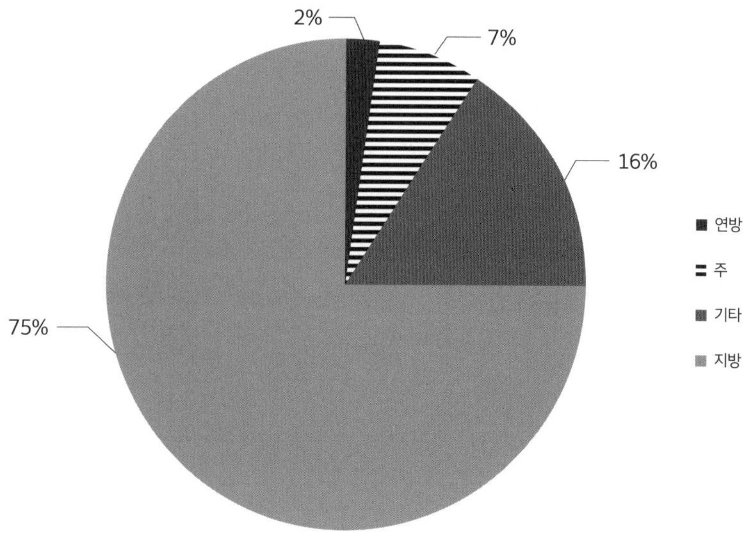

그림 8.1. 공공도서관 자금 출처(%), 인구 1만 명 미만(2006).

출처: IMLS, Public Libraries Survey, Fiscal Year 2006.

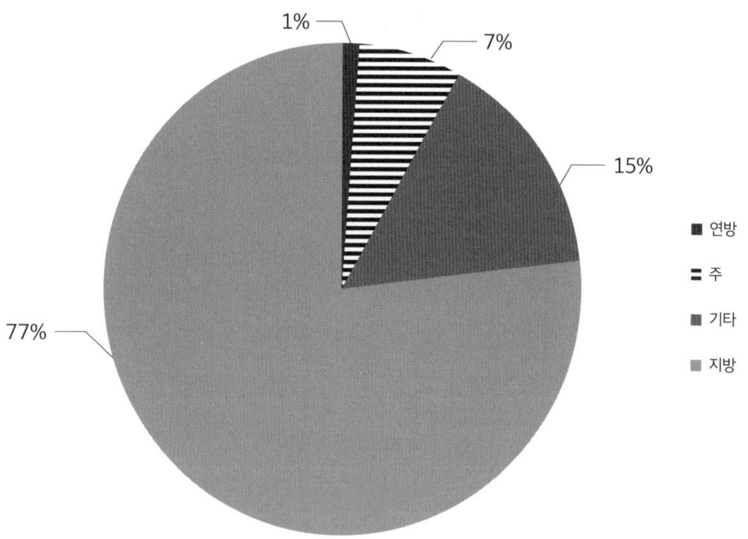

그림 8.2. 공공도서관 자금 출처(%), 인구 1만 명 미만(2011)

출처: IMLS, Public Libraries Survey, Fiscal Year 2011.

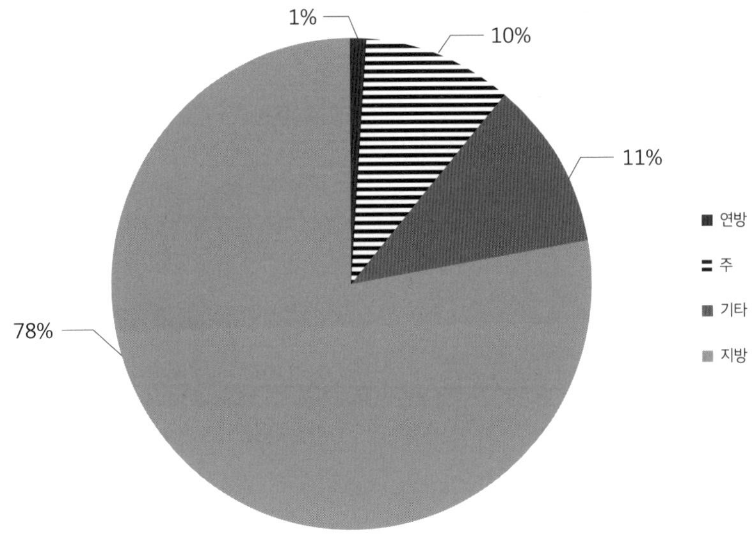

그림 8.3. 공공도서관 자금 출처(%), 인구 1만~2만4,999명 미만(2006)

출처: IMLS, Public Libraries Survey, Fiscal Year 2006.

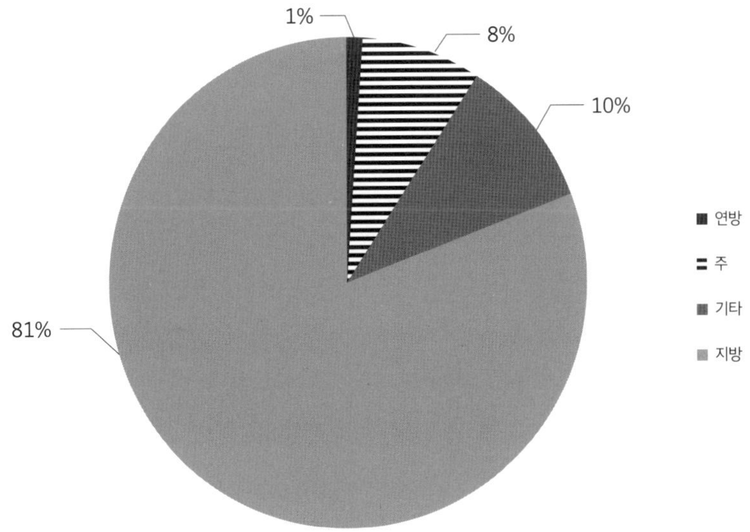

그림 8.4. 공공도서관 자금 출처(%), 인구 1만~2만4,999명 미만(2011)

출처: IMLS, Public Libraries Survey, Fiscal Year 2011.

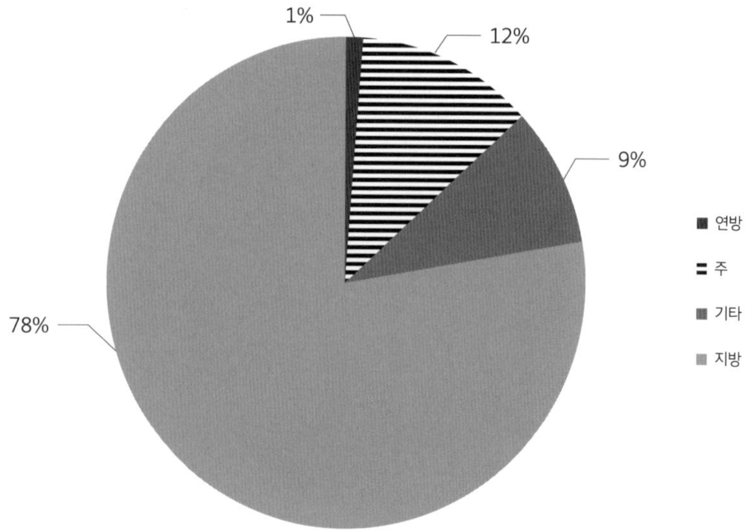

그림 8.5. 공공도서관 자금 출처(%), 인구 2만5,000~9만9,999명 미만(2006)

출처: IMLS, Public Libraries Survey, Fiscal Year 2006.

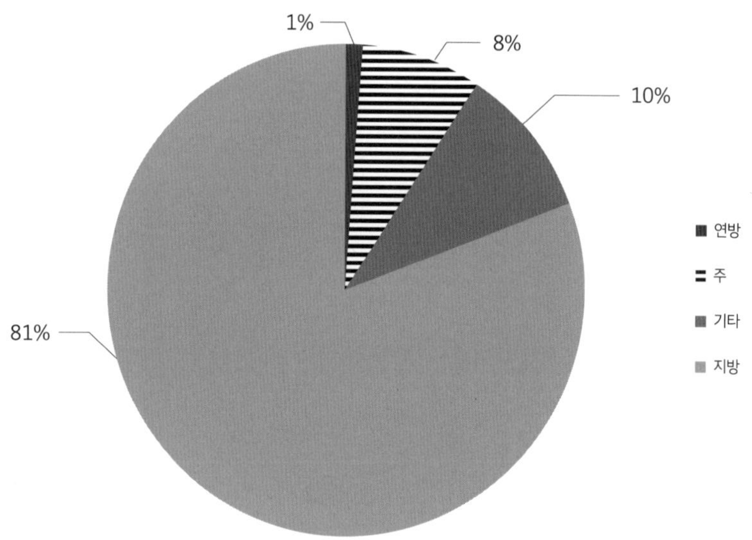

그림 8.6. 공공도서관 자금 출처(%), 인구 2만5,000~9만9,999명 미만(2011)

출처: IMLS, Public Libraries Survey, Fiscal Year 2011.

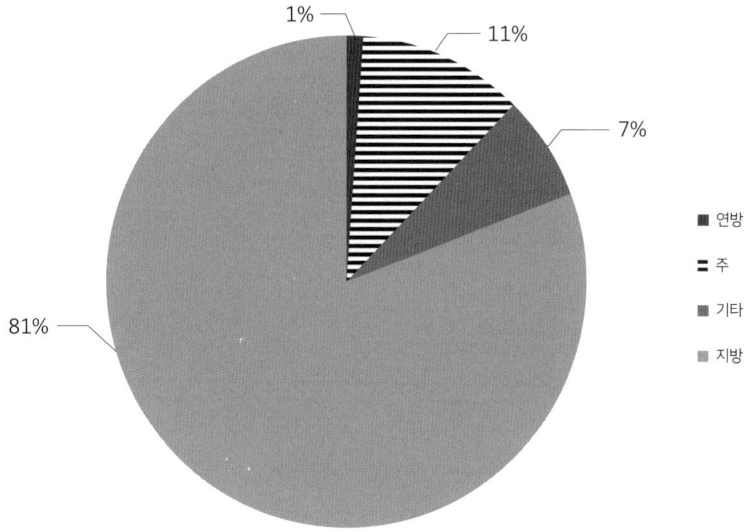

그림 8.7. 공공도서관 자금 출처(%), 인구 10만~49만9,999명 미만(2006)

출처: IMLS, Public Libraries Survey, Fiscal Year 2006.

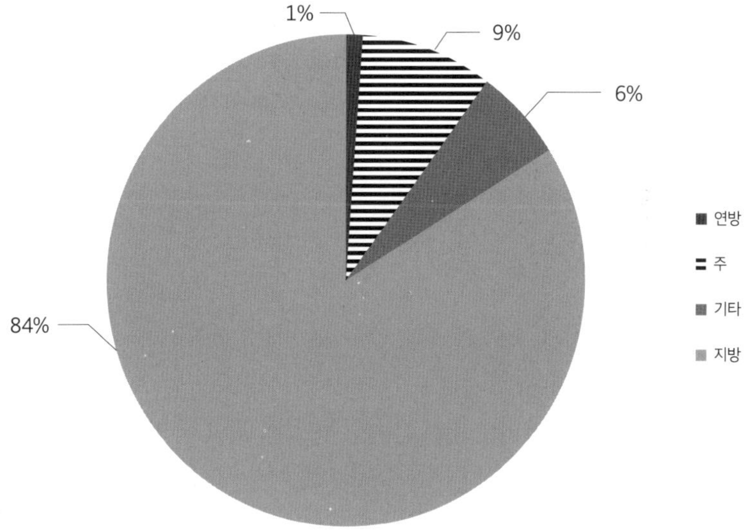

그림 8.8. 공공도서관 자금 출처(%), 인구 10만~49만9,999명 미만(2011)

출처: IMLS, Public Libraries Survey, Fiscal Year 2011.

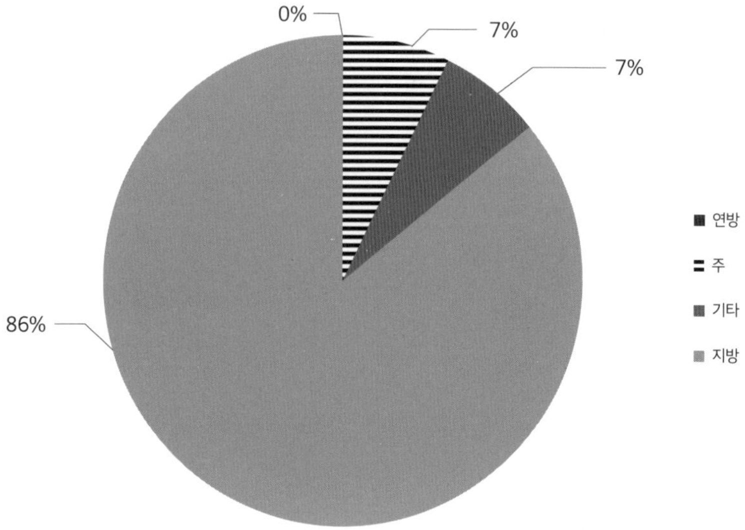

그림 8.9. 공공도서관 자금 출처(%), 인구 50만~99만9,999명 미만(2006)

출처: IMLS, Public Libraries Survey, Fiscal Year 2006.

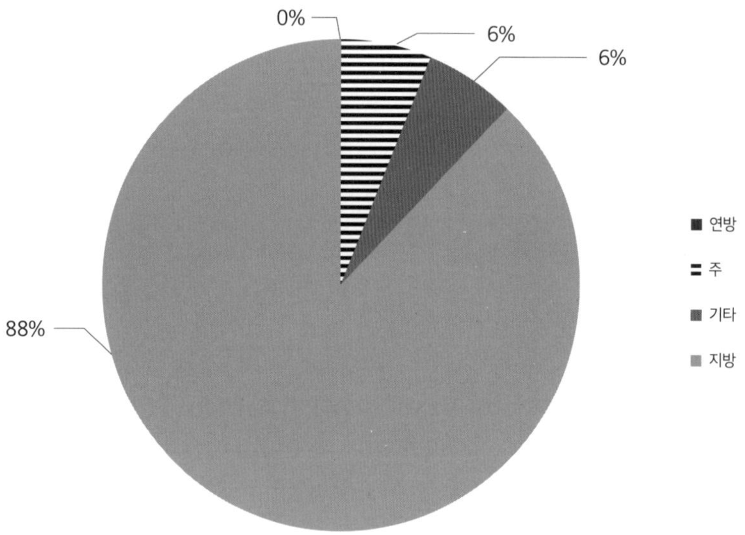

그림 8.10. 공공도서관 자금 출처(%), 인구 50만~99만9,999명 미만(2011)

출처: IMLS, Public Libraries Survey, Fiscal Year 2011.

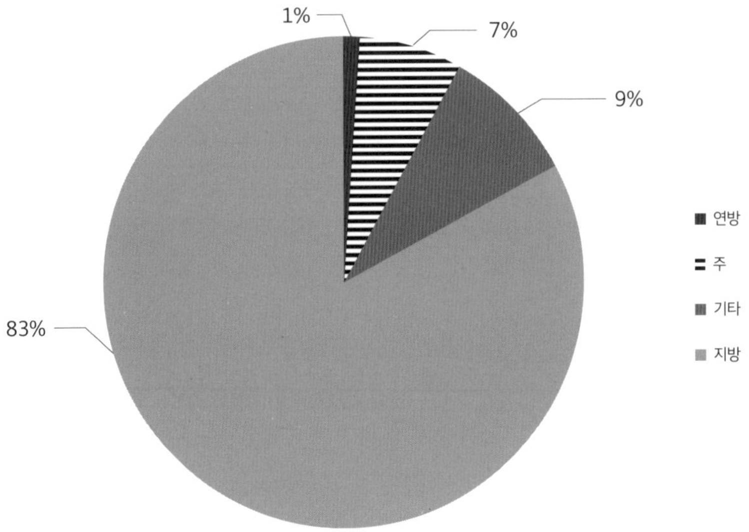

그림 8.11. 공공도서관 자금 출처(%), 인구 100만 명 이상(2006)

출처: IMLS, Public Libraries Survey, Fiscal Year 2006.

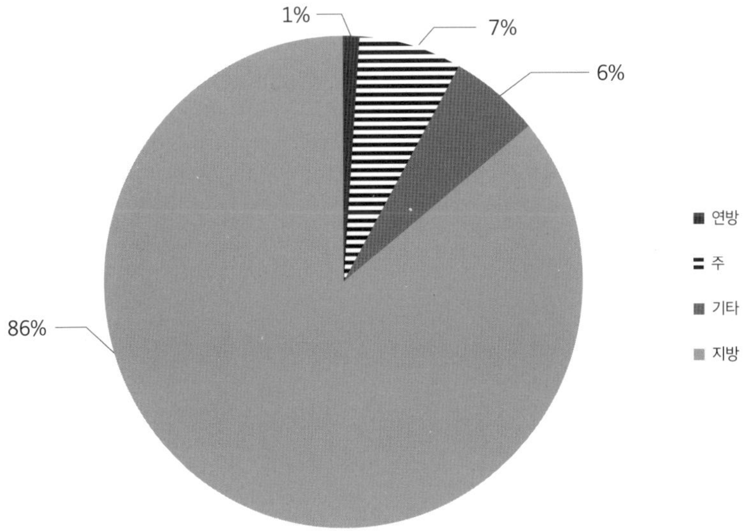

그림 8.12. 공공도서관 자금 출처(%), 인구 100만 명 이상(2011)

출처: IMLS, Public Libraries Survey, Fiscal Year 20116.

이러한 지원이 각 도서관에 충분한지 여부에는 큰 차이가 있다(Alexander, 2008). 그림 8.1부터 8.12에 나타난 바와 같이, 나머지 자금은 주로 지역의 다른 커뮤니티 자금원, 예를 들면 기부금, 친구 그룹, 보조금 등에서 나오고, 소액의 주 자금 및 아주 적은 연방 자금으로부터 제공된다. 독립적인 과세 권한을 가진 공공도서관 지구(districts)는 자금을 지방 정부에 전적으로 의존하는 공공도서관과 비교했을 때 1인당 자금이 개선되는 경우가 없다. 다만, 독립된 과세 권한을 가진 도서관 지구는 자금 조달을 더 신뢰할 수 있기 때문에 도서관 지구에서는 자금의 감소가 적고 대폭적인 증가가 있는 연도도 적다(Anderson, 2003; Elliot, 2013).

지방 정부 자금이 부족하고 주 자금이 감소하면, 도서관은 주로 지역사회로부터 기부금, 보조금, 친구 단체 등의 기타 자금원에 의존하지 않을 수 없게 된다. 주의 자금 삭감으로 인해 발생한 예산 부족을 어느 정도 충당할 수 있었던 정도는 도서관에 따라 다양하다. Library Journal의 2012년 조사 보고에 따르면 응답자 대부분은 주정부 자금 감소를 경험한 것으로 나타났다. 캘리포니아주의 도서관들도 다르지 않았으며, 주 정부로부터 자금이 63.7% 감소했다고 보고했다. 그러나 캘리포니아주의 도서관은 총 자금이 4.8% 증가했다고 보고했는데 이는 "다른 자금원"이 구출에 나섰음을 나타낸다(Anderson, 2003; Elliot, 2013).

많은 도서관에는 도서관에 대한 지원을 목적으로 카페와 상점을 운영하지만, 운영을 지원할 자금이 부족한 일부 공공도서관 중에는 도서관 내 특정 서비스에 대해 요금을 부과하는 곳도 있다. 이러한 요금은 팩스, 인쇄, 공증, 스캐닝, 복사, 사진 서비스, 서비스 지역 외에 거주하는 사람을 위한 도서관 카드, 회의실 사용, 문서 검색, 도서관 간 대출 및 전자책 대출 등 여러 가지에 대한 요금으로 다양하다(Alexander, 2013). 공공도서관이 특정 서비스에 대해 요금을 부과해야 하는 경우에도 그 요금은 지역사회 사람들이 지불한다.

미국에서 지방 정부가 지역 문제 해결의 중심이 되는 방향으로의 움직임은 공공도서관을 지역사회와 지역사회 문제 해결의 중심으로 자리매김하고 있다. 2009년 시애틀재단(Seattle Foundation)의 연구에 따르면 건전한 커뮤니티는 다음을 충족해야 한다.

- 식량, 주거, 최저임금, 평등한 대우와 같은 기본적인 요구
- 예방 의료, 지속적인 건강관리, 장기 치료, 가정 폭력 예방 등 건강과 웰빙 요구
- 강력한 공교육, 조기 학습, 평생 교육 등 교육적 요구

- 직업 기술 교육, 소규모 사업 촉진, 고용주 지원 등 경제적 요구
- 사회적 지원, 지역사회 참여, 지역사회 생활 등 이웃과 공동체의 요구
- 환경 보호, 환경 인식, 이해관계의 균형 등 환경적 요구사항

공공도서관은 이러한 지역사회의 많은 요구를 충족시키는 데 필수적인 부분이다. 일반적인 공공도서관은 거의 모든 요구 사항에 중요한 역할을 하고 있다. 눈에 띄지 않는 것일지라도 도서관에는 명확한 역할이 있다. 예를 들어 도서관에서 예술 자료를 제공하고 이러한 자료에 관한 토론 포럼을 제공함으로써 "도서관 이용자들의 비판적 참여에 관한 관심을 높이는 데 긍정적인 영향을 미칠 수 있으며 자료가 제기하는 문제에 대한 이해를 촉진한다"고 할 수 있다.

공공도서관은 지역사회에 깊이 뿌리를 내리고 있으며, 지방 정부는 미국에서 가장 혁신적이고 대응력이 뛰어난 정부이다. "성공적인 도서관 운영의 본질은 관계를 구축하는 것이다"(Holt, 2013, p. 69). 그리고 공공도서관이 가진 가장 강력한 연결고리는 지역사회이다. 강력한 연결망과 병행하는 요구를 가진 지방 정부는 공공도서관과 그 지지자들이 정책 결정, 정치, 자금 지원 결정이 공공도서관에 미치는 영향에 실질적인 변화를 시도할 수 있는 가장 적합한 정부 수준임이 분명하다.

제7장에서 자세히 설명한 전략, 목표 및 접근 방식을 지방 차원의 옹호 활동에 적용하는 것은 공공도서관과 그 지지자들이 공공도서관을 더 지지하는 미래의 정치, 정책 및 자금 조달 환경을 옹호하기 시작하는 가장 좋은 방법이다. 지방 수준에서 정책과 정치에 직접 참여하는 이러한 접근 방식은 공공도서관이 지역사회, 지역 의사 결정권자 및 지역 자금 제공자에게 그 가치를 입증할 수 있는 더 나은 기회를 제공한다. 지방 정부와 유권자는 자신들의 도서관에 미치는 영향을 가장 잘 이해하고, 지방 정부는 대응력 있고 혁신적인 거버넌스를 통해 지역사회에서 도서관의 역할이 진화하는 것을 가장 잘 지원할 수 있는 최적의 위치에 있다. 지방의 정치와 정책에 집중한다고 해서 국가 차원의 의사 결정이 즉각적으로 부정적인 영향을 미치는 문제를 해결하지는 못하지만, 장기적인 전략으로는 매우 효과적일 수 있다.

역사적으로, 사서들에게 "문화에 대한 우리의 해석이 우리의 실천을 좌우한다"(Bossaller & Raber, 2008, p. 18). 이것이 여전히 사실이라면, 정책과 정치 문화에 더 많이 참여하면 공공도서관이 지역사회에 봉사하는 능력에 대한 정책과 정치의 함의를

더 잘 알고 더 잘 적응하는 실천을 만들어낼 수 있을 것이다. 이렇게 인식이 높아지면 도서관이 지역사회에 더 나은 서비스를 제공하기 위해 지역, 주, 국가 수준에서 필요한 정책과 정치의 변화를 더 강하게 감지할 수 있을 것이다.

전략은 지역 수준에서 시작하여 상향으로 구축하는 것을 기반으로 한다. 전국의 공공도서관이 데이터 기반 가치 입증 전략을 사용하여, 도서관이 있는 각 지역사회에서 도서관을 지원하는 정책과 정치적 결정에 대한 인식을 높이고 옹호하기 시작하면, 주 내에서 변화가 추진력을 얻을 가능성이 높다. 대부분의 지방 정부가 지방 도서관에 관련된 정책과 정치를 조정하는 경우, 이러한 지방의 입장이 주 정부의 입장을 형성할 가능성이 매우 높아 보인다. 그리고 모든 주 정부가 공공도서관 관련 정책과 정치를 조정한다면 국가 차원에서의 정책 결정과 정치적 논의가 마침내 합리적인 방식으로 공공도서관을 고려하기 시작할 가능성이 있다.

2. 지역사회 재화와 협업적 지역사회 서비스

공공도서관은 약 1만7,000개의 지역 기관의 집합체로서 미국도서관협회(ALA)와 공공도서관협회(PLA) 등 주요 조직이 증명하고 있는 것처럼 집단적, 국가적 정체성을 확립하고 국가 차원에서 집단적으로 옹호하기 위해 활동해왔다. 그러나 이러한 확고하게 지역적인 기관들을 하나로 묶는 것만으로는 정치적, 정책적 또는 경제적 측면에서 일관성 있는 그룹을 구성할 수 없다. 이 기관들은 의도와 실행에서 광범위한 유사점을 공유하지만 실제로는 1만7,000개가 넘는 다양한 지역사회 기관의 모음이다. 이러한 차이점이 존재하기 때문에 도서관 옹호를 위해 “모든 것에 맞는 만능” 전략은 없다는 것을 의미한다. 최근 몇 년간 대규모 도서관 시스템은 자금 측면에서 비교적 더 어려운 상황에 있다.

> Library Journal(LJ)의 조사에 따르면 연방, 주 또는 지방 수준에서 예산 문제가 대규모 도서관 시스템에 가장 큰 타격을 입혔다고 한다. 서비스 인구가 50만 명에서 99만9,999명인 도서관은 평균 2.7%의 예산 감소를 보고했고, 서비스 인구가 100만 명 이상인 도서관은 평균 1.8%의 감소했다고 보고했다. 인구가 1만 명에서 2만4,999명인 인구 범위가 최적의 범위였으며, 이 규모의 도서관들은 평균 2.5%의 증가율을 보고했다.

대규모 도서관 시스템이 직면한 어려움을 보여주는 추가 증거로, 그림 8.13과 8.14는

2006년과 2011년 사이에 대규모 도서관의 정규직(full-time equivalent, FTE) 직원 수가 가장 많이 감소했다는 IMLS 조사 데이터를 보여준다.

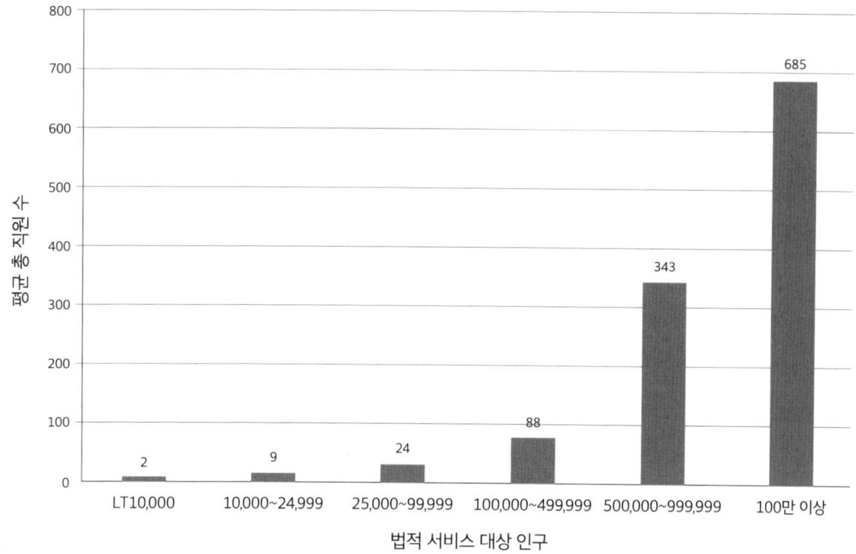

그림 8.13. 정규직(full-time equivalent, FTE)

출처: IMLS IMLS, Public Libraries Survey, Fiscal Year 2006.

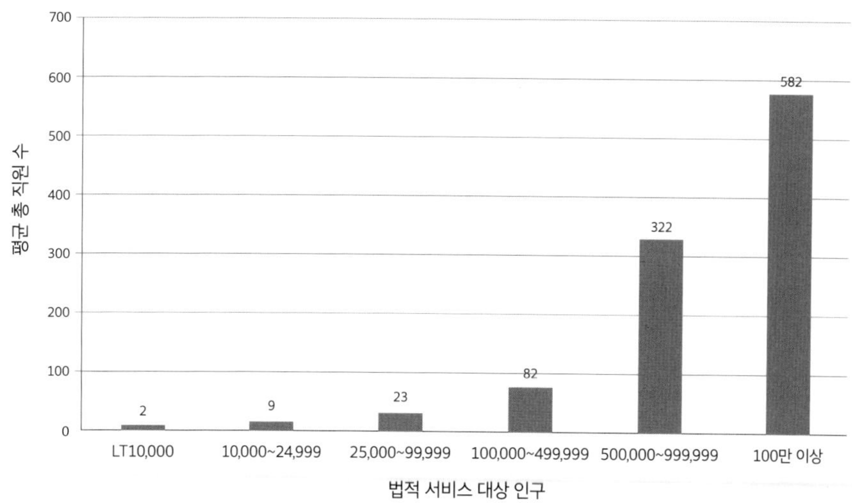

그림 8.14. 정규직(full-time equivalent, FTE)

출처: IMLS IMLS, Public Libraries Survey, Fiscal Year 2011.

이 책에서 전반에 걸쳐 논의된 인터넷 지원 서비스 역할을 제공하고 있는 대형 도서관은 더 적은 자원으로 더 많은 일을 하고 있다는 주장을 뒷받침하는 데 필요한 데이터를 수집할 수 있는 능력을 갖추고 있다. 이는 예산 삭감이 소규모 도서관에 미치는 부정적인 영향을 최소화하려는 것이 아니지만, 이야기는 다르다.

또한 공공도서관은 항상 도서관이 서비스를 제공하는 지역사회의 요구에 따라 활동의 틀을 갖추어 왔다. 부유한 지역사회의 공공도서관은 빈곤율이 높은 지역의 공공도서관과는 매우 다른 요구사항과 서비스를 가지고 있다. 서비스 인구, 지리, 정치적 환경, 인프라 및 기타 여러 요인이 다양한 도서관에서는 차이점을 찾을 수 있다. 각 공공도서관은 지역사회에서 고유한 역할을 한다. 개별 도서관은 오랫동안 사회에서 자신의 역할을 지역사회에 적절하게 전달하는 것에 어려움을 겪어왔다(Jaeger, Gorham, Sarin, & Bertot, in press). 지역 차원의 정치, 정책, 경제적 맥락을 바꾸기 위해 에너지와 자원을 쏟는 것은 지역 공공도서관의 개성을 고려했을 때 더욱 실용적이고 지역사회 기관으로서의 본질에 더 부합한다.

먼저 지역 차원에서 공공도서관과 관련된 정책과 정치를 수정하는 데 집중할 수 있는 가능성을 강조하기 위해, 인터넷 접근과 교육의 사회적 보증자로서 공공도서관이 맡아 온 새로운 역할로 돌아갈 가치가 있다. 발전된 파트너십은 지역사회의 재화로서 공공도서관의 본질과 새로운 협력적 지역사회 서비스가 지역사회와 지방 정부에 모두 이로운 방식을 강화한다.

이전의 장에서 논의한 바와 같이, 지난 20년간 공공도서관은 사회 서비스 지원, 지방 전자 정부 서비스 접근성 제공, 긴급 대응 촉진, 구직, 건강 및 웰빙 정보 접근, 지역 경제 지원 등 중요한 역할을 맡아왔다(Bertot et al., 2006a, 2006b; Sigler et al., 2011; Taylor et al., in press). 공공도서관은 인터넷을 이용한 새로운 지역사회 서비스의 일환으로 지방 정부나 비영리 단체와 협력하여 개별적으로는 제공할 수 없는 혁신적인 서비스를 제공하는 경우가 점점 더 많아지고 있다(Jaeger, Taylor, et al., 2012). 마찬가지로 도서관은 비영리 단체와 협력하여 더 많은 사람에게 서비스를 제공하고 기존 이용자에게 이미 제공하고 있는 서비스를 개선하고 있다(Hansen et al., 2014, in press).

지방 정부는 역사적으로 지역사회의 중요한 정보원으로서 역할을 해왔으며 이제 많은 지방 정부와 주민들은 공공도서관이 주요한 정보 접근 지점으로서 기능하기를 기대한다.

- 지방 정부의 정보와 서비스

- 지방 정부와의 소통 및 연결
- 지방 정부가 더 많은 투명성을 통해 어떻게 운영되고 있는지에 대한 인식
- 지방 정부에 대한 신뢰
- 지방 정부에 대한 참여와 주인 의식
- 지방 정부와 지역사회에 참여하는 방법

그러나 지방 정부의 역량은 미국 전역에서 매우 다양하다. 규모가 큰 지방 정부는 일반적으로 전자정부 프로젝트에 사용할 수 있는 자금, 기술 또는 인력의 능력이 크기 때문에 혁신적인 인터넷 기반 이니셔티브를 추진할 체계가 갖추어져 있다(Moon, 2002).

지방 정부가 새로운 기술을 도입할 때 "정치적, 정책적 환경은 내부자와 외부자로 구성되어 있는 경우가 많다"는 점에서 해당 기술이 얼마나 포괄적인지에 대한 우려가 있다(Axford & Huggins, 2003, p. 188). 많은 지역사회에서는 필요한 정보를 검색하고 찾는 데 어려움이 있고, 많은 개인과 인구 계층이 컴퓨터를 이용할 수 없고, 인터넷 접속이 불가하며, 기술 문해력의 부족으로 인해 인터넷을 이용한 지방 정부에 대한 참여가 제한되는 경우가 많다(Jaeger, Bertot, Thompson, Katz, & DeCoster, 2012). 이와 같은 문제는 정부 구조와 다양한 기관의 관할 영역에 대해 일반적으로 익숙함의 부족, 그리고 많은 시민이 채택한 기술과 정부에 대한 태도로 인해 악화된다(Burnett, Jaeger, & Thompson, 2008; Jaeger & Thompson, 2003, 2004). 그러나 대부분의 지역사회에서 공공도서관은 지역사회의 구성원들이 이러한 접근성의 격차를 극복할 수 있도록 하는 기관으로 자리 잡고 있다.

지역사회 대부분에서 공공도서관은 기술 교육, 접근 및 이용과 관련한 많은 과제를 해결하기 위한 역할과 책임을 맡아왔다. 공공도서관은 원래 2000년대 초반에 정부 기관이 대면 서비스를 중단하고 온라인으로 양식을 작성하도록 요구하기 시작한 후 긴급 상황이 발생하여, 도서관이 지역사회를 지원할 수 있는 새로운 방법을 만들어내고, 그 요구를 충족시킴에 따라 전자 정부 접근, 교육 및 훈련 제공자 역할을 도입하게 되었다(Bertot et al., 2006a, 2006b). 그 이후로 전자 정부 접근, 교육 및 훈련 제공은 공공도서관의 핵심 활동 중 하나가 되었다.

최근 몇 년간 다양한 소셜 네트워킹 도구가 개발되면서 지방 정부 기관, 공공도서관, 비영리 단체의 협업 사업을 더욱 촉진할 잠재력을 가지고 있다. 모든 수준의 비영리 단

체와 정부 기관은 새로운 지역의 일반 시민에게 다가가고, 정부 서비스를 확장하고, 민주적 참여와 관여를 촉진하고, 크라우드 소스 솔루션과 혁신을 촉진하며, 귀중한 커뮤니티 리소스를 공동 생산하는 수단으로 소셜 테크놀로지 사용을 늘리고 있다(Bertot, Jaeger, Munson, & Glaisyer, 2010; Jaeger, Paquette, & Simmons, 2010; Mergel, 2010; Pirolli, Preece, & Shneiderman, 2010).

지방 정부 기관 공공도서관, 비영리 단체가 결합하여 제공하고 웹사이트와 소셜 미디어를 통해 촉진되는 협업적인 커뮤니티 서비스의 목표는, 지역사회 문제 해결에 공공기관과 비영리 시민단체, 개인을 포함한 "협력적 거버넌스" 또는 "참여적 거버넌스"라고 불리는 것을 촉진하기 위한 더 광범위한 공적 참여 목표의 일부로 볼 수 있다(Ansell & Gash, 2007; Callahan, 2007; O'Leary, Gerard, & Bingham, 2006; Page, 2010). 이러한 이니셔티브는 "조직, 부문, 정책 설계 및 실행 간의 기존 경계를 모호하게 만들고," 성공 여부는 지역사회 내의 모든 이해관계자 집단의 의미 있는 참여에 달려 있다(Page, 2010, p. 246).

이와 같은 맥락에서 공공도서관은 여러 가지 주요 방식으로 지역사회와 지방 정부 모두를 지원하고 있다. 공공도서관은 지역사회의 재화로서 주민들이 인터넷 접속을 가능하게 하는 지방 정부에 참여하는 데 필요한 기술 액세스와 훈련을 제공하기 위해 지역사회에 대한 공헌을 확대했다. 또한 동일한 공헌을 통해 지방 정부가 지방 정부의 일환으로 좀 더 많은 인터넷 지원 서비스를 이용할 수 있는 능력이 향상되었다. 개발된 협업적 커뮤니티 서비스를 통해 도서관과 그 파트너들이 그렇게 하지 않으면 달리 해결할 수 없었던 지역사회 요구를 충족시킬 수 있고, 지방 정부는 아직 해결되지 않은 다른 문제에 집중할 수 있게 된다. 이러한 이니셔티브는 또한 커뮤니티의 이해관계자인 다양한 개인과 집단의 지역사회 참여를 장려하여 더욱 더 참여도가 높은 지역사회를 촉진한다. 그리고 위에서 논한 바와 같이, 지역사회에의 참여는 혁신적이고 대응력 있는 지방 정부를 지원하는 데 중요하다. 지역사회의 재화이자 협업적인 지역사회 서비스를 위한 통로로서 공공도서관은 건전한 지역사회와 강력한 지방 정부를 육성한다.

3. 붕괴와 재건

국가 정치 담론을 지배하는 신자유주의 경제와 신보수주의 정치 이념이 공공도서관에 미치는 영향을 철저히 붕괴시키려면 그 과정은 지역 수준에서부터 시작되어야 한다. 중앙 정부는 공공도서관에 영향을 미치는 정책과 정치를 효과적으로 다시 생각하기에는 너무 확고하고 당파적으로 되었다. 지방 정부의 더 역동적인 성격과 공공도서관이 지역사회에 기여하는 엄청난 공헌이 결합되어 공공도서관이 지역 차원의 정책과 정치를 크게 형성할 수 있는 기회를 갖게 된다. 공공도서관을 지지하는 정치와 정책 결정 환경을 재건하는 일은 지역 수준에서 시작하여, 시간이 지남에 따라 국가 차원으로 확산될 수 있기를 바란다.

그러나 이러한 노력이 성공하려면, 공공도서관과 그 지지자들은 중립성과 정치적 무관심의 오류에서 벗어나야 한다. 그 대신 지역사회에 대한 공헌을 데이터 중심의 가치 입증을 바탕으로 옹호하는 활동을 받아들여야 한다. 로스엔젤레스에서 공공도서관들과 그 지지자들의 조직적인 대응은 지방 정치에 대한 올바른 참여가 매우 부정적인 결정조차도 뒤집을 수 있음을 보여준다. 도서관과 도서관 이용자의 목소리가 시의 지도자가 부과한 대폭적인 삭감을 뒤집었다. 그러나 이러한 참여는 또한 도서관이 내린 결정에 지지를 구축하기 위한 필요 부분이기도 하다.

2013년 여름, 공공도서관에 영향을 준 일련의 논쟁은 정치 및 정책 과정이 도서관에 영향을 미칠 수 있는 다양한 방법을 보여주었고, 또한 공공도서관과 그 지지자들이 이러한 과정에 관여할 필요가 있다는 점을 명확히 시사했다.

- 일리노이주에 있는 어바나프리도서관(Urbana Free Library)은 2013년에 일주일간 6만6,000권이 넘는 책을 폐기했고, 10년 이상 오래된 모든 논픽션 자료의 선정을 취소했다. 지역사회에는 이러한 보류 중인 작업을 알리지 않았고, 사서들은 어떤 오래된 책들이 실제로 이용되고 있는지 알 수 있는 대출 통계를 확인할 기회가 주어지지 않았다. 당연히 그 결과로 벌어진 논란은 도서관에 대한 그 지역의 인식을 개선하지 못했다(Hart, 2013).
- 마이애미데이드(Miami-Dade)의 공공도서관 시스템은 약 2년 전에 200명 정도의 직원을 잃었고, 2013년에는 거의 비슷한 수의 직원을 잃었다. 그 대신 마이애미데이드 위원들은 다가오는 예산 연도에 도서관 직원 감축과 도서관 운영시간 단축을 피하기 위해 예비비 사용을 승인했다. 그러나 이러한 조치가 장기적인 예산 적자를 해결하지 못했으며, 도서관은 2,000만 달러의 적자를 메우기 위해 다음 연도에 자금과 서비스에 대한 대대적인 개편에 직면할 것이다(Mazzei & Rabin, 2013).
- 켄터키주의 도서관들은 놀랍게도 지원을 위해 재산세를 인상할 수 있는 권한을 주

법원으로부터 박탈당했다. 이 권한은 1979년부터 주법에 따라 보유하고 있던 것이었다(Morehart, 2013).

- 버지니아주의 페어팩스 카운티 공공도서관(Fairfax County Public Library)은 25만 권 이상의 인쇄 도서에서 선정을 제외하고, 도서관 직원이나 도서관을 관리할 훈련된 사서를 고용할 요건을 없애고, 근무시간을 단축하고, 어린이 담당 사서가 도서관에서 가족과 함께 보낼 수 있는 시간을 줄이는 현대화된 계획을 채택했다(Jackman, 2013a). 23%의 예산 삭감에 대한 반응으로 이 계획은 대중의 많은 저항을 받았고, 도서관은 지지자들이나 지방 정부 사이에서 이 계획에 대한 지지를 얻는 방법에 대해 전해 생각하지 않은 듯 보였다(Dvorak, 2013; Jackman, 2013b). 특히 도서관 측이 도서관 후원 단체와 기타 지역 단체가 기금을 모으기 위해 기부하거나 판매할 수 있는 권리를 갖고 싶다는 요청을 거부했기 때문에 특히 다수의 새 책이 포함된 25만 권의 도서를 폐기한 것이 주목을 받았다.

페어팩스(Fairfax)의 사례는 정치적 및 정책적 과정이 공공도서관에 미치는 가장 광범위한 영향이 포함되어 있다. 도서관장은 이 계획에 대하여 도서관이사회에 관여했지만, 지역사회에 계획이나 계획의 이유를 명확히 설명하는 데 실패했다. 지역사회는 서비스의 질과 양의 감소가 상당한 부담이 있기 때문에 부정적으로 반응했다. 도서관 예산이 23%까지 감액된 후, 시의회는 지역사회의 항의에 따라 도서관이 예산 삭감을 수용하기 위해 변경하려는 것을 막았다. 도서관 예산이 23% 삭감되면 무슨 일이 일어날지를 보여주는 예로서 도서관이 이 계획을 좀 더 일찍 지역사회에 공개했다면 지역 주민이 어떤 반응을 보였을지 상상해보라. 지역사회의 불만은 대부분은 시 의회로 향했을 것이다.

암울한 정치 환경 속에서 지역사회 구성원과 지방 정부 공무원을 참여시키는 것은 진정한 희망을 제공하지만, 공공도서관과 그 지지자들의 관여는 적극적이고 조율된 방식으로 이루어져야 한다. 현재의 정치와 경제 환경에서 모든 이득을 얻기 위해서는 힘겨운 싸움이 될 것이다. 그러나 현시점에서 지지를 받기 위해 싸우는 것 외에 다른 선택지는 서서히 사라지는 것일 뿐이다. 도서관의 역사를 고려할 때, 도서관을 유지하기 위한 싸움은 적절하게 지역적이며, 미국 공동체의 상태에 대한 상징성에 큰 비중을 두고 있다. "도서관의 가장 중요한 사회적 기능 중 하나는 상징적인 의미로 계속되고 있다. 즉, 사회의 반복되는 일상적인 경로와 표준적인 선택 속에서 자신을 위한 의미 있는 정체성을 만들어내기 위한 개인들의 일상적인 분투에서 자유를 실현하는 무대가 되는 장소"로 남아 있음을 시사한다(Augst, 2007, p. 183).

이 책의 이전의 장에서 자세히 설명한 바와 같이, 공공도서관은 어려운 시기에 더욱 적극적으로 참여하고 조직화되어 검열에 맞서 ALA의 권리장전(ALA Bill of Rights)의 원칙을 수호하고 동일한 원칙을 사용하여 사회 통합을 촉진하고 있다. 공공도서관은 세계대전과 대공황, 그리고 현재의 대침체를 겪으며 국가를 도와왔다. 공공도서관이 과거에 거대한 도전에 맞서 결집했던 힘을 다시 한번 발휘해야 한다. 반면에 정치적 담론과 정책 결정 과정을 변화시킨다는 목표는 인종차별에 맞서 싸우는 것보다 더 모호하지만, 공공도서관과 지역사회의 다른 재화의 미래를 위해 매우 중요하다.

제1장의 핵심 요점을 다시 한번 강조하자면, 이 책의 주요 메시지는 공공도서관 사서와 공공도서관의 지지자들에게 다음과 같은 역할이 시급히 필요하다는 것이다.

① 정치 프로세스와 그 과정 자체가 도서관에 미치는 영향을 인식한다.

② 정책과 정치의 상호관계에 맞춘다.

③ 공공도서관과 지역사회 공공의 이익을 지원하는 정책의 필요성을 명확히 하기 위해 정책 프로세스에 관여한다.

이 책에서 제시된 역사, 배경, 전략, 목표는 행동을 위한 청사진이자 현장에서 더 큰 논의를 위한 출발점이 될 수 있다.

여기에서 제시한 모든 것이 모든 도서관에서 작동하는 것은 아니며, 일부의 제안 중에는 완전히 실패할 가능성이 높다. 두 명의 통계학자가 한때 관찰했듯이 "모든 모델이 잘못되었지만, 일부 모델은 유용하다"(Box & Draper, 1987, p. 424). 이 책의 희망은 공공도서관의 본질과 존재를 위협하고, 참여와 행동을 필요로 하는 상호 연관된 문제에 대한 담론과 행동을 촉진하는 데 유용한 무엇인가를 제시하는 것이다. 무엇을 해야 하는지에 대해 토론하고, 비록 모든 것이 효과적이지 않더라도 행동을 취하는 것은 현재의 현실 속에서 공공도서관이 지역사회의 재화로서 생존하고 번영할 수 있는 기회를 가질 수 있도록 참여하고 옹호하는 데 필요한 단계이다.

작가이자 활동가, 연설가인 프레드릭 더글러스(Frederick Douglass)가 1895년 사망하기 몇 주 전에 한 젊은 아프리카계 미국인 대학생이 그를 방문했다. 그 학생은 더글러스가 오랫동안 훌륭한 삶을 살아오면서 성취해온 모든 것을 비추어볼 때, 직업 생활을 시작하는 사람으로서 무엇을 해야 하는지를 물었다. 대답으로 “더글러스는 몸을 일으켜 젊은이를 바라본 다음, 하늘을 올려다보며 풍부한 바리톤 목소리로 “움직여! 움직여! 움직여!”(Agitate! Agitate! Agitate!)라고 외쳤다(Stauffer, 2008, p. 314).

공공도서관은 이용자와 지역사회에 너무나 큰 의미를 지니고 있는데, 도서관과 그 지지자들은 옹호와 참여에 모든 것을 쏟아붓지는 않는다. 미국 도서관은 1세기 이상에 걸쳐 사회 변혁의 담당자로서 활동을 해왔다. 이제 공공도서관을 옹호하는 일도 사회 변화를 옹호하는 포트폴리오의 일부가 되어야 한다. 많은 공공도서관 사서가 이 역할에 불편함을 느낄 수 있지만, 사서직과 그 지지자들은 프레드릭 더글러스의 조언을 전적으로 그리고 주저 없이 마음에 새겨야 한다.

참고문헌

oduski, B. E. (2003). Lobbying for libraries and the public's access to government information. Lanham, MD: Scarecrow.

Ackermann, K. D. (2007). Hoover, the Red Scare, and the assault on civil liberties. New York: Carroll & Graf.

Adeyemon, E. (2009). Integrating digital literacies into outreach services for underserved youth populations. Reference Librarian, 50, 85–98.

Adler, M. (2012, June 12). Loud debate rages over N.Y. Library's quiet stacks. NPR News. Available from http://www.npr .org/2012/06/12/154786855/loud-debate-ragesover-n-y-librarys-quiet-stacks.

Aikin, J. (2013). "A search for better ways into the future": The Library of Congress and its users in the interwar period. In C. Pawley & L. S. Robbins (Eds.), Libraries and the reading public in twentieth-century America (pp. 78–93). Madison, WI: University of Wisconsin.

Alexander, O. D. (2008). Public library services to underrepresented groups: Poor and unemployed, emphasizing Danville, Virginia. Public Library Quarterly, 27,111–133.

Alexander, O. D. (2013). Free public libraries charging for survival. Public Library Quarterly, 32,138–149.

Alfino, M., & Pierce, L. (1997). Information ethics for librarians. Jefferson, NC: McFarland.

Allner, 1. (2004). Copyright and the delivery of library services to distance learners. Internet Reference Services Quarterly 9(3),179–192.

American Library Association. (2000). 12 ways libraries are good for the country. Available fromhttp://www.ala.org.

American Library Association. (2003). Library advocate's handbook (3rd ed.). Chicago: ALA Editions.

American Library Association. (2009). Advocating in a tough economy toolkit. Available from http://www.ala.org.

American Library Association. (2012a). ALA policy manual. Available from http://www.ala.org. American Library Association. (2012b). The 2012 State of America's Library Report.

Available from http://www.ala.org/news/mediapresscenter/americaslibraries/soal2012/social-networking.

Anderson, D. L. (2003). Selling a public good: The case of rechartering public libraries by referendum in New York State. Public Library Quarterly, 22, 5–23.

Ansell, c., & Gash, A. (2007). Collaborative governance in theory and practice.

Journal of Public Administration Research and Theory, 18,543–571.

Apesteguia, J., & Maier–Rigaud, F. P. (2006). The role of rivalry: Public goods versus common–pool resources. Journal of Conflict Resolution, 50, 646–663.

Audunson, R., Essmat, S., & Aabo, S. (2011). Public libraries: A meeting place for immigrant women? Library & Information Science Research, 33, 220–227.

Augst, T. (2001). Introduction: Libraries and agencies of culture. In T. Augst & W. Wiegand (Eds.), Libraries as agencies of culture (pp. 5–22). Madison: University of Wisconsin Press.

Augst, T. (2007). Faith in reading: Public libraries, liberalism, and the civil religion. In T. Augst & K. E. Carpenter (Eds.), Institutions of readings: The social life of libraries in the United States (pp. 148–183). Amherst: University of Massachusetts.

Auld, H. S. (2004, March/April). Patrons, customer, users, clients. Public Libraries, 81–87.

Axford, B., & Huggins, R (2003). Towards a political sociology of the Internet and local governance. Telematics and Informatics, 20, 185–192.

Baker, N. (1996). The author vs. the library. New Yorker, 72(31),51–62.

Baker, N. (2001). Double fold: Libraries and the assault on paper. New York: Random House.

Banfield, E. c., & Wilson, J. Q. (1963). City politics. Cambridge, MA: Harvard.

Barrett, J. R (1992). Americanization from the bottom up: Immigration and the remaking of the working class in the United States. Journal of American History, 79, 996–1020.

Battistella, E. (2010). What a library closure taught me. Library Journal. Available from http://www.libraryjournal.com.

Baumgartner, F. R, Berry, J. M., Hojnacki, M., Leech, B. L., & Kimball, D. C. (2009). Lobbying and policy change: Who wins, who loses, and why. Chicago: University of Chicago.

Becker,S., Crandall, M. D., Fisher, K. E., Kinney, B., Landry, c., & Rocha, A. (2010). Opportunity for all: How the American public benefits from Internet access at U.S. libraries. Available from http://tascha.washington.edu/usimpact.

Beckerman, E. (1996). Politics and the American public library: Creating political support for library goals. Lanham, MD: Scarecrow.

Becvar, K. M., & Srinivasan, R (2009). Indigenous knowledge and culturally–responsive methods in information research. Library Quarterly, 79,421–441.

Bennett, S. (2001). The golden age of libraries. Journal of Academic Librarianship, 27, 256–259.

Berlin, I. (1953). The hedgehog and the fox: An essay on Tolstoy's view of his tory. New York: Simon & Schuster.

Berman, S. (1998). On my mind: Libraries, class, and the poor people's policy. American Libraries, 29(3), 38.

Berninghausen, D. K. (1948a). Current attacks on books. American Library Association Bulletin, 42(5), 58.

Berninghausen, D. K. (1948b). Book-banning and witch hunts. American Library Association Bulletin, 42(5), 204.

Berninghausen, D. K. (1953). The history of the ALA intellectual freedom committee. Wilson Library Bulletin, 27(10), 813-817.

Berninghausen, D. (1972). Antithesis in librarianship: Social responsibility vs. the Library Bill of Rights. Library Journal, 97(20), 3675-3681.

Berry, J. N., & Rawlinson, N. (1991). No time for neutrality. Library Journal. Available from http://www.libraryjournal.com.

Bertot, J. C. (2011). Public libraries and the Internet: A retrospective, challenges, and issues moving forward. In J. C. Bertot, P. T. Jaeger, & c. R McClure (Eds.), Public libraries and the Internet: Roles, perspectives, and implications (pp. 15-35). Westport, CT: Libraries Unlimited.

Bertot, J. C., Gorham, U., Jaeger, P. T., & Taylor, N. G. (2012). Public libraries and the Internet 2012: Key findings, recent trends, and future challenges. Public Library Quarterly, 31(4), 303-325.

Bertot, J. C., & Jaeger, P. T. (2012). Implementing and managing public library networks, connectivity, and partnerships to promote e-government access and education. In S. Aikins (Ed.), Managing e-government projects: Concepts, issues and best practices (pp. 183-199). Hershey, PA: IGI Global.

Bertot, J. C., Jaeger, P. T., & Greene, N. N. (2013). Transformative e-government and public service: Public libraries in times of economic hardship. In V. Weerakkody & C. G. Reddick (Eds.), Public sector transformation through e-government: Experiences from Europe and North America (pp. 35-46). New York: Routledge.

Bertot, J. C., Jaeger, P. T., Langa, L. A., & McClure, C. R (2006a). Drafted: I want you to deliver e-government. Library Journal, 131(13),34-39.

Bertot, J. C., Jaeger, P. T., Langa, L. A, & McClure, C. R (2Q06b).PubTic access computing and Internet access in public libraries: The role of public libraries in e-government and emergency situations. First Monday, 11(9). Available from http://www.firstmonday .org/issues/issue 11_9 Ibertot/index.html.

Bertot, J. C., Jaeger, P. T., Munson,S., & Glaisyer, T. (2010). Engaging the public in open government: The policy and government application of social media technology for government transparency. IEEE Computer, 43(11), 53-59.

Bertot, J. C., Jaeger, P. T., & Sarin, L. C. (2012). Forbes folly: The lessons of being labeled the worst master's degree. American Libraries, 43(9/10), 30-33.

Bertol, J. C., Jaeger, P. T., Shuler, J. A, Simmons, S. N., & Grimes, J. M. (2009). Reconciling government documents and e-government: Government information in policy, librarianship, and education. Government Information Quarterly, 26, 433-436.

Bertot, J. C., McClure, C. R, & Jaeger, P. T. (2008). The impacts of free public Internet access on public library patrons and communities. Library Quarterly, 78,285-301.

Bertot, J. C., McDermott, A, Lincoln, R, Real, B., & Peterson, K. (2012). 2011-2012 Public Library Funding and Technology Access Survey: Survey Findings and Results. College Park, MD: Information Policy and Access Center.

Bethea, A D. (2011). Has Charlotte survived? Library Journal, 136(9),28-32.

Bier, V. (2006). Hurricane Katrina as bureaucratic nightmare. In R J. Daniels, D. F. Ketti, & H. Kunreuther (Eds.), On risk and disaster: Lessons from Hurricane Katrina (pp. 243-254). Philadelphia: University of Pennsylvania Press.

Bishop, A P., Bazzell, 1., Mehra, B., & Smith, C. (2001). Ayfa: Social and digital technologies that reach across the digital divide. First Monday, 6(4). Available from http:// www.firstmonday.org/issues/issue6_4lbishop/index.html.

Bishop, B. W., & Veil, S. R (2013). Public libraries as post-crisis information hubs. Public Library Quarterly, 32, 33-45.

Blanke, H. T. (1989, July). Librarianship & political values: Neutrality or commitment? Library Journal, 39-43.

Blumenstein, L. (2009, July 22). In Gainesville, FL, "The Library Partnership" merges branch, social services. Library Journal. Available from http://www.libraryjournal.com/article/CA6672422.html.

Boast, R, Bravo, M., & Srinivasan, R (2007). Return to Babel: Emergent diversity, digital resources, and local knowledge. Information Society, 23, 395-403.

Borden, A K. (1931). The sociological beginnings of the library movement. Library Quarterly, 1, 278-282.

Bossaller, L & Raber, D. (2008). Reading and culture: The challenge of progressive era beliefs in the postmodern world. Progressive Librarian, 31, 17-28.

Bourke, C. (2005). Public libraries building social capital through networking. Australasian Public Libraries and Information Services, 18(2), 71-75.

Box, G. E., & Draper, N. R (1987). Empirical model-building and response surfaces. New York: Wiley.

Braman, S. (2006). Change of state: Information, policy, and power. Cambridge, MA: MIT Press.

Brito, J., & Dooling, B. (2006, March). Who's your daddy? Wall Street Journal, A9.

Brophy, P. (2007). The library in the twentyjirst century (2nd ed.). London: Facet.

Brown, J. L. (2001). Making a huge difference in so many little ways. Public

Libraries, 40(1),24.

Brown, J. 5., & Duguid, P. (2002). The social life of information. Boston: Harvard Business School Press.

Brown, W. (2006). American nightmare: Neoliberalism, neoconservatism, and de-democraticization. Political Theory, 34,690–714.

Budd, J. M. (1997, July). A critique of customer and commodity. College & Research Libraries, 309–320.

Budd, J. M. (2006). Politics and public library collections. Progressive Librarian, 28, 78–86.

Bureau of Labor Statistics. (2012). Occupational outlook handbook: Librarians. Available from http://www.bls.gov/ooh/education-training-and-library / librarians.htm.

Burger, R. H. (1993). Information policies. Norwood, NJ: Ablex.

Burke, S. K. (2008). Use of public libraries by immigrants. Reference and User Services Quarterly, 48, 164–174.

Burnett, G., Jaeger, P. T., & Thompson, K. M. (2008). The social aspects of information access: The viewpoint of normative theory of information behavior. Library & Information Science Research, 30, 56–66.

Burnham, W. D. (2010). Democracy in peril: The American turnout problem and the path to plutocracy. New York: Roosevelt Institute.

Burton, J. (2009). Theory and politics in public librarianship. Progressive Librarian, 32, 21–28.

Buschman, J. E. (2003). Dismantling the public sphere: Situating and sustaining librarianship in the age of the new public philosophy. Westport, CT: Libraries Unlimited.

Buschman, J. E. (2005). Libraries and the decline of public purposes. Public Library Quarterly, 24(1), 1–12.

Buschman, J. E. (2007a). Democratic theory in library and information science: Toward an emendation. Journal of the American Society for Information Science and Technology, 58,1483–1496.

Buschman, J. E. (2007b). Transgression or stasis? Challenging Foucault in LIS theory. Library Quarterly, 77, 21–44.

Buschman, J. E. (2009). Information literacy, "new" literacies, and literacy. Library Quarterly, 79,95–118.

Buschman, J. E. (2012). Libraries, classrooms, and the interests of democracy: Marking the limits of neoliberalism. Lanham, MD: Scarecrow.

Buschman, J. E., & Leckie, G. J. (Eds.). (2007). The library as place: History, community, and culture. Westport, CT: Libraries Unlimited.

Buschman, J. E., Rosenzweig, M., & Harger, E. (1994). The clear imperative for involvement: Librarians must address social issues. American Libraries, 25(6), 575–576.

Butler, R. P. (2003). Copyright law and organizing the Internet. Library Trends, 52, 307–317.

Byrne, A. (2003). Necromancy or life support? Libraries, democracy and the concerned intellectual. Library Management, 24,116–125.

Caidi, N., & Allard, D. (2005). Social inclusion of newcomers to Canada: An information problem? Library & Information Science Research, 27, 302–324.

California ICT Digital Literacy Leadership Council. (2010, July). Digital literacy pathways in California: ICT Leadership Council action plan report. Available from http://www.cio.ca.gov.

Callahan, R. (2007). Governance: The collision of politics and cooperation. Public Administration Review, 67, 290–301.

Carlson, S. (2005). Whose work is it, anyway? Chronicle of Higher Education, 51(47), A33–A35.

Carlton, J. (2009, January 19). Folks are flocking to the library, a cozy place to look for a job: Books, computers and wi-fi are free, but staffs are stressed by crowds, cutbacks. Washington Post, AI.

Carnesi, M. S., & Fiol, M. A. (2000). Queens library'S New Americans Program: 23 years of services to immigrants. In Salvador Guerena (Ed.), Library services to Latinos: An anthology (pp. 133–142). Jefferson, NC: McFarland.

Carrico, J. C., & Smalldon, K. L. (2004). Licensed to ILL: A beginning guide to negotiating e-resources licenses to permit resource sharing. Journal of Library Administration, 40(1–2),41–54.

Chatters, C. H. (1957). The outlook for support for public agencies with particular reference to libraries. Library Quarterly, 27, 249–254.

Chen, S. (2010). The new hungry: College-educated, middle-class cope with food insecurity. CNN.com. Available from http://www.cnn.com/2010/LIVING/12/13/food. insecurities.holidays.middle.class/index.html.

Chertoff, M. (2005, July 14). Statement before the Senate Committee on Homeland Security and Governmental Affairs, Department of Homeland Security: Second stage review.

Chu, C. M. (1999). Literacy practices of linguistic minorities: Sociolinguistic issues and implications for literacy services. Library Quarterly, 69, 339–359.

Cillizza, C. (2013a). Congress is really, really old. Washington Post, July 8. Available from http://www.washingtonpost.com.

Cillizza, C. (2013b, July 17). The least productive Congress ever. Washington Post. Available from http://www.washingtonpost.com.

Clark, L., & Visser, M. (2011). Digital literacy takes center stage. In The transforming public library infrastructure. Washington, DC: American Library Association, Office for Research and Statistics.

Clark, S. (2009). Marketing the library? Why librarians should focus on stewardship and advocacy. Progressive Librarian, 33, 93–100.

Clarke, J. (2004). Dissolving the public realm? The logics and limits of neo-liberalism. Journal of Social Policy, 33, 27–48.

CNN. (2009). Hard economic times: A boon for public libraries. CNN.com. Available from http://www.cnn.com/2009/US/02/28/recession.libraries/index.html.

Cocciolo, A. (2013). Public libraries and PBS partnering to enhance civic engagement: A study of a nationwide initiative. Public Library Quarterly, 32,1–20.

Coffman, S., & Varek, B. (1998). What if you ran your library like a bookstore? American Libraries, 29(3), 40–42.

Cohen, L. (2003). A consumer's republic: The politics of mass consumption in postwar America. New York: Knopf. Conant, R. W. (1965). The public library and the city. Cambridge, MA: MIT. Congressional Research Service. (1984). Library Services and Construction Act. 97th Congress Reauthorization. Issue Brief IB81064.

Constantino, R. (2005). Print environments between high and low socioeconomic status (SES) communities. Teacher Librarian, 32(3), 22–25.

Cook, B. (2012). Library heroes shelter evacuees from the summer of 2012. American Libraries, 43(9/10), 10–11.

Cornelius, 1. (2004). Information and its philosophy. Library Trends, 52, 377–386.

Cornelius, I. (2010). Information policies and strategies. London: Facet. Cossette, A. (1976/2009). Humanism and libraries: An essay on the philosophy of librarianship. Duluth, MN: Library Juice.

Cox, R. J. (2011). The demise of the library school: Personal reflections on professional education in the modern corporate university. Duluth, MN: Library Juice.

Cuban, L. (1995). Hedgehogs and foxes among educational researchers. Journal ofEducational Research, 89, 6–12.

Cuban, S. (2007). Serving new immigrant communities in the library. Westport, CT: Greenwood.

Culnan, M. J. (1983). Environmental scanning: The effects of task complexity and source accessibility on information gathering behavior. Decision Sciences, 14(2), 194–206.

Culnan, M. J. (1984). The dimensions of accessibility to online information: Implications for implanting office information systems. ACM Transactions on Office Information Systems, 2(2),141–150.

Culnan, M. J. (1985). The dimensions of perceived accessibility to information:

Implications for the delivery of information systems and services. Journal of the American Society for Information Science, 36(5), 302–308.

Curley, A. (1974). Social responsibility and libraries. In M. J. Voight (Ed.), Advances in Librarianship (Vol. 4, pp. 77–90). New York: Academic.

Curley, A. (1990). Funding for public libraries in the 1990s. In E. J. Josey & K. D. Shearer (Eds.), Politics and the support of libraries (pp. 105–111). New York: NealSchuman.

D'Angelo, E. (2006). Barbarians at the gates of the public library: How postmodern consumer capitalism threatens democracy, civil education and the public good. Duluth, MN: Library Juice.

Daniel, H. (1961). Public libraries for everyone: The growth and development of library services in the United States. Garden City, NY: Doubleday.

Danton, J. P. (1934). Our libraries: The trend toward democracy. Library Quarterly, 4, 16–27.

Davies, D. W. (1974). Public libraries as culture and social centers: The origin of the concept. Metuchen, NJ: Scarecrow.

Davis, D. M. (2009). Challenges to sustaining library technology. Public Libraries, 48(4), 12–17.

Davis, D. M. (2011). Public library funding: An overview and discussion. In J. c. Bertot, P. T. Jaeger, & c. R McClure (Eds.), Public libraries and the Internet: Roles, perspectives, and implications (pp. 193–214). Westport, CT: Libraries Unlimited.

Davlantes, A. (2010, June 28). Are libraries necessary, or a waste of tax money? Fox News Chicago.

Dean, J. (2013). Society doesn't exist. First Monday, 18(3–4).

Debono, B. (2002). Assessing the social impact of public libraries: What the literature is saying. Australasian Public Libraries and Information Services, 15(2), 80–95.

DellaVigna, S., & Kaplan, E. (2007, August). The Fox News effect: Media bias and voting. Quarterly Journal of Economics, 1187–1234.

Dempsey, B. (2009). Strategies from 2008 for an even tougher 2009. Library Journal. Available from http://www.libraryjournal.com.

Dempsey, B. (2010). Libraries win 84% of operating and 54% of building referenda in 2009. Library Journal. Available from http://www.libraryjournal.com.

DePillis, L. (2013, July 14). Barnes & Noble can succeed, but not by competing with Amazon. Washington Post. Available from http://www.washingtonpost.com.

DeProspo, E. R, Jr. (1977). Federal funds in the governance of local library institutions: A reappraisal. Library Trends, 26,197–198.

Dervin, B. (1994). Information–democracy: An examination of underlying assumptions. Journal of the American Society for Information Science, 45, 369–385.

De Witte, K., & Geys, B. (2011). Evaluating efficient public good provision: Theory and evidence from a generalized conditional efficiency model for public libraries. Journal of Urban Economics, 69,319-327.

De Witte, K., & Geys, B. (2013). Citizen coproduction and efficient public good provision: Theory and evidence from local public libraries. European Journal of Operational Research, 224, 592-602.

Diamond, S. (1998). Not by politics alone: The enduring influence of the Christian right. New York: Guilford.

Dilevko, J. (2009). The politics of professionalism: A retro-progressive proposal for librarianship. Duluth, MN: Library Juice Press.

Dionne, E. J., Jr. (2012). Our divided political heart: The battle for the American idea in an age of discontent. New York: Bloomsbury.

Ditzion, S. H. (1939). Social reform, education and the library. Library Quarterly, 9, 156-184.

Ditzion, S. H. (1947). Arsenals of a democratic culture. Chicago: American Library Association.

Dougherty, R M. (2011). Library advocacy: One message, one voice. American Libraries, 42(5/6), 46-50.

Dowell, D. R (2008). The "i" in libraries. American Libraries, 39(1/2), 42.

Doyle, T. (2001). A utilitarian case for intellectual freedom in libraries. Library Quarterly, 71, 44-71.

Dresang, E. T. (2006). Intellectual freedom and libraries: Complexity and change in the twenty-first century digital environment. Library Quarterly, 76, 169-192.

DuMont, R R (1977). Reform and reaction: The big city public library in American life. Westport, CT: Greenwood.

Durrance, J. c., & Fisher, K E. (2002). Online community information: Creating a nexus at your library. Chicago: ALA Editions.

Durrance, J. c., & Fisher, K E. (2005). How libraries and librarians help: Assessing outcomes in your library. Chicago: ALA Editions.

Durrani, S., & Smallwood, E. (2006). The professional is political: Redefining the social role of public libraries. Progressive Librarian, 27, 3-22.

Dvorak, P. (2013, September 13). Protest over tossed books couldn't be hushed. Washington Post. Available from http://www.washingtonpost.com.

Eberhart, G. (2013). The prescription for finding healthcare information. American Libraries. Available from http://www.americanlibrariesmagazine .org/blog/prescription-finding-healthcare-information.

EI-Abbadi, M. (1990). The life and fate of the ancient library of Alexandria. Paris: UNESCO.

Eliot, T. H. (1959). Toward an understanding of public school politics. American

Political Science Review, 52, 1032–1051.

Elliot, M. (2013). Impact of the public library district model on local funding of public libraries in New York State. Public Library Quarterly, 32, 124–137.

Ellis, P., Jacobs, D., & Stasch, J. (2012a, April 6). Beyond books: Why you should check out your public library. Chicago Post–Tribune. Available from http://posttrib. suntimes.com.

Ellis, P., Jacobs, D., & Stasch, J. (2012b, Winter). Investing in civic engagement and public libraries. National Civic Review, 5–10.

Ellsworth, R. E. (1948). Is intellectual freedom in libraries being challenged? American Library Association Bulletin, 42(2), 57–58.

Elmore, G. (2008, March 3). Pull the plug on the library. Gainesville Sun. Available from http://www.gainesvillesun.com.

Ennis, P. H., & Fryden, F. N. (1960). The library in the community use studies revisited. Library Quarterly, 30, 253–265.

Evans, P. B., & Wurster, T. S. (1997). Strategy and the new economics of information. Harvard Business Review, 75(5), 70–82.

Ezard, J. (2003, February 15). Buy lattes and get online at Britain's first Idea Store. Guardian. Available from http://www.theguardian.com.

Farrelly, M. G. (2009). Refuge in the library. Public Libraries, 48(4), 24–26.

Federal Communication Commission. (2010). The national broadband plan: Connecting America. Washington, DC: Author. Available from http://www. broadband.gov.

Ferullo, D. L. (2004). Major copyright issues in academic libraries: Legal implications of a digital environment. Journal of Library Administration, 40(1–2), 23–40.

Fisher, K E., Durrance, J. c., & Hinton, M. B. (2004). Information grounds and the use of need–based services by immigrants in Queens, New York: A context–based, outcome evaluation approach. Journal of the American Society of Information Science and Technology, 55, 754–766.

Fiske, M. (1959). Book selection and censorship: A study of school and public libraries in California. Berkeley: University of California.

Floridi, L. (2002). On defining library and information science as applied philosophy of information. Social Epistemology, 16,37–49.

Foerstel, H. N. (1991). Surveillance in the stacks: The FBI's library awareness program. Westport, CT: Greenwood.

Foerstel, H. N. (2004). Refuge of a scoundrel: The Patriot Act in libraries. Westport, CT: Libraries Unlimited.

Foskett, D. J. (1962). The creed of the librarian: No politics, no religion, no morals. London: Library Association.

Fourie, D. K, & Dowell, D. R. (2002). Libraries in the information age: An introduction and career exploration. Westport, CT: Libraries Unlimited.

Fuller, P. F. (1994). The politics of LSCA during the Reagan and Bush administrations: An analysis. Library Quarterly, 64, 294–318.

Gaffney, L. M. (2013). "Is your library family friendly?": Libraries as a site of conservative activism, 1992–2002. In C. Pawley & L. S. Robbins (Eds.), Libraries and the reading public in twentieth–century America (pp. 185–199). Madison, WI: University of Wisconsin.

Gaines, E. J. (1980, September). Let's return to the traditional library service: Facing the failure of social experimentation. Wilson Library Bulletin, 55, 50–53.

Galbraith, J. K. (1998). Created unequal: The crisis in American pay. New York: Free Press.

Garceau, O. (1949). The public library in the political process. New York: Columbia University.

Garrison, D. (1993). Apostles of culture: The public librarian and American society, 1876–1920. Madison: University of Wisconsin.

Gasaway, L. N. (2000, Fall). Values conflict in the digital environment: Librarians versus copyright holders. Columbia–VLA Journal of Law & the Arts, 115–161.

Gathegi, J. N. (2005). The public library and the (de)evolution of a legal doctrine. Library Quarterly, 75, 1–19.

Gehner, J. (2010). Libraries, low–income people, and social exclusion. Public Library Quarterly, 29(1), 39–47.

Gellar, E. (1974). Intellectual freedom: Eternal principle or unanticipated consequence? Library Journal, 99, 1364–1367.

Gellar, E. (1984). Forbidden books in American public libraries, 1876–1939: A study in cultural change. Westport, CT: Greenwood.

Gerard, D. (1978). Libraries in society: A reader. London: Clive Bingley. Gibbs, N. (2009, April 27). Thrift nation. Time, 24.

Gibson, A. N., Bertot, J. c., & McClure, C. R. (2009). Emerging roles of public libraries as e–government providers. Proceedings of the 42nd Hawaii International Conference on Systems Sciences (HICSS '09) (Waikoloa, Big Island, Hawaii, January 5–8, 2009). Washington, DC: IEEE Computer Society.

Given, L., & Leckie, G. L. (2003). "Sweeping" the library: Mapping the social activity space of the public library. Library and Information Science Research, 25, 365–385.

Goldberg, B. (2009). Board president denounces closing of Colton libraries. American Libraries. Available from http://www.americanlibrariesmagazine.org.

Goldstein, D. (2003). The spirit of an age: Iowa public libraries and professionallibrarians as solutions to society's problems, 1890–1940. Libraries and Culture, 38, 214–235.

Good, J. (2006–07). The hottest place in hell: The crisis of neutrality in contemporary librarianship. Progressive Librarian, 28, 25–29.

Gorham, U., Bertot, J. c., Jaeger, P. T., & Greene, N. N. (2013). E–government success in public libraries: Library and government agency partnerships delivering services to new immigrants. In J. Ramon Gil–Garcia (Ed.), E–government success factors and measures: Concepts, theories, experiences, and practical recommendations (pp. 41–59). Hershey, P A: IGI Global.

Gorham–Oscilowski, u., & Jaeger, P. T. (2008). National Security Letters, the USA PATRIOT Act, and the Constitution: The tensions between national security and civil rights. Government Information Quarterly, 25, 625–644.

Goulding, A. (2004). Libraries and social capital. Journal of Librarianship and Information Science, 36(1), 3–6.

Graham, J.–B. (2003). Now's not the time to be neutral? The myth and reality of the library as neutral entity. Alabama Librarian, 53(2), 9–11.

Graham, P. T. (2001). Public librarians and the civil rights movement. Library Quarterly, 71, 1–27.

Gray, C. M. (1993). The civic role of libraries. In J. E. Buschman (Ed.), Critical approaches to information technology in librarianship: Foundations and applications. Westport, CT: Greenwood.

Green, J. (2007). Subscription libraries and commercial circulating libraries in colonial Philadelphia and New York. In T. Augst & K. Carpenter (Eds.), Institutions ofreading: The social life of libraries in the United States (pp. 24–52). Amherst, MA: University of Massachusetts.

Greenberg, K. J., & Dratel, J. L. (2005). The torture papers: The road to Abu Ghraib. New York: Cambridge.

Gubernick, L., & Conlin, M. (1997, February 10). The special education scandal. Forbes, 66–70.

Gutmann, A (1995, April). Civic education and social diversity. Ethics, 557–579.

Gwinn, M. A (2009, January 23). Library use jumps in Seattle area: Economy likely reason. Seattle Times. Available from http://www.seattletimes.com.

Hacker, J. S., Mettler, S., & Pinderhughes, D. (2005). Inequality and public policy. In R L. Lawrence & T. Skocpol (Eds.), Inequality and American democracy (pp. 156–213). New York: Russell Sage.

Hafner, A W. (1987). Public libraries and society in the information age. Reference Librarian, 18, 107–118.

Halsey, R S. (2003). Lobbying for public and school libraries: A history and political playbook. Lanham, MD: Scarecrow.

Hanley, R (1998, June 29). Jersey City librarians protest plan for private contractor. New York Times, Bl, B6.

Hanley, R. P. (2004). Political science and political understanding: Isaiah Berlin on the nature of political inquiry. American Political Science Review, 98, 327-339.

Hansen, D., Koepfler, J., Jaeger, P. T., & Bertot, J. C. (in press). Action brokering for civic engagement: A case study of ACTion Alexandria, a web-based platform for local civic participation. In K. C. Desouza & E. W. Johnston (Eds.), Policy informatics. Cambridge, MA: MIT Press.

Hansen, D. L., Koepfler, J. A, Jaeger, P. T., Bertot, J. c., & Viselli, T. (2014). Civic action brokering platforms: Facilitating local engagement with ACTion Alexandria. Proceedings of the 17th ACM Conference on Computer Supported Cooperative Work and Social Computing (CSCW 2014).

Harris, M. H. (1973). The purpose of the American public library: A revisionist interpretation of history. Library Journal, 98, 2509-2514.

Harris, M. H. (1976). Public libraries and the decline of the democratic dogma. Library Journal, 101, 2225-2230.

Harris, M. H. (1986). The dialectic of defeat: Antimonies in research in library and information science. Library Trends, 34, 515-531.

Harris, M. H., & Carrigan, D. P. (1990). The President and library policy. In E. J. Josey & K. D. Shearer (Eds.), Politics and the support of libraries (pp. 32-42). New York: Neal-Schuman.

Hart, R S. (2013). Bookgate: When Urbana Free Library got rid of thousands of books. Bookriot. Available from http://bookriot.com/2013/06/21lbookgate-when -urbanafree-library-got-rid-of-thousands-of-books.

Hartman, T. (2007). The changing definition of U.s. libraries. Libri, 57, 1-8. Hatch, J. (2004, October). Employment in the public sector: Two recessions' impact on jobs. Monthly Labor Report, 38-47.

Hauptman, R (2002). Ethics and librarianship. Jefferson, NC: McFarland.

Heanue, A (2001). In support of democracy: The library role in public access to government information. In N. Kranich (Ed.), Libraries & democracy: The cornerstones of liberty (pp. 121-128). Chicago, IL: American Library Association.

Heckart, R J. (1991). The library as marketplace of ideas. College and Research Libraries, 52,491-505.

Helling, J. (2012). Public libraries and their national policies: International case studies. Oxford: Chandos.

Herdman, M. M. (1943). The public library in the Depression. Library Quarterly, 13, 310-334.

Herndon, T., Ash, M., & Pollin, R (2013). Does high public debt consistently stifle economic growth? A critique of Reinhart and Rogoff. Amherst, MA: Political Economic Research Institute.

Hernon, P., McClure, C. R, & Relyea, H. C. (Ed.). (1996). Federal information policies in the 1990s: Views and perspectives. Norwood, NJ: Ablex.

Hernon, P., Relyea, H. c., Dugan, R E., & Cheverie, J. F. (2002). United States government information: Policies and sources. Westport, CT: Libraries Unlimited.

Hill, C. (2009a). Inside, outside, and online. American Libraries, 40(3),39.

Hill, C. (2009b). Inside, outside and online: Building your library community. Chicago: ALA Editions.

Hill, N. M. (2009). Three views. Public Libraries, 48(4), 8--11.

Hillenbrand, C. (2005). Public libraries as developers of social capital. Australasian Public Libraries and Information Services, 18(1),4-12.

Hinton, E. A. (1938). The public library under local government. Public Administration, 16,453-465.

Hlebowitsh, P. (2010). Centripetal thinking in curriculum studies. Critical Inquiries, 40, 503-513.

Hoff, K., & Stiglitz, J. E. (2010). Equilibrium fictions: A cognitive approach to societal rigidity. American Economic Review, 100,141-146.

Hoffert, B. (2009). It's the economy. Library Journal, 134(3),34-36.

Hoffman, J., Bertot, J. c., & Davis, D. M. (2012). Libraries connect communities: Public Library Funding and Technology Access Study 2011-2012. Digital supplement of American Libraries magazine, June 2012. Available from http://viewer.zmags.com/publication/4673a369.

Holland, S., & Verploeg, A. (2009). No easy targets: Six libraries in the economy's dark days. Public Libraries, 48(4), 27-38.

Holt, G. E. (2005). Asking the right but hard questions. Public Library Quarterly, 24(2), 77-82.

Holt, G. E. (2009). Future economic realities of libraries: A lesson in current events. Public Library Quarterly, 28, 249-268.

Holt, G. E. (2013). A future-oriented budget narrative for the King County Library System: A presentation and an analysis. Public Library Quarterly, 32, 68--86.

Holt, L. E., & Holt, G. E. (2010). Public library services for the poor: Doing all we can. Chicago: ALA Editions.

Hummel, P. (2012). Library advocacy in hard times. Oregon Library Association Quarterly, 18(2), 4-5.

Hussey, L. K., & Velasquez, D. L. (2011). Forced advocacy: How communities respond to library budget cuts. Advances in Librarianship, 34, 59-93.

Imhoff, K. R. T. (2006). Creating advocates for public libraries. Public Library Quarterly, 25(1/2), 155-170.

Institute of Museum and Library Services. (2006). Library statistics: Public libraries. Available from http://harvester.census.gov/imls/publib.asp.

Institute of Museum and Library Services. (2011a). Building digitally inclusive communities. Available from http://www.imls.gov/resources/resources.shtm.

Institute of Museum and Library Services. (2011b). Library statistics: Public libraries.

Available from http://harvester .census.gov /imls/publib.asp.

Institute of Museum and Library Services. (2013). FY2011 public library (public use) data file. Washington, DC. Available from http://www.imls.gov/research/pls_data_files.aspx.

Jackman, T. (2013a, September 10). In Fairfax libraries' bid for renewal, books are trashed. Washington Post. Available from http://www.washingtonpost.com.

Jackman, T. (2013b, September 13). Library plan put on hold in Fairfax. Washington Post. Available from http://www.washingtonpost.com.

Jackson, D. Z. (2009). The library-a recession sanctuary. Boston Globe, January 3. Available from http://www.bostonglobe.com.

Jackson, S. L. (1974). Libraries and librarianship in the West: A brief history. New York: McGraw-Hill.

Jaeger, P. T. (2009). Public libraries and local e-government. In C. G. Reddick (Ed.), Handbook on research on strategies for local e-government adoption and implementation: Comparative studies. Hershey, P A: IGI Global.

Jaeger, P. T., & Bertot, J. C. (2009). E-government education in public libraries: New service roles and expanding social responsibilities. Journal of Education for Library and Information Science, 50, 40-50.

Jaeger, P. T., & Bertot, J. C. (2010). Public libraries and e-gqvernment. In J. c. Bertot, P. T. Jaeger, & c. R. McClure (Eds.), Public libraries and the Internet: Roles, perspectives, and implications (pp. 39-57). Westport, CT: Libraries Unlimited.

Jaeger, P. T., & Bertot, J. C. (2011). Responsibility rolls down: Public libraries and the social and policy obligations of ensuring access to e-government and government information. Public Library Quarterly, 30, 91-116.

Jaeger, P. T., Bertot, J. c., & Gorham, U. (2013). Wake up the nation: Public libraries, policy-making, and political discourse. Library Quarterly, 83, 61-72.

Jaeger, P. T., Bertot, J. c., Kodama, C. M., Katz, S. M., & DeCoster, E. J. (2011). Describing and measuring the value of public libraries: The growth of the Internet and the evolution of library value. First Monday, 11(7). Available from http://www.uic.edu/htbin/cgiwrap/bin/ojs/index.php/fm/article/

viewArticle/3765/3074.

Jaeger, P. T., Bertot, J. c., & McClure, C. R. (2003). The impact of the USA Patriot Act on collection and analysis of personal information under the Foreign Intelligence Surveillance Act. Government Information Quarterly, 20(3), 295-314.

Jaeger, P. T., Bertot, J. c., & McClure, C. R. (2004). The effects of the Children's Internet Protection Act (CIPA) in public libraries and its implications for research: A statistical, policy, and legal analysis. Journal of the American Society for Information Science and Technology, 55(13), 1131-1139.

Jaeger, P. T., Bertot, J. c., McClure, C. R., & Rodriguez, M. (2007). Public libraries and Internet access across the United States: A comparison by state from 2004 to 2006. Information Technology and Libraries, 26(2), 4-14.

Jaeger, P. T., Bertot, J. c., & Shuler, J. A. (2010). The Federal Depository Library Program (FDLP), academic libraries, and access to government information. Journal of Academic Librarianship, 36,469-478.

Jaeger, P. T., Bertot, J. c., Shuler, J. A., & McGilvray, J. (2012). A new frontier for LIS programs: E-government education, library/government partnerships, and the preparation of future information professionals. Education for Information, 29, 39-52.

Jaeger, P. T., Bertot, J. c., Thompson, K. M., Katz, S. M., & DeCoster, E. J. (2012). The intersection of public policy and public access: Digital divides, digital literacy, digital inclusion, and public libraries. Public Library Quarterly, 31(1), 1-20.

Jaeger, P. T., & Bowman, C. A. (2005). Understanding disability: Inclusion, access, diversity, and civil rights. Westport, CT: Praeger.

Jaeger, P. T., & Burnett, G. (2005). Information access and exchange among small worlds in a democratic society: The role of policy in redefining information behavior in the post-9/ll United States. Library Quarterly, 75(4),464-495.

Jaeger, P. T., & Burnett, G. (2010). Information worlds: Social context, technology, & information behavior in the age of the Internet. London: Routledge.

Jaeger, P. T., & Fleischmann, K. R. (2007). Public libraries, values, trust, and e-government. Information Technology and Libraries, 26(4), 35-43.

Jaeger, P. T., Fleischmann, K. R., Preece, L Shneiderman, B., Wu, F. P., & Qu, Y. (2007). Community response grids: Facilitating community response to biosecurity and bioterror emergencies through information and communication technologies. Biosecurity and Bioterrorism, 5(4), 335-346.

Jaeger, P. T., Gorham, u., Sarin, L. c., & Bertot, J. C. (2013). Libraries, policy, and politics in a democracy: The four historical epochs. Library Quarterly, 83, 166-181.

Jaeger, P. T., Gorham, U., Sarin, L. c., & Bertot, J. C. (in press). Democracy, neutrality, and value demonstration in the age of austerity. Library Quarterly.

Jaeger, P. T., Langa, L. A., McClure, C. R., & Bertot, J. C. (2006). The 2004 and 2005 Gulf Coast hurricanes: Evolving roles and lessons learned for public libraries in disaster preparedness and community services. Public Library Quarterly, 25(3/4), 199–214.

Jaeger, P. T., & McClure, C. R. (2004). Potential legal challenges to the application of the Children's Internet Protection Act (CIP A) in public libraries: Strategies and issues. First Monday, 9(2). Available from http://www.firstmonday.org/issues/issue9 _2/jaeger/index.html.

Jaeger, P. T., McClure, C. R, & Bertot, J. C. (2005). The E-rate program and libraries and library consortia, 2000–2004: Trends and issues. Information Technology and Libraries, 24(2), 57–67.

Jaeger, P. T., McClure, C. R, Bertot, J. c., & Langa, L. A (2005). CIPA: Decisions, implementation, and impacts. Public Libraries, 44(2), 105–109.

Jaeger, P. T., McClure, C. R, Bertot, J. c., & Snead, J. T. (2004). The USA PATRIOT Act, the Foreign Intelligence Surveillance Act, and information policy research in libraries: Issues, impacts, and questions for library researchers. Library Quarterly, 74(2), 99–121.

Jaeger, P. T., Paquette, S., & Simmons, S. N. (2010). Information policy in national political campaigns: A comparison of the 2008 campaigns for President of the United States and Prime Minister of Canada. Journal of Information Technology & Politics, 7, 1–16.

Jaeger, P. T., Shneiderman, B., Fleischmann, K R, Preece, J., Qu, Y., & Wu, F. P. (2007). Community response grids: E-government, social networks, and effective emergency response. Telecommunications Policy, 31, 592–604.

Jaeger, P. T., Subramaniam, M., Jones, c. B., & Bertot, J. C. (2011). Diversity and LIS education: Inclusion and the age of information. Journal of Education for Library and Information Science, 52, 166–183.

Jaeger, P. T., Taylor, N. G., Bertot, J. c., Perkins, N., & Wahl, E. E. (2012). The Coevolution of e-government and public libraries: Technologies, access, education, and partnerships. Library & Information Science Research, 34, 271–281.

Jaeger, P. T., & Thompson, K M. (2003). E-government around the world: Lessons, challenges, and new directions. Government Information Quarterly, 20(4), 389–394.

Jaeger, P. T., & Thompson, K M. (2004). Social information behavior and the democratic process: Information poverty, normative behavior, and electronic government in the United States. Library & Information Science Research,

26(1), 94-107.

Jaeger, P. T., Thompson, K M., & Lazar, J. L. (2012). The Internet and the evolution of library research: The perspective of one longitudinal study. Library Quarterly, 82, 75-86.

Jaeger, P. T., & Yan, Z. (2009). One law with two outcomes: Comparing the implementation of the Children's Internet Protection Act in public libraries and public schools. Information Technology and Libraries, 28(1), 8-16.

James, S. E. (1985). The relationship between local economic conditions and the use of public libraries. Library Quarterly, 55, 255-272.

James, S. E. (1986). Economic hard times and public library use: A close look at the Librarian's Axiom. Public Library Quarterly, 7(3-4),61-70.

Jayakar, K, & Park, E.-A (2012). Funding public computing centers: Balancing broadband availability and expected demand. Government Information Quarterly, 29, 50-59.

Jenkins, c. (1990). The political processes and library policy. In E. J. Josey & K D.
Shearer (Eds.), Politics and the support of libraries (pp. 45-51). New York: Neal-Schuman.

Jerrard, J., Bolt, N., & Strege, K. (2012). Privatizing libraries. Chicago: American Library Association.

Joeckel, C. B. (1935). The government of the American public library. Chicago: University of Chicago Press.

Johnson, C. A (2010). Do public libraries contribute to social capital? A preliminary investigation into the relationship. Library & Information Science Research, 32, 147-155.

Jones, P. A, JI. (1993). From censorship to intellectual freedom to empowerment: The evolution of the social responsibility of the American public library. North Carolina Libraries, 52, 135-137.

Jones, P. A, JI. (1999). Libraries, immigrants, and the American experience. Westport, CT: Greenwood.

Josey, E. J. (Ed.). (1980). Libraries in the political process. Phoenix: Oryx.

Josey, E. J., & Shearer, K. D. (1990). Politics and the support 9flibraries. New York: NealSchuman.

Kajberg, L. (2011). Revisiting the concept of the political library in the world of Web 2.0 technologies. Progressive Librarian, 36/37, 30-4l.

Kearney, R. c., Feldman, B. M., & Scavo, C. P. F. (2000). Reinventing government: City manager attitudes and actions. Public Administration Review, 60, 535-548.

Kelley, M. (2011). Los Angeles Public Library wins big with votes, Measure L passes. Library Journal. Available from htlp://www.libraryjournal.com.

Kelley, M. (2012). The new normal. Library Journal. Available from http://www.libraryjournal.com.

Kent, S. G. (1996). American public libraries: A long transformation. Daedalus, 125(4), 207-220.

Kermeny, J. G. (1962). A library for 2000 AD. In M. Greenberger (Ed.), Computers and the world of the future. Cambridge, MA: MIT.

Kerslake, E., & Kinnell, M. (1998). Public libraries, public interest and the information society: Theoretical issues in the social impact of public libraries. Journal of Librarianship and Information Science, 30(3), 159-167.

Kim, E. K. (2013, March 28). More than just books: Arizona libraries add public health nurses. NBC News. Available from http://www.today.com.

Kingma, B. R. (2001). The economics of information: A guide to economic and cost benefit analysis for information. Littleton, co: Libraries Unlimited.

Kinney, B. (2010). The Internet, public libraries, and the digital divide. Public Library Quarterly, 29(2), 104-16l.

Kintz, L. (1997). Between Jesus and the market: The emotions that matter to right-wing America. Durham, NC: Duke University Press.

Kliff, S. (2012, July 6). The incredible shrinking public health workforce. Washington Post. Available from http://www.washingtonpost.com.

Knack, S. (2002). Social capital and the quality of government: Evidence from the states. American Journal of Political Science, 46, 772-785.

Kniffel, L. (1996). Criticism follows hoopla at new San Francisco library. American Libraries, 27(7), 12-13.

Kniffel, L. (2002). Who wants to be the first to go to jail? American Libraries, 33(7), 46.

Knox, E. (2013). The challengers of West Bend: The library as a community institution. In C. Pawley & L. S. Robbins (Eds.), Libraries and the reading public in twentiethcentury America (pp. 200-213). Madison, WI: University of Wisconsin.

Kramp, R. S. (1975/2010). The great depression: Its impact on forty-six large American public libraries. Duluth, MN: Library Juice.

Kranich, N. (2001a). Libraries, the Internet, and democracy. In N. Kranich (Ed.), Libraries and democracy: The cornerstones of liberty (pp. 383-395). Chicago: American Library Association.

Kranich, N. (Ed.). (2001b). Libraries and democracy: The cornerstones of liberty. Chicago: American Library Association.

Kranich, N. (2010). Promoting adult learning through civil discourse in the public library. New Directions for Adult and Continuing Education, 127(4),15-24.

Krummel, D. W. (1999). Fiat lux, fiat latebra: A celebration of historical library functions. Campaign, IL: University of Illinois Press.

Labaree, D. F. (1997). Public goods, private goods: The American struggle over educational goals. American Educational Research Journal, 34(1), 39-81.

Lancaster, F. W. (Ed). (1993). Libraries and the future: Essays on the library in the twentyfirst century. New York: Haworth.

Landoy, A, & Zetterlund, A (2013). Similarities and dissimilarities among Scandinavian library leaders and managers. In P. Hernon & N. O. Pors (Eds.), Library leadership in the United States and Europe: A comparative study of academic and public libraries (pp. 93-108). Santa Barbara, CA: Libraries Unlimited.

Lankes, R. D., Silverstein, J., & Nicholson, S. (2007). Participatory networks: The library as conversation. Information Technology and Libraries, 26(4), 17-33.

LaRose, R, Strover, S., Gregg, J. L., & Straubhaar, J. (2011). The impact of rural broadband development: Lessons from a natural field experiment. Government Information Quarterly, 28, 91-100.

Larson, K. C. (2001). The Saturday Evening Girls: A progressive era library club and the intellectual life of working class and immigrant girls in turn-of-the century Boston. Library Quarterly, 71, 195--230.

LaRue, J. (2009). Tough times and eight ways to deal with them. American Libraries. Available from http://www.americanlibrariesmagazine.org.

LaRue, J. (2011). Keeping our message simple. American Libraries. Available from http://www.americanlibrariesmagazine.org.

Lasswell, H. D. (1958). Politics: Who gets what, when, how. New York: Meridian.

Learned, W. (1924). The American public library and the diffusion of knowledge. New York: Harcourt Brace.

Learned, W. (1926). Libraries and adult education. Chicago: American Library Association.

Leckie, G. J. (2004). Three perspectives on libraries as public space. Feliciter, 50(6), 233-236.

Leckie, G. J., & Hopkins, J. (2002). The public place of central libraries: Findings from Toronto and Vancouver. Library Quarterly, 72, 326-372.

Lee, R. E. (1966). Continuing education for adults through the American public library. Chicago: American Library Association.

Leibovich, M. (2013). This town: Two parties and a funeral-and plenty of valet parking/-in America's gilded capital. New York: Penguin.

Leigh, R. D. (1957). Changing concepts of the public library'S role. Library Quarterly, 27, 223-234.

Lerner, F. (2009). The story of libraries: From the invention of writing to the computer age. New York: Continuum.

Licklider, J. c. R. (1965). Libraries of the future. Cambridge, MA: MIT.

Lievrouw, L. A. (1994). Information resources and democracy: Understanding the paradox. Journal of the American Society for Information Science, 45, 350-377.

Lin, G. T.-R., & Lin, J. (2006). Ethical customer value creation: Drivers and barriers. Journal of Business Ethics, 67, 93-105.

Line, M. B. (2003). Democracy and information: Transmitters and receivers. Library Management, 24, 386-392.

Lukenbill, W. B. (2006). Helping youth at risk: An overview of reformist movements in public libraries to youth. New Review of Children's Literature and Librarianship, 12, 197-213.

Lukensmeyer, C. J. (2012, Winter). Public libraries and the future of democracy. National Civic Review, 13-14.

Luyt, B. (2001). Regulating readers: The social origins of the readers' advisor in the United States. Library Quarterly, 71, 443-466.

Lynch, M. J. (2002). Economic hard times and public library use revisited. American Libraries, 33(7), 62-63.

Lyons, C. (2007). The library: A distinct local voice? First Monday, 12(3). Available from http://www.uic.edu/htbin/cgiwrap/bin/ojs/index.php/fm/article / view/1629/1544.

Lyons, R. (2009). Critiquing advocacy research findings: An illustration from the OCLC report. Public Library Quarterly, 28, 212-226.

Lyons, R. (2013). Rainy day statistics: u.s. public libraries and the Great Recession. Public Library Quarterly, 32, 97-118.

Manchester, W. (1993). A world lit only by fire: The medieval mind and the Renaissance; portrait of an age. New York: Little, Brown.

Mann, T. E., & Ornstein, N. J. (2012). It's even worse than it looks: How the American constitutional system collided with the new politics of extremism. New York: Basic.

Manoff, M. (2001). The symbolic meaning of libraries in a digital age. Portal: Libraries and the Academy, 1, 371-381.

Martell, C. (2009). Hanging tough at our neighborhood lil;lJ;a,ries. Public Library Quarterly, 28, 336-343. .

Matthews, J. R. (2007). The evaluation and measurement of library services. Westport, CT: Libraries Unlimited.

Matz, C. (2008). Libraries and the USA Patriot Act. Journal of Library Administration, 47 (3/4): 69--87.

Mazzei, P., & Rabin, C. (2013, September 11). Miami-Dade will raid reserves to avoid library layoffs, maintain hours. Miami Herald. Available from http://

miamiherald.com.

McChesney, K. (1984). History of libraries, librarianship, and library education. In A. R. Rogers & K. McChesney (Eds.), The library in society (pp. 33–60). Littleton, CO: Libraries Unlimited.

McClelland, E. (2013). Nothin' but blue skies: The heyday, hard times, and hopes of America's industrial heartland. New York: Bloomsbury.

McClure, C. R., Feldman, S., & Ryan, J. (2006). Politics and advocacy: The role of networking in selling the library to your community. Public Library Quarterly, 25(1/2),137–154.

McClure, C. R., & Jaeger, P. T. (2008). Government information policy research: Importance, approaches, and realities. Library & Information Science Research, 30, 257–264.

McCook, K. d.l.P. (2011). Introduction to public librarianship (2nd ed.). New York: NealSchuman.

McCook, K. d.l.P., & Barber, P. (2002). Public policy as a factor influencing adult lifelong learning, adult literacy and public libraries. Reference & User Services Quarterly, 42(1), 66–75.

McCook, K. d.l.P., & Brand, K. (2001). Community indicators, genuine progress, and the golden billion. Reference and User Services Quarterly, 40, 337–340.

McCreadie, M., & Rice, R. E. (1999). Trends in analyzing access to information, part I: Cross-disciplinary conceptions of access. Information Processing and Management, 35, 45–76.

McCrossen, A. (2006). "One more cathedral" or "mere lounging places for bummers?" The cultural politics of leisure and the public library in Gilded Age America. Libraries and the Cultural Record, 41, 169–188.

McDowell, K. (2010). Which truth, what fiction? Librarians' book recommendations for children, 1877–1890. In A. R. Nelson & J. L. Rudolph (Eds.), Education and the culture of print in modem America (pp. 15–35). Madison, WI: University of Wisconsin.

McDowell, K. (2011). Children's voices in librarians' words, 1890–1930. Libraries & the Cultural Record, 46, 73–100.

McMenemy, D. (2007). Librarians and ethical neutrality: Revisiting The Creed of a Librarian. Library Review, 56, 177–18I.

McMullen, H. (2000). American libraries before 1876. Westport, CT: Greenwood.

Meade, R. (2013, May 14). A librarian's response to "what's a library?" Huffington Post. Available from http://www.huffingtonpost.com.

Mehra, B., & Srinivasan, R. (2007). The library–community convergence framework for community action. Libri, 57(3),123–139.

Mergel,1. (2010). Government 2.0 revisited: Social media strategies in the public sector. American Society for Public Administration, 33(3), 7, 10.

Michel, D. (2009). Foxes, hedgehogs, and greenhouse governance: Knowledge, uncertainty, and international policy-making in a warming world. Applied Energy, 86, 258–264.

Milam, D. P. (2001). Access for all: Public library contributions to civic connectivity. National Civic Review, 90(3),213–220.

Milbank, D. (2013, July 18). On Obamacare, testing the definition of insanity. Washington Post. Available from http://www.washingtonpost.com. Miranda-Murillo, D. (2006). New immigrants centers at the Austin public library. Texas Library Journal, 82(4),144–147.

Molz, K. (1976). Federal policy and library support. Cambridge, MA: MIT.

Moon, M. J. (2002). The evolution of e-goverrunent among municipalities: Rhetoric or reality? Public Administration Review, 62, 424–433.

Moon, M. J., & Norris, D. F. (2005). Does managerial orientation matter? The adoption of reinventing government and e-goverrunent at the municipal level. Information Systems Journal, 15, 43–60.

Morehart, P. (2013). Lawsuits impact Kentucky libraries. American Libraries. Available from http://www .americanlibrariesmagazine.org/blog/lawsuits-impact -kentuckylibraries.

Morehead, J. (1998). Introduction to United States government information sources (6th ed.). Westport, CT: Libraries Unlimited.

Morrongiello, G. (2013, July 3). White House vetoes public seeing Obama's thanks to librarians. Washington Examiner. Available from http://washingtonexaminer.com.

Moyn, S. (2012, May 12). Human rights, not so pure anymore. New York Times. Available from http://www.nytimes.com.

Musman, K. (1993). Technological innovations in libraries, 1860–1960. Westport, CT: Greenwood.

Naficy, H. (2009). Centering essential immigrant help on the library Web site: The American Place (TAP) at Hartford Public Library. Public Library Quarterly, 28(2), 162–175.

Nalbandian, J. (1999). Facilitating community, enabling democracy: New roles for local government managers. Public Administration Review, 59, 187–197.

National Center for Education Statistics. (2009). Financial accounting for local and state school systems. Available from http://www.nces.ed.gov.

National Telecommunications and Information Administration. (2013). Exploring the digital nation: America's emerging online experience. Available from http://www.fcc.gov.

Nelson, J. A. (2006). Marketing and advocacy: Collaboration in principle and practice. Public Library Quarterly, 25(112), 117–135.

Newman, J. (2007). Re–mapping the public: Public libraries and the public sphere. Cultural Studies, 21, 887–909.

Newsom, G., & Dickey, 1. (2013). Citizenville: How to take the town square digital and reinvent government. New York: Penguin.

Nieves, E. (2010, March 7). California library reaches out to homeless patrons. Boston Globe. Available from http://www.boston.com/news/nation/artic1es/2010/03/07/san_francisco_hires_social_worker_for_homeless_library_patrons.

Novotny, E. (2010). Hard choices in hard times: Lessons from the Great Depression. Reference & User Services Quarterly, 49, 222–224.

Nyquist, E. B. (1968). Poverty, prejudice, and the public library. Library Quarterly, 38, 78–89.

O'Leary, R., Gerard, c., & Bingham, 1. B. (2006). Introduction to the symposium on collaborative public management. Public Administration Review, 66(sl), 6–9.

O'Neil, S. 1., & Hansen, J. W. (2001). Productivity. In B. S. Kaliski (Ed.), Encyclopedia of Business and Finance (Vol. 2, pp. 708–710). New York: Macmillan. Online Computer Library Center. (2007). Sharing, privacy and trust in our networked world. Dublin, OH: Author.

Osborne, D. (1993). Reinventing government. Public Productivity and Management Review, 16,349–356.

Oxford English Dictionary. (2013a). Value. Available from http://www.oed.com/view/Entry/221253.

Oxford English Dictionary. (2013b). Value, n. Available from http://www.oed.com/view/Entry/221253.

Page, S. (2010). Integrative leadership for collaborative governance: Civic engagement in Seattle. Leadership Quarterly, 21, 246–263.

Park, J. C. (1980). Preachers, politics, and public education: A review of right–wing pressures against public schooling in America. Phi Delta Kappan, 61(9),608–612.

Parker, R, Kaufman–Scarborough, c., & Parker, J. C. (2007). Libraries in transition to a marketing orientation: Are librarians' attitudes a barrier? International Journal of Nonprofit and Voluntary Sector Marketing, 12, 320–337.

Pawley, C. (2001). Reading on the middle border: The culture of print in late–nineteenthcentury Osage, Iowa. Amherst: University of Massachusetts.

Pawley, C. (2009). Seeking significance: Actual readers, specific reading communities. Book History, 5, 143–160.

Pearlstein, S. (2012, April 12). Turned off by politics? That's exactly what politicians want. Washington Post. Available from http://www.washingtonpost.com.

Pens a, P. (2009, December 4). Chicago Public Library starts a new, lean chapter.

Chicago Tribune. Available from http://www.chicagotribune.com.

Pera, M. (2013). Libraries and the Affordable Care Act. American Libraries. Available from http://www.americanlibrariesmagazine.org.

Perlstein, R (2008). Nixonland: The rise of a president and the fracturing of America. New York: Scribner.

Pirolli, P., Preece, J., & Shneiderman, B. (2010). Cyberinfrastructure for social action on national priorities. Computer, 43(11), 20−21.

Pittman, R (2001). Sex, democracy, and videotape. In N. Kranich (Ed.), Libraries and democracy: The cornerstones of liberty (pp. 113−118). Chicago: American Library Association.

Porter, M., & King, D. L. (2009). Save money−use the web. Public Libraries, 48(4),18−20.

Preer, J. L. (2006). "Louder please": Using historical research to foster professional identity in LIS students. Libraries and the Cultural Record, 41, 487−496.

Preer, J. (2008). Promoting citizenship: How librarians helped get out the vote in the 1952 presidential election. Libraries & the Cultural Record, 43, 1−28.

Provizer, N. W. (2008). On hedgehogs, foxes and leadership: Uncovering the Other Tolstoy. Leadership Quarterly, 19,453−458.

Public Agenda. (2006). Long overdue: A fresh look at public and leadership attitudes about libraries in the 21st century. New York: Author. Available from http://publicagenda.org.

Pungitore, V. L. (1995). Innovation and the library: The adoption of new ideas in public libraries. Westport, CT: Greenwood.

Raber, D. (1995). Ideological opposition to federal library legislation: The case of the Library Services Act of 1956. Public Libraries, 34, 162−169.

Raber, D. (2007). ACONDA and ANACONDA: Social change, social responsibility, and librarianship. Library Trends, 55, 675−697.

Rabin, M., & Schrag, J. L. (1999, February). First impressions matter: A model of confirmatory bias. Quarterly Journal of Economics, 37−82.

Rainie, L. (2010). Internet, broadband, and cell phone statistics. Pew Internet and American

Life Project. Available from http://www.pewinternet.org/Reports/2010/Internetbroadband −and −cell−phone−statistics.aspx.

Ramey, J. B. (2013). For the public good: Urban youth advocacy and the fight for public education. Children and Youth Services Review, 35, 1260−1267.

Randall, J. (2013, July 10). Com cast profits off poverty. Salon. Available from http://www.salon.com/2013/07 /10/ comcasts _new_partner.

Raven, J. (2007). Social libraries and library societies in eighteenth century North America. In T. Augst & K. Carpenter (Eds.), Institutions of reading: The social life of libraries in the United States (pp. 1–23). Amherst, MA: University of Massachusetts.

Raymond, B. (1979). ACONDA and ANACONDA revisited: A retrospective glance at the sounds of fury of the sixties. Journal of Library History, 14,349–362.

Rayward, W. B., & Jenkins, c. (2007). Libraries in times of war, revolution, and social change. Library Trends, 55(3), 361–369.

Reddick, C. G., & Aikins, S. K. (2012). Web 2.0 technologies and democratic governance. In C. G. Reddick & S. K. Aikins (Eds.), Web 2.0 technologies and democratic governance: Political, policy and management implications (pp. 1–7). New York: Springer.

Reith, D, (1984). The library as social agency. In A. R Rogers & K. McChesney (Eds.), The library in society (pp. 5–16). Littleton, CO: Libraries Unlimited.

Repo, A. J. (1989). The value of information: Approaches in economics, accounting, and management science. Journal of the American Society for Information Science, 40, 68–85.

Resmovits, J. (2011, May 31). Librarian positions cut in schools across the country. Huffpost Education. Available from http://www.huffingtonpost.com /2011/05/31/librarian–positions–cutschools_n_869458.html.

Rettig, J. (2009). Once in a lifetime. American Libraries. Available from http:// americanlibrariesmagazine.org/junejuly–2009/once–lifetime.

Reuters. (2010). Nearly half of elderly in U.S. will face poverty. MSNBC.com. Available from http://www.msnbc.com.

Richards, N. M. (2013). The perils of social reading. Georgetown Law Journal, 101, 689–724.

Richards, P. S. (2001). Cold War librarianship: Soviet and American activities in support of national foreign policy, 1946–1991. Libraries & the Cultural Record, 36, 183–203.

Robbins, L. S. (1996). Censorship and the American library: The American Library Association's response to threats to intellectual freedom. Westport, CT: Greenwood.

Robbins, L. S. (2000). The dismissal of Miss Ruth Brown: Civil rights, censorship, and the American library. Norman: University of Oklahoma Press.

Robbins, L. S. (2007). Responses to the resurrection of Miss Ruth Brown: An essay on the reception of a historical case study. Libraries & the Cultural Record, 42, 422–437.

Rogers, R A. (1984). An introduction to philosophies of librarianship. In A. R Rogers & K. McChesney (Eds.), The library in society (pp. 17–32). Littleton, CO: Libraries Unlimited.

Rosenblum, M. (2013, May 8). What's a library? Huffington Post. Available from http://www.huffingtonpost.com.

Rothbauer, P. (2007). Locating the library as place among lesbian, gay, bisexual, and queer patrons. In J. Buschman & G. J. Leckie (Eds.), The library as place: History, community, and culture. Westport, CT: Libraries Unlimited.

Rothstein, R, & Jacobsen, R (2006). The goals of education. Phi Delta Kappan, 88(4). Available from http://www.epi.org.

Samek, T. (2001). Intellectual freedom and social responsibility in American librarianship, 1967–1974. Jefferson, NC: McFarland.

Sandel, M. (1996). Democracy's discontent: America in search of a public philosophy. Cambridge, MA: Belknap.

Sargent, G. (2013, July 9). Sabotage governing. Washington Post. Available from http://www.washingtonpost.com.

Schattschneider, E. E. (1935). Politics, pressures and the tariff A study of free private enterprise in pressure politics, as shown in the 1929–1930 revision of the tariff. New York: Prentice Hall.

Schneck–Hamlin, D., Han, S.–H., & Schneck–Hamlin, B. (in press). Library–led forums on broadband: An inquiry into public deliberation. Library Quarterly.

Schwartz, M. (2013, January). The budget balancing act. Library Journal, 38–41.

Scott, P., Richards, E., & Martin, B. (1990). Captives of controversy: The myth of the neutral social researcher in contemporary scientific controversies. Science, Technology, and Human Values, 15,474–494.

Scott, R (2011). The role of public libraries in community building. Public Library Quarterly, 30(3),191–227.

Seattle Foundation. (2009). A healthy community: What you need to know to give strategically. Seattle, W A: Author. Available from http:// www.seattlefoundation.org/aboutus/Documents/10029170_HCReport_web.pdf.

Sennett, R (1974). The fall of public man. New York: Norton.

Senville, W. (2009). Libraries at the heart of our communities. Planning Commissioners Journal, 75(3), 12–18.

Seymour, W. N., Jr. (1980). The changing roles of public libraries. Metuchen, NJ: Scarecrow.

Shavit, D. (1985). Federal aid and state library agencies: Federal policy implementation. Westport, CT: Greenwood.

Shavit, D. (1986). The politics of public librarianship. Westport, CT: Greenwood.

Shera, J. H. (1933). Recent social trends and future library policy. Library Quarterly, 3, 339–353.

Shera, J. H. (1949). Foundations of the public library: Origins of public library movement in New England, 1629–1855. Chicago: University of Chicago.

Shera, J. H. (1952). On the value of library history. Library Quarterly, 22, 240–251.

Shera, J. H. (1963). Toward a new dimension for library education. ALA Bulletin, 57,

313-317.

Shera, J. H. (1964, July). Automation and the reference librarian. Reference Quarterly, 3, 3-7.

Shera, J. H. (1970). The sociological foundations of librarianship. New York: Asia PublishingHouse.

Shields, G. R. (1980). Federal legislation and libraries. In E. J. Josey (Ed.), Libraries in the political process (pp. 3-14). Phoenix: Oryx.

Shneiderman, B. (2008, March 7). Science 2.0. Science, 319, 1349-1350.

Shuler, J. A. (2002). Freedom of public information versus the right to public information: The future possibilities of library advocacy. Journal of Academic Librarianship, 28(3),157-159.

Shuler, J. A., Jaeger, P. T., & Bertot, J. C. (2010). Implications of harmonizing e-government principles and the Federal Depository Library Program (FDLP). Government Information Quarterly, 27, 9-16.

Shuman, B. A. (2001). Issues for libraries and information science in the Internet age. Englewood, CO: Libraries Unlimited.

Sigler, K. I., Jaeger, P. T., Bertot, J. c., McDermott, A. L DeCoster, E. J., & Langa, L. A. (2011). The role of public libraries, the Internet, and economic uncertainty. In A. Woodsworth (Ed.), Advances in librarianship: Vol. 34. Librarianship in times of crisis (pp. 19-35). London: Emerald.

Silver, N. (2012a). The signal and the noise: Why so many predictions fail but some don't. New York: Penguin.

Silver, N. (2012b). As swing districts dwindle, can a divided house stand? FiveThirtyEight. Available from http://www.fivethirtyeightblog.com.

Sin, S.-C. J. (2011). Neighborhood disparities in access to information resources: Measuring and mapping U.s. public libraries' funding and service landscapes. Library & Information Science Research, 33, 41-53.

Sin, S.-C. J. (2012). Modeling the impact of individuals' characteristics and library service levels on high school students' public library usage: A national analysis. Library & Information Science Research, 34, 228-237.

Smith, A. (2011). Why Americans use social media. Pew Internet & American Life Project. Available from http://www .pewinternet.org.

Smith, J. (2012, June 8). The best and worst master's degrees for jobs. Forbes. Available from http://www.forbes.com/sites/jacquelynsmi th/2012/06/08the-best -and-worstmasters-degrees-for-jobs-2/2.

Smith, J. (2013, June 7). The best and worst master's degrees for jobs right now. Forbes. Available from http://www.forbes.com/sites/jacquelynsmith/2013/06/07 /the-bestand-worst-masters-degrees-for-jobs-rightnow.

Somashekhar, S. (2013, August 28). States find new ways to resist health law.

Washington Post. Available from http://www.washingtonpost.com.

Srinivasan, R. (2006a). Where information society and community voice intersect. Information Society, 22, 355–365.

Srinivasan, R. (2006b). Indigenous, ethnic and cultural articulations of new media. International Journal of Cultural Studies, 9, 497–518.

Srinivasan, R. (2007). Ethnomethodological architectures: Information systems driven by cultural and community visions. Journal of the American Society for Information Science and Technology, 58, 723–733.

Stauffer, J. (2008). Giants: The parallel lives of Fredrick Douglass and Abraham Lincoln. New York: Twelve.

Stauffer, S. M. (2005). Polygamy and the public library: The establishment of public libraries in Utah before 1910. Library Quarterly, 75, 346–370.

Stauffer, S. M. (2006). Introduction. In R. Litwin (Ed.), Library daylight: Tracing of modern librarianship, 1874–1922 (pp. 1–11). Duluth, MN: Library Juice.

Stephens, M. (2007). Web 2.0 and libraries, part 2: Trends and technologies. Library Technology Reports, 43(5), 10–14.

Stielow, F. (2001). Reconsidering "arsenals of a democratic culture": Balancing symbol and practice. In N. Kranich (Ed.), Libraries and democracy: The cornerstones of liberty (pp. 3–14). Chicago: American Library Association.

Stiglitz, J. E. (2012). The price of inequality: How today's divided society endangers our future. New York: Norton.

Stoffle, C. J., & Tarin, P. A. (1994, July). No place for neutrality: The case for multiculturalism. Library Journal, 46–49.

Strover, 5., Chapman, G., & Waters, J. (2004). Beyond community networking and CTCs: Access, development, and public policy. Telecommunications Policy, 28, 465–485.

Sullivan, M. (2012, July 9). The worst master's degree? Washington Post. Available from http://www.washingtonpost.comlblogs/answer-sheet/post /the-worst-mastersdegree/2012/07/08/gJQAfm6BXW_blog.html.

Svendsen, G. L. H. (2013). Public libraries as breeding grounds for bonding, bridging and institutional social capital. Sociologia Ruralis, 53, 52–73.

Svenonius, E. (2000). The intellectual foundation of information organization. Cambridge, MA:MIT.

Swan, D. W., Grimes, J., Owens, T., Vese, R. D., Jr., Miller, K., Arroyo, J., Craig, T., Dorinski, 5., Freeman, M., Isaac, N., O'Shea, P., Schilling, P. Scotto, J. (2013). Public libraries survey: Fiscal year 2010 (IMLS–2013–PLS–01). Washington DC: Institute of Museum and Library Services.

Swanson, D. R. (1979). Libraries and the growth of knowledge. Library Quarterly, 49, 3–25.

Swigger, B. K. (2012). The MLS project: An assessment after sixty years. Lanham, MD: Scarecrow.

Sykes, J. (2003). Value as calculation and value as contribution to the organization. Information Outlook, 7(3), 10-13.

Taylor, J. B. (2013). Locating the library in the non-library censorship of the 1950s: Ideological negotiations in the professional record. In C. Pawley & L. S. Robbins (Eds.), Libraries and the reading public in twentieth-century America (pp. 168-184). Madison, WI: University of Wisconsin.

Taylor, N. G, Gorham, u., Jaeger, P. T., & Bertot, J. C. (in press). IT and collaborative community services: The roles of the public library, local government, and nonprofit entity partnerships. International Journal of Public Administration in the Digital Age.

Taylor, N. G., Jaeger, P. T., McDermott, A. J., Kodama, C. M., & Bertot, J. C. (2012). Public libraries in the new economy: 21st Century skills, the Internet, and community needs. Public Library Quarterly, 31,191-219.

Tetlock, P. E. (2006). Expert political judgment. Princeton, NJ: Princeton University.

Thatcher, M. (1987). Transcript archived at the Margaret Thatcher Foundation. Available from http://www.margaretthatcher.org/document/106689.

Tisdale, S. (1997, March). Silence, please: The public library as entertainment center. Harper's, 65-73.

Travis, H. (2006). Building universal digital libraries: An agenda for copyright reform. Pepperdine Law Review, 33, 761-833.

Turner, A. M. (1997). Getting political: An action guide for librarians and library supporters. New York: Neal-Schuman.

Urban Libraries Council. (2010). Partners for the future: Public libraries and local governments creating sustainable communities. Chicago, IL: Author.

U.S. Centers for Medicare and Medicaid Services. (n.d.). Table 145. Medicaid-Summary by State: 2000 and 2006. Medicaid, Program Statistics, Medicaid Statistical Information System. Available from http://www.census.gov/compendia/statab/2010/tablesI10s0145.pdf.

U.S. House Committee on the Judiciary, Subcommittee on Civil and Constitutional Right. (1988, June 20, July 13). FBI counterintelligence visits to libraries. 100th Cong., 2nd sess.

U.S. Office of Retirement and Disability Policy. (n.d.). Table 2. Supplemental Security Income. Social Security Administration, Supplemental Security Record. Available from http://www.ssa.gov/policy/docs/factsheets/cong_stats/2009/al.html.

U.S. Senate Committee on Labor and Public Welfare, Subcommittee on Education. (1956, May 23). Library Services. 84th Cong., 2nd Sess. U.S. Supplemental

Nutrition Assistance Program. (n.d.). Table of Participation andBenefits as of October 28, 2010. Available from http://www.fns.usda.gov/pd/34SNAPmonthly .htm.

U.S.. Women, Infants and Children Program. (n.d.). Table of WIC Program: Total Participation. Available from http://www.fns.usda.gov/pd/26wifypart.htm.

Van Moorsel, G. (2005). Client value models provide a framework for rational library planning (or, phrasing the answer in the form of a question). Medical Reference Services Quarterly, 24(2), 25-40.

Van Sant, W. (2009, June 8). Librarians now add social work to their resumes. St. Petersburg Times. Available from http://www.tampabay.com.

Van Slyck, A. A. (1995). Free to all: Carnegie libraries and American culture, 1890-1920. Chicago: University of Chicago Press.

Varheim, A. (2010). Gracious space: Library programming strategies towards immigrants as tools in the creation of social capital. Library & Information Science Research, 33,12-18.

Ver Eecke, W. (1998). The concept of a "merit good": The ethical dimensions. Journal of Socio-Economics, 27(1), 133-153.

Ver Eecke, W. (1999). Public goods: An ideal concept. Journal of Socio-Economics, 28(2), 139-156.

Vollmer, T. (2010, June). There's an app for that! Libraries and mobile technology: An introduction to public policy considerations. ALA Office for Information Technology Policy. Policy Brief No.3. Available from http://www.ala.org/offices/sites/ala.org.offices/ files/content/oitp/publications /policybriefs/mobiledevices.pdf.

Wakeman, J. (1962). The context of librarianship. Wilson Library Bulletin, 37(12), 348.

Wall, T. B. (1990). Federal library policy-making: An overview. In E. J. Josey & K. D. Shearer (Eds.), Politics and the support of libraries (pp. 9-22). New York: Neal-Schuman.

Waller, V. (2009). The relationship between public libraries and Google: Too much information. First Monday, 14(9). Available from http://www.uic.edu/htbin / cgwrapibin/ojs/index.php/fm/article/view Article/2477 /2279.

Waples, D., Camovsky, L., & Randall, W. M. (1932). The public library in the Depression. Library Quarterly, 2, 321-343.

Watson, L. (2010). The future of the library as a place of learning: A personal perspective. New Review of Academic Libraries, 16(1),45-56.

Watson, P. D. (1994). Founding mothers: The contribution of women's organizations to public library development in the United States. Library Quarterly, 64,233-269.

Webster, F. (1995). Theories of the information society. London: Routledge.

Webster, F. (2002). Theories of the information society (2nd ed.). London: Routledge.

Webster, F. (2005). The end of the public library? Science as Culture, 14,283–287.

Wellisch, J. B., Patrick, R. J., Black, D. V., & Cuardra, C. A. (1974). The public library and federal policy. Westport, CT: Greenwood.

Wheeler, W. (2011). Economics of information: A brief introduction. Progressive Librarian, 36/37, 42–50.

White, H. S. (1990, January). My truths are more moral than your biases. Library Journal,72–73.

White House. (2006). The federal response to Hurricane Katrina: Lessons learned. Washington: Author.

Wiegand, W. A. (1976). The politics of an emerging profession: The American Library Association, 1876–1917. New York: Greenwood.

Wiegand, W. A. (1989). An active instrument for propaganda: The American public library during World War I. Westport, CT: Greenwood.

Wiegand, W. A. (1996). Irrepressible reformer: A biography of Melvil Dewey. Chicago: American Library Association.

Wiegand, W. A. (2011). Main Street Public Library: Community Places and Reading Spaces in the Rural Heartland, 1876–1956. Iowa City: University of Iowa.

Wilcox, C. (2011). Onward Christian soldiers? The religious right in American politics. Boulder, CO: Westview.

Williamson, K, & Roberts, J. (2010). Developing and sustaining a sense of place: The role of social information. Library & Information Science Research, 32, 281–287.

Williamson, M. (2000). Social exclusion and the public library: A Habermasian insight. Journal of Librarianship and Information Science, 32(4), 178–186.

Winkel, J. (2007). Lessons on evaluating programs and collections for immigrant communities at the Queens Borough Public Library. Colorado Libraries, 33(1), 43–46.

Wohlstetter, R. (1962). Pearl Harbor: Warning and decision. Stanford, CA: Stanford University Press.

Wolff, K (2009). Culture club: The curious history of the Boston Athenaeum. Boston: University of Massachusetts.

Wolfinger, R. E., & Field, J. O. (1966). Political ethos and the structure of city government. American Political Science Association Review, 60, 306–326.

Wolin, S. S. (1981). The new public philosophy. Democracy, 1(4),23–36.

Wolin, S. S. (1993). Democracy, difference, and re–cognition. Political Theory, 21, 464–483.

Wooden, R. A. (2006). The future of public libraries in an Internet age. National Civic Review, 95(4), 3–7.

Yaniv, o. (2005, October 19). Immigrants warned on green card cons. New York

Daily News. Available from http://articles.nydailynews.com/2005-10-19 / loca1!18313877_1_immigrants-application-eligible-countries.

Young, I. M. (2006). Social responsibility and global justice: A social connection model. Social Philosophy and Policy, 23, 102-130.

Zabriskie, C. (2013, April 30). Libraries in New York City: Why we give a damn and why you should too. Huffington Post. Available from http://www.huffingtonpost.com.

Zickuhr, K (2013). Who's not online and why. Pew Internet and American Life Project. Available from http://www. pewinternet.org.

Zickuhr, K, Rainie, L., & Purcell, K (2013). Library services in the digital age. Pew Internet and the American Life Project. Available from http://www.pewinternet.org.

Zickuhr, K, & Smith, A. (2012). Digital differences. Pew Internet and American Life Project. Available from http://www .pewinternet.org.

Zweizig, D. (1973). Predicting amount of library use: An empirical study of the public library in the life of the adult public. Unpublished PhD dissertation, Syracuse University.

Zweizig, D., & Rodger, E. J. (1982). Output measures for public libraries: A manual of standardized procedures. Chicago, IL: American Library Association.

역자 후기

우리나라의 공공도서관은 양적으로 질적으로 꾸준히 발전하고 있다. 도서관계의 부단한 노력으로 일구어진 결과이다. 최근 대두되는 고령화와 사회의 양극화 현상, 그리고 저성장의 전망이 예고되는 가운데 공공도서관도 안팎으로 도전을 받고 있다.

시대 상황의 영향이런가, 이 책은 제목에서부터 눈길을 끌었다. "공공도서관, 공공 정책과 정치 프로세스"라는 제목에 들어 있는 '정치 프로세스'라는 단어도 그러하려니와 "경제적, 정치적 제약의 시대에 지역사회에 봉사하고 지역사회를 변화시킨다"라는 부제는 당장이라도 모든 문제를 해결 해줄 수 있을듯한 느낌 마저 준다.

미국 메릴랜드대학교 교수진들이 쓴 이 책은 공공 정책과 정치 담론에서 차지하는 공공도서관의 위치에 대한 기원과 의미를 밝히고, 공공도서관의 더 나은 미래를 효과적으로 만들기 위한 정책 입안과 정치 과정에 참여하는 전략을 제공한다. 저자는 공공도서관 사서와 도서관을 옹호하는 사람들이 정치적 과정과 도서관에 미치는 영향을 인식하기를 바라며, 공공도서관을 지원하는 정책의 필요성을 명확히 하기 위해 정책을 입안하거나 결정하는 과정에 이들의 참여가 절실히 필요하다고 강조한다.

오랫동안 도서관 현장과 정책 분야에서 일해오면서 번역자의 머릿속에 맴돌았던 문제의식 중 하나는 정책 입안이나 결정 나아가 정치적으로 풀어가야 할 과제들에 대해 체계적으로 대처하지 못했다는 점이다. '참여' 나아가 '관여'하는 활동에도 체계적인 교육과 훈련이 필요하다. 훈련을 받지도 않았고 정치나 옹호 활동과는 거리를 두어온 관계의 관성에서 비롯되었는지도 모른다. 원본은 2014년에 발행되어 국내에는 10년 만에 소개되지만, 내용은 우리의 시대 상황 속 이야기와 같은 내용을 담고 있다. 아무쪼록 국내 공공도서관을 위한 정책 및 정치 프로세스에 도움이 되기를 기대한다.

이 책의 번역에는 어려움도 많았다. 일반인이 읽을 수 있도록 평이하게 썼다 하더라도 일반인에게는 생소할지도 모르는 전문적인 개념과 용어들이 적지 않기 때문이다. 본문에 다수 나오는 약어와 두문자는 책 머리에 일람표를 두었고, 본문에는 원어를 첨가하여 이해를 도왔다.

끝으로 이 책을 번역하도록 허락해 준 저자 여러분과 Roman & Littlefield 출판사에 감사를 표한다. 또, 번역서의 출판을 맡아주신 한국도서관협회와 인쇄를 맡아주신 서울멀티넷 관계자분들 그리고 많은 분께 감사의 인사를 드린다.

2024년 12월

이재선

저자 소개

Paul T. Jaeger, PhD, 법학 박사

미국 메릴랜드대학교 정보학대학 부교수, 다양성 책임자

메릴랜드대학교 부설 정보정책액세스센터 공동센터장

Library Quarterly, MIT Press의 the Information Policy Book Series 공동편집자 역임

Government Information Quarterly 부편집장 역임

주요 연구 분야: 소외계층을 대상으로 한 법 및 공공정책이 정보 행동 형성하는 방식에 중점을 둠. 130편 이상의 논문과 단행본의 장에 해당하는 저술을 발표

- 주요 저술
  - Information Worlds: Social Context, Technology, and Information Behavior in the Age of the Internet (2010). Gary Burnett와 공저
  - Public Libraries and the Internet: Roles, Perspectives, and Implications (2011) with John Carlo Bertot and Charles R. McClure
  - Disability and the Internet: Confronting a Digital Divide (2012).

  연구에는 여러 기관의 연구지원비를 받아 수행

  Institute of Museum and Library Services, the National Science Foundation, the American Library Association, the Smithsonian Institution, the Bill and Melinda Gates Foundation 등 다수

Ursula Gorham 법학 박사

정보학대학 박사 후보자, 메릴랜드대학교 대학원 연구원 및 정보정책 · 접근센터(iPAC) 연구원

법학, 도서관학 및 공공정책 대학원 학위 소지

메릴랜드대학교에서 변호사 자격을 취득

메릴랜드 항소 및 연방 파산 법원의 서기

John Carlo Bertot 박사

메릴랜드대학교 정보학 교수, 정보대학의 정보정책및접근센터(iPAC) 공동책임자

연구분야: 도서관과 정부를 포함하여 기관 기술 기획 및 평가, 정보 및 통신정책과 전자 정부 기관 기술 기획 및 평가, 정보통신 정책 등

북미디지털정부협회의 회장 역임

국제표준기구의 도서관 성과 지표(ISO 11620) 워킹 그룹의 의장

미국도서관협회 도서관 연구 라운드 테이블 의장을 역임

Government Information Quarterly 편집자 및 Library Quarterly공동편집자

정부회계책임국, 미국도서관협회, 도서관박물관서비스기구의 연구 기금에 의한 연구 다수 수행

Lindsay C. Sarin

MLS 프로그램 코디네이터 및 연구원

메릴랜드대학교 정보학대학의 정보정책및접근센터(iPAC) 연구원

다양한 학술 도서관 환경에서 근무하며 정보 문해력 교육과 아웃리치 서비스 제공

주 및 미국도서관협회에서 활발히 활동하고 있으며, 신규 및 문헌정보학과 학생의 직업 훈련 지원.

연구분야: 정보 정책과 도서관 옹호, 홍보, 다양한 인구를 대상으로 한 정보 서비스 및 정보 문해 교육학과 방법론 간의 관계

이재선

한국도서관협회 사무총장과 국립중앙도서관 자료관리부장, 문화체육관광부 도서관정책 기획단장 등을 역임.

현재 한국출판문화산업진흥원 이사, 도서관닷컴 선임기자로 활동하며, 도서관 정책, 표준화, 서비스에 관심이 많고, 도서관계의 발전을 위해 노력하고 있음

■ 주요 저술

- 저록작성원칙규범(김태수 공동번역. 문헌정보처리연구회, 2005)
- IFLA Cataloguing Principles: Steps towards an International Cataloguing Code, 4: Report from the 4th IFLA Meeting of Experts on an International Cataloguing Code, Seoul, Korea, 2006.(Edited by: Barbara B. Tillett, Jaesun Lee and Ana Lupe Cristán, 2007)
- ISBD: International Standard Bibliographic Description: Consolidated Edition (IFLA Series on Bibliographic Control, 44). ISBD Review Group 일원으로 개정 작업에 참여